2019年度山西省哲学社会科学规划课题：新时代山西红色文化弘扬和发展研究（编号：2019B318）

山西大同大学社科项目资助成果

|光明社科文库|

新时代山西红色文化的弘扬和发展研究

杜海燕 著

光明日报出版社

图书在版编目（CIP）数据

新时代山西红色文化的弘扬和发展研究 / 杜海燕著. -- 北京：光明日报出版社，2022.11
ISBN 978-7-5194-6945-0

Ⅰ.①新… Ⅱ.①杜… Ⅲ.①革命史—研究—山西 Ⅳ.①K292.5

中国版本图书馆 CIP 数据核字（2022）第 230561 号

新时代山西红色文化的弘扬和发展研究
XINSHIDAI SHANXI HONGSE WENHUA DE HONGYANG HE FAZHAN YANJIU

著　者：杜海燕	
责任编辑：杨　娜	责任校对：杨　茹　贾文梅
封面设计：中联华文	责任印制：曹　净

出版发行：光明日报出版社
地　　址：北京市西城区永安路 106 号，100050
电　　话：010-63169890（咨询），010-63131930（邮购）
传　　真：010-63131930
网　　址：http://book.gmw.cn
E - mail：gmrbcbs@gmw.cn
法律顾问：北京市兰台律师事务所龚柳方律师
印　　刷：三河市华东印刷有限公司
装　　订：三河市华东印刷有限公司
本书如有破损、缺页、装订错误，请与本社联系调换，电话：010-63131930
开　　本：170mm×240mm
字　　数：237 千字　　　　　　　　印　张：15.5
版　　次：2023 年 9 月第 1 版　　　　印　次：2023 年 9 月第 1 次印刷
书　　号：ISBN 978-7-5194-6945-0
定　　价：95.00 元

版权所有　　翻印必究

序 言

文化是一个国家、一个民族、一个城市的核心。文化兴则国运兴，文化强则民族强，文化发展则城市繁荣。辉煌厚重的山西革命历史铸就了彪炳千秋的山西红色文化。山西红色文化资源丰富，底蕴深厚。山西是著名的革命老区，有着光荣的革命传统、红色的文化基因，是一座革命之城、红色之城、英雄之城。

山西是一个充满了"红色精神"的热土。2017年6月、2020年5月、2022年1月，习近平总书记三次到山西考察调研。对我们用好红色资源、继承红色血脉，提出了明确的指示和要求，为我们在新时代赓续红色基因指明了方向。当前，我们要深入学习、贯彻习近平总书记有关红色文化和红色基因的重要讲话、重要指示精神，用好用活红色资源，引导党员干部群众切身感受党的百年艰辛历程、巨大变化、辉煌成就，在重温历史中接受精神洗礼，在重温历史中感悟初心，汲取奋进力量，鼓起迈进新征程、走进新时代的精气神。

山西红色文化彰显了中华民族和中国人民的革命精神和品质，并在中国革命、建设和改革的实践中，不断形成了太行精神（吕梁精神）、右玉精神等。2015年，山西省政府组织开展了《山西省"十三五"红色文化传承保护与开发规划》编制工作；2016年11月，山西省发展和改革委员会、山西省文化厅联合印发《山西省"十三五"红色文化传承保护与发展规划》；2019年6月，《山西省革命文物保护利用工程实施方案》颁布实施；2019年10月1日，正式实施《山西省红色文化遗址保护利用条例》，这是全国首部该领域的省级地方性法规，其主旨是对红色文化遗址的保护。根据《山西省红色文化遗址保护利用条例》有关规定，2021年11月，山西省人民政府核定中共太原支部旧址（彭真生平暨中共太原支部旧址纪念馆）等191处山西省第一批省级红色文化遗址名录，目的是切实落细、落实保护管理责任，设置保护标志，科学划定公布保护范围和建设控制地带，保护好、管理好、运用好珍贵的红色资源，在确保红色文化遗址安全的前提下，加强价值挖掘和传承利用，充分发挥红色资源在传承红色基因、弘扬红色文化，开展党史学习教育、革命传统教育、爱国主义教育等方面的重要作用。

目 录
CONTENTS

第一篇 红色文化概述

第一章 红色文化概念的提出和使用 ………………………… 3
第一节 红色文化概念的提出 ………………………… 4
第二节 红色文化概念的使用 ………………………… 4

第二章 红色文化的创立和发展 ………………………… 6
第一节 红色文化的内涵 ………………………… 6
第二节 红色文化的创立 ………………………… 15
第三节 红色文化的发展 ………………………… 18

第三章 红色文化的结构和特征 ………………………… 21
第一节 红色文化的结构 ………………………… 21
第二节 红色文化的特征 ………………………… 22

第二篇 山西红色文化概述

第一章 山西红色文化的内涵、特色和巡礼 ………………………… 27
第一节 山西红色文化的内涵和特色 ………………………… 27

第二节　山西红色文化巡礼 ··· 28

第二章　山西红色文化的当代价值 ································· 45
　　第一节　政治价值 ··· 46
　　第二节　经济价值 ··· 50
　　第三节　文化价值 ··· 52
　　第四节　社会价值 ··· 54
　　第五节　教育价值 ··· 56

第三篇　山西红色文化的生成机制

第一章　马克思主义的指引 ·· 63
　　第一节　马克思主义在山西的传播 ································ 63
　　第二节　中国化马克思主义的指导 ································ 66

第二章　中国共产党的引领 ·· 68
　　第一节　中国共产党成为山西红色文化的坚强领导阶级 ······ 68
　　第二节　党的不断自我革命 ··· 70

第三章　山西人民革命实践的淬炼 ··································· 73
　　第一节　实践基础 ··· 73
　　第二节　实践载体 ··· 75

第四章　山西优秀传统文化的融合 ··································· 77
　　第一节　独具特色的山西优秀传统文化 ·························· 78
　　第二节　山西优秀传统文化的精神内核 ·························· 81
　　第三节　山西优秀传统文化精神的融合 ·························· 89

第四篇 山西红色文化的形成和发展

第一章 爱国救亡：新民主主义革命时期山西红色文化的形成 …… 111
  第一节 坚定信仰 …… 111
  第二节 勇于斗争 …… 122
  第三节 牺牲奉献 …… 125
  第四节 奋斗担当 …… 140

第二章 探索调整：社会主义革命和建设时期山西红色文化的发展 …… 148
  第一节 自力更生 …… 148
  第二节 确立制度 …… 153
  第三节 发奋图强 …… 155

第三章 改革创新：改革开放和社会主义现代化建设新时期山西红色文化的完善 …… 159
  第一节 改革进取 …… 159
  第二节 体制创新 …… 161
  第三节 解放思想 …… 163

第四章 转型跨越：中国特色社会主义新时代山西红色文化的弘扬 …… 170
  第一节 转型发展 …… 170
  第二节 守正创新 …… 172
  第三节 自信自强 …… 174

第五篇 山西红色文化弘扬和发展的路径研究

第一章 勇于自我革命 发扬斗争精神 …… 183
  第一节 勇于自我革命 …… 183

第二节　发扬斗争精神 …………………………………… 185

第二章　科学保护　顶层设计 …………………………… 187
　　第一节　科学保护 ………………………………………… 187
　　第二节　顶层设计 ………………………………………… 194

第三章　系统研究　加强教育 …………………………… 199
　　第一节　系统研究 ………………………………………… 199
　　第二节　加强教育 ………………………………………… 200

第四章　传播山西红色文化　传承红色精神 …………… 209
　　第一节　网络传播 ………………………………………… 209
　　第二节　"四史"教育常态化 …………………………… 211
　　第三节　讲好山西红色故事 ……………………………… 214
　　第四节　文旅融合发展 …………………………………… 222

结语　新时代　新作为 …………………………………… 232
参考文献 …………………………………………………… 233

第一篇 01
红色文化概述

红色文化是最具有中国鲜明特色的一种文化形态，这种文化形态是由中华优秀传统文化、革命文化与社会主义先进文化融合衍生的文化形态，并且在动态的历史演进过程中生成、发展。中国共产党的诞生，标志着红色文化的诞生。

第一章

红色文化概念的提出和使用

  红色文化作为一种文化形态，从产生之日算起，到今天已有百年的历史。但是，红色文化作为一种具体的、明确的概念，是20世纪90年代的事情。马克思主义认为："社会意识是人们进行社会物质交往的产物。社会意识同语言一样，是在生产中由于交往活动的需要而产生的。人类最初的意识是'纯粹动物式的意识'，是'被意识到了的本能'。"经过漫长的生产和交往的发展，脑力劳动和体力劳动的分工，产生了人类最初的思想家。马克思、恩格斯说："从这时起，意识才能摆脱世界而去构造'纯粹的'理论、神学、哲学、道德等等。'而发展着自己的物质生产和物质交往的人们，在改变自己的这个现实的同时也改变着自己的思维和思维的产物。不是意识决定生活，而是生活决定意识'。"[1] 1967年，毛泽东说过："总是先有事实，后有概念。"[2] 显然，我们可以得出一个结论，即社会实践、社会现象和社会事实要先于思想、理论和概念而产生，一种思想、理论和概念的形成和出现不过是对社会实践、社会现象和社会事实的总结和概括。据此，红色文化这个概念就是将红色文化作为具体的实践、现象和事实出现之后才提出来的。

---

[1] 马克思主义基本原理概论编写组. 马克思主义基本原理概论 [M]. 北京：高等教育出版社，2018：111.

[2] 陈丕显. 陈丕显回忆录：在"一月风暴"的中心 [M]. 上海：上海人民出版社，2005：99.

第一节　红色文化概念的提出

"红色文化"一词最早出现在《劳动》杂志所刊登的傅厲时的文章《提高俱乐部工作的思想性》（1953年5月）中，文中提到苏联工会有红色文化室，其主要作用是对群众进行共产主义教育。红色文化概念的明确提出，是在1965年6月。中国戏剧出版社出版了《乌兰牧骑——红色文化工作队》一书。乌兰牧骑的蒙古语原意是"红色的嫩芽"，后被引申为"红色文艺轻骑兵"，是为了适应草原地区生产生活的特点而诞生的文化工作队，具有"演出、宣传、辅导、服务"等职能，深受广大农牧民欢迎。1957年，苏尼特右旗建立了内蒙古第一支乌兰牧骑。目前，内蒙古草原上活跃着75支乌兰牧骑，每年演出超过7000场。[①]"乌兰牧骑"主要传播红色文化，反映"革命的内容"，宣扬"社会主义时代的新人新事新英雄"。显然，当时，红色文化的概念基本上等同于革命文化和社会主义文化。

第二节　红色文化概念的使用

红色文化这一概念提出以后，在较长的时间内并没有成为人们日常使用的词语。通过检索发现：直至1994年，红色文化这一概念在我国才又一次出现在公开出版物中。1994年，在《延安大学学报》上发表的赵心宪的《梁上泉童年经验的文化选择》一文中，作者在考察"边疆诗群"的代表人物之一梁上泉所受的文化环境的影响时是这样写的："梁上泉小学阶段以前的文化印象，渗透着苏区红色文化的乡村文化的影响，这成为其童年经验的重要组成部分。"该文只是列举了"红色歌谣""与红军有关的文物"等，可见，这里

[①] 习近平. 习近平回信勉励乌兰牧骑队员：永远做草原上的"红色文艺轻骑兵"［EB/OL］. 人民网，2017-11-21.

的红色文化的含义，基本上是革命文化的同义语。

21世纪以来，红色文化概念的使用频率显著提高；同时，红色文化资源、红色文化产业、红色文化名片、红色文化遗产、红色文化热等各种各样的提法也大量出现。通过检索进一步发现：公开发表的标题中含有"红色文化"这样的表述的学位论文和期刊，2003年有4篇，2004年有12篇，2005年有17篇，2006年有46篇，2007年有56篇，2008年有67篇，2009年有92篇，2010年达到了200篇，2011年有320多篇，2012年达到了570篇，2013年有354篇，2014年有345篇，2015年有414篇，2016年达到了527篇，2017年更是达到了702篇，2018年高达860篇，2019年创新高达到了1260篇，2021年达到了23197篇。这说明，不论是全国还是具体到山西，研究红色文化、关注红色文化的学者和专家越来越多，他们从多个角度阐述红色文化。现如今，我们无论是在翻阅报纸期刊还是在浏览网上的新闻中，红色文化已经成为人们习以为常的用语。

这些都表明：红色文化在逐渐受到关注和重视。在红色文化热的背景下，对红色文化进行全面梳理、研究也成为一个非常重要的课题。

第二章

红色文化的创立和发展

第一节 红色文化的内涵

红色文化是什么？是如何创立的？这是我们需要搞清楚的首要前提。因此，我们首先对红色文化这个概念的基本内涵、创立和发展等进行分析。

红色文化是一个复合词。红色文化是由"红色"和"文化"两个词组成的。对于红色文化，目前学术界没有一个统一、完整的定义。认识红色文化的基本内涵，首先从"红色"的概念开始讲起。

红色本意是可见光谱中长波末端的颜色，波长为610到750纳米，是光的三原色和心理原色之一。

中国人很早就对红色情有独钟，有崇拜的情结。红色作为一种颜色的名词，是太阳的颜色、火的颜色。在中国传统文化中，将其引申为吉祥、正义、革命等象征，这样的观念在原始社会就已经出现了。经考古学家研究发现：在远古时期，古人就已经开始将打磨好的贝壳和珠子用红色的铁粉调染，并作为装饰物环于脖颈上。在我国很多传统文化中显示：在刀耕火种的时代，古人出于太阳给人类带来光明与温暖，而且能够使万物生长，形成了对太阳的最初崇拜。在我国山西、山东、四川等地的很多传统文化中，都有对太阳的崇拜。殷商时期，在出土文物中，服饰尤其以红、黄两个颜色为主，表明在殷商时期朱砂这种颜料在生活中就已经被普遍应用了。

到了周代，周人对红色的偏爱在文献《礼记·檀弓（上）》中有具体的记载："周人尚赤，大事敛用日出，戎事乘騵，牲用骍。"赤色是火色，就是红色。周人崇尚红色达到了偏爱的程度，举办丧事要选在红日初升的时候，出兵作战也要选用红色的战马，连祭祀祖先用的牲畜也要求必须使用通体红毛的牛和马。可见，周人对红色是非常喜爱的。

从西汉开始，我国就有了元宵佳节前后家家户户挂起红灯笼的习俗，象征着团圆、吉祥。时至隋唐，"红"的含义和"赤"基本等同。唐朝，红色被赋予了更多的引申义——政治色彩。初唐的长安城，其外墙的色彩已经是暗红色。到唐太宗时期，这一色彩的变化更为明显。贞观十五年，长安城的颜色已经全部是暗红色了，这标志着红色在当时已经成为统治者威严、庄重和尊贵的象征了。而且，在唐诗中文人墨客用红色形容京城的美丽景色。如：白居易的"一道残阳铺水中，半江瑟瑟半江红"，写出了夕阳下江水的胜景；杜牧的"停车坐爱枫林晚，霜叶红于二月花"，道尽了深秋枫叶的别样绚丽。到了北宋时期，红色开始在民间普及开来。至元朝，红色在民间已经成为一种主色调。根据史料记载，在元朝，红色已经有八种色谱，包括桃红、不老红、枣红、大红、小红、梅红、肉红、胭脂红等。明朝时期，红色的谱系也在不断拓展，而且被赋予了更为丰富的寓意和内涵。比如，过大年、举行婚礼、举办庆典、本命年穿红衣红袜和扎红头绳等，一些传统的习俗被一直延续至今。清朝，红色已经成为普通民众生活的一部分了。

红色的这种内涵引申义起源于中国古代的阴阳五行理论。运用阴阳五行理论来看红色，红色是太阳的颜色，象征光明；红色为夏季的色调，象征温暖；红色是火的颜色，象征辉煌。人类的生活离不开光明、温暖与辉煌，因而红色也成为喜庆、祥瑞之兆。

时至今日，中国人民仍将红色作为一种主色调，是最受欢迎的一种颜色。对于红色的内涵，现代人给出了这样的界定，红色象征着喜庆、顺利、成功或受人重视、欢迎。[①] 红色，是血与火的颜色，意味着热情、革命、理想和奋斗，是共产主义的象征。红色文化是中华优秀传统文化的传承和弘扬，是社会主义先进文化的重要源头，自身蕴含着厚重的历史文化积淀和宝贵的革命

[①] 中国社会科学院语言研究所词典编辑室. 现代汉语词典：第6版［Z］. 北京：商务印书馆，2012（6）：315.

精神财富。

　　红色文化中的红色，在这里代表的是一种引申义。在这里，红色代表着生命的颜色、革命理想的象征。在《辞海》中对"红色"的政治寓意是这样诠释的：其一，红色象征革命；其二，红色象征共产主义；其三，红色象征坚定的信仰；其四，红色与中国共产党有关；其五，红色是"左"的政治；其六，红色是新民主主义时期的。① 在战争年代，红色象征着中国共产党及其领导的革命事业。比如：红色政权、红军、红旗、红色革命根据地等。

　　从政治意义上讲，红色作为象征着革命的引申义在马克思主义的著作中已经出现了，在国际共产主义运动发展的过程中，红色已经成为无产阶级革命的象征。

　　1863年，第一国际成立，其标志性的颜色就是红色；十月革命后，俄国苏维埃政权的产生和苏联的成立，将红色元素运用到了革命与社会主义文化建设的各个方面，红色成为苏联共产党的代表颜色；红色被用来象征"左"的政治和共产主义，其来源是苏联的红军，就是由列宁和托洛茨基在1917年共同组建的红军赤卫队，后来发展成为苏联红军。

　　随着革命形势的发展，红色被逐渐认为是红色政权和红色根据地的象征。中国共产党领导的革命斗争一开始就与红色紧紧联系在一起。中国共产主义运动的先驱李大钊，率先举起马克思主义的旗帜，预言道："试看将来的环球，必是赤旗的世界！"中国共产党所创建的工农武装，称之为红军；所举的革命旗帜，称之为红旗；中国的革命根据地和政权也以红色为自己的标识，被称之为红区，与国民党的白区形成了鲜明的对比。中华人民共和国的国旗设计同样也体现了红色的重要性，国旗中的红色象征着革命先烈为建立新中国而浴血奋战的献身精神。

　　新中国就是"红色中国"在全世界的共产主义运动中建立的社会主义国家，中国人民在中国共产党的领导下，独立自主地完成了人民解放和民族独立。新中国是用千千万万中华儿女的鲜血染红的，仅新民主主义革命时期牺牲的中国共产党党员有名有姓的就达到370万，还有很多的无名烈士。因此，

---

①　辞海编纂委员会. 辞海[Z]. 上海：上海辞书出版社，1979：1686.

新中国被称为"红色中国",红色是新中国的底色。红色已经深深地融入中国人的血液和灵魂中,红色代表爱国、激情和勇气。中国共产党党旗、中国国旗和中国人民解放军军旗的颜色都是红色。

习近平总书记多次谈到红色、红色基因、红色中国、红色文化。他反复强调:"共和国是红色的"①"红色江山永不变"②。

2013年7月11日,习近平总书记在西柏坡时强调,"全党同志要不断学习领会'两个务必'的深邃思想,始终做到谦虚谨慎、艰苦奋斗、实事求是、一心为民,继续把人民对我们党的'考试',把我们党现在经受和将要经受各种考验的'考试'考好,使我们的党永远不变质、我们的红色江山永远不变色。"③

习近平总书记在中共中央政治局民主生活会上要求:"只有全党身板直、腰杆硬,才能赢得人民信任,才能巩固党的执政地位,才能保证革命先辈们用鲜血和生命打下的红色江山代代相传。"④

2016年2月2日,习近平总书记在江西看望慰问广大干部群众时讲话中指出:"回想过去那段峥嵘岁月,我们要向革命先烈表示崇高的敬意,我们永远怀念他们、牢记他们,传承好他们的红色基因。"⑤

2016年4月24日,习近平总书记在安徽调研时讲话中指出:"一寸山河一寸血,一抔热土一抔魂。回想过去的烽火岁月,金寨人民以大无畏的牺牲精神,为中国人民的革命事业建立了彪炳史册的功勋,我们要沿着革命前辈的足迹继续前行,把红色江山世世代代传下去。"⑥

2019年3月4日,习近平总书记在看望参加政协会议的文艺界社科界委员时强调,我们的初心是什么?"共和国是红色的,不能淡化这个颜色。无数

---

① 习近平. 论党的宣传思想工作[M]. 北京:中央文献出版社,2020:28.
② 习近平. 论党的宣传思想工作[M]. 北京:中央文献出版社,2020:29.
③ 习近平:用好红色资源,传承好红色基因 把红色江山世世代代传下去[J]. 求是,2021(10):4-18.
④ 习近平. 对照贯彻落实党的十八届六中全会精神 研究加强党内政治生活和党内监督措施[EB/OL]. 新华网,2016-12-28.
⑤ 习近平. 传承红色基因,习近平强调四个"不要忘"[EB/OL]. 人民网,2019-05-23.
⑥ 习近平. 传承红色基因,习近平强调四个"不要忘"[EB/OL]. 人民网,2019-05-23.

的先烈鲜血染红了我们的旗帜，我们不建设好他们所盼望向往、为之奋斗、为之牺牲的共和国，是绝对不行的。不能被轻歌曼舞所误，不能'隔江犹唱后庭花'。"① 2019年5月20日，习近平总书记在江西省于都县考察时强调："我们一定要牢记红色政权是从哪里来的、新中国是怎么建立起来的，倍加珍惜我们党开创的中国特色社会主义，坚定道路自信、理论自信、制度自信、文化自信。"② 革命理想高于天。理想信念之火一经点燃，就永远不会熄灭。在中央苏区和长征途中，党和红军就是依靠坚定的理想信念和坚强的革命意志，一次次绝境重生，愈挫愈勇，最后取得了胜利，创造了难以置信的奇迹。我们不能忘记党的初心和使命，不能忘记革命理想和革命宗旨，要继续高举革命的旗帜，弘扬伟大的长征精神，朝着中华民族伟大复兴的目标奋勇前进。

2019年9月16日下午，习近平总书记在鄂豫皖苏区首府革命博物馆同当地红军后代、烈士家属代表交谈，一位红军后代激动地紧紧握住总书记的手，介绍了自己的革命家史。他告诉总书记，自己一定会传承好红色家风，不忘初心，永远跟党走。习近平总书记称赞说："你讲的课是有感染力、说服力的。"习近平总书记勉励红军后代、革命烈士家属做好红色基因的传承和传播，引导人们坚定跟党走。同时强调，"吃水不忘掘井人"，红色江山来之不易，是千千万万革命前辈用鲜血换来的。我们要牢记红色政权是从哪里来的，始终铭记缅怀革命先烈。回顾革命的历史，接受红色传统教育，要常学常新。③

2020年5月12日，习近平总书记在山西考察时的讲话中指出："要充分挖掘和利用丰富多彩的历史文化、红色文化资源加强文化建设，坚持不懈开展社会主义核心价值观宣传教育，深入挖掘优秀传统文化，引导广大干部群众提升道德情操、树立良好风尚、增强文化自信。"④

2021年，习近平总书记在《用好红色资源 赓续红色血脉 努力创造无

---

① 习近平.论党的宣传思想工作[M].北京：中央文献出版社，2020：28.
② 习近平.用好红色资源，传承好红色基因 把红色江山世世代代传下去[J].求是，2021 (10)：4-18.
③ 习近平.牢记红色政权是从哪里来的[EB/OL].新华网，2019-09-17.
④ 习近平.习近平在山西考察时强调：全面建成小康社会 乘势而上书写新时代中国特色社会主义新篇章[N].人民日报，2020-05-13 (01).

愧于历史和人民的新业绩》中指出，红色资源是我们党艰辛而辉煌奋斗历程的见证，是最宝贵的精神财富，一定要用心用情用力保护好、管理好、运用好；我们要赓续红色血脉，把革命先烈流血牺牲打下的红色江山守护好、建设好，努力创造不负革命先辈期望、无愧于历史和人民的新业绩。[1] 红色文化在新民主主义革命时期、社会主义革命和建设时期、改革开放和社会主义现代化建设新时期和中国特色社会主义新时代发展进程中永不过时，同时始终是我们不忘初心、牢记使命的不竭精神动力。

文化是"人文化成"词语的缩写。出自易经贲卦象辞："刚柔交错，天文也；文明以止，人文也。观乎天文以察时变，观乎人文以化成天下。"西方人英语、法语中的"文化"（culture）来自拉丁语的 Cultura，原初语义为"耕种""栽培""饲养"。作为英语与法语中的"文化"（culture）更强调的是驯化，也就是"对自然野生的动物加以驯化，使之脱离野生的状态"[2]。

经过长期的发展，到19世纪70年代，英国文化学家泰勒对"文化"一词进行了完整的表述。1871年，泰勒在《原始文化》一书中提出了狭义文化的早期经典学说，即文化是包括知识、信仰、艺术、道德、法律、习俗和任何人作为一名社会成员而获得的能力和习惯在内的复杂整体。[3]

文化有广义和狭义之分。广义的文化是人类在社会历史实践过程中所创造的物质财富和精神财富的总和。狭义的文化就是在历史上一定的物质生产方式的基础上发生和发展的社会精神生活形式的总和。对于文化，无论是从狭义上理解，还是从广义上理解，它都与人紧密联系，即文化的实质是人类实践活动的产物，是人类创造力的体现，蕴含着人类的智慧、价值追求和审美情趣。因此，也产生了不同民族、不同国家、不同地区在不同的历史阶段的独特文化，文化的发展呈现出多样性、广泛性和独特性。文化是社会意识的重要组成部分。文化是一个国家、一个民族的灵魂。文化兴则国运兴，文化强则民族强。

---

[1] 习近平. 用好红色资源 赓续红色血脉 努力创造无愧于历史和人民的新业绩 [J]. 求是，2021（19）：4-9.
[2] ［法］维克多·埃尔. 文化概念 [M]. 上海：上海人民出版社，1988：5.
[3] ［英］泰勒. 原始文化 [M]. 连树生，译. 上海：上海文艺出版社，1992：1.

"红色"和"文化"这两个概念融合在一起,形成了"红色文化"这个全新的概念,其内涵当然不是这两个概念的简单叠加。我们应该如何理解红色文化的内涵呢?关于红色文化的内涵,目前学术界大概有这么几种。

第一种:认为红色文化是新民主主义的革命文化。比如:刘寿礼认为,"红色文化",从很大范围来说就是指在第二次国内革命战争时期诞生于井冈山和以瑞金为核心的中央苏区"红土地"之上的人民大众反帝反封建的革命文化。[1] 李康平认为:"而具体到中国新民主主义革命年代形成的红色文化,它主要指的是自中国共产党诞生以来,为实现中华民族的独立、解放与自由,在长期的革命战争年代形成的一系列的革命文物、革命文献、文艺作品、革命纪念地、战争遗址、革命领袖人物故居、革命根据地以及凝结在其中的革命精神和革命道德传统。"[2] 梁化奎同样认为:红色文化是"中国共产党建党前后至新中国成立之际的历史产物","是以新民主主义革命为载体的'革命文化'"。如同"'新民主主义文化'对'革命文化'的置换,从'革命文化'到'红色文化',可谓是新社会语境下的一次概念置换"[3]。

第二种,当前,大部分学者以更宽广的视野来定义红色文化,提出了很多表述不一致但基本观点较一致的概念。比如,刘润为认为:"红色文化较之我们经常使用的革命文化、抗战文化、解放区文化、新民主主义文化、社会主义文化等,更富有包容性和概括力。在一些同志那里,一谈到中国红色文化,便仅仅与上海、嘉兴、南昌、井冈山、延安、西柏坡相联系,其实这是一种不全面的认识,因为那仅仅是历史上的红色文化。"同时,他进一步强调:"我们所说的红色文化,不仅上溯历史、涵盖现实,而且延伸到未来。这是一种大尺度的历史时代产生的蔚为大观的文化。它的上线,要追溯到'五四'新文化运动前夕马克思列宁主义传入中国的那一历史时刻,十月革命的爆发为马克思列宁主义的指导思想确定了世界地位,同时让俄国人民燃起了

---

[1] 刘寿礼. 苏区"红色文化"对中华民族精神的丰富和发展研究 [J]. 求实,2004 (7):33-34.
[2] 李康平. 江西红色资源开发与教育研究 [M]. 北京:中国社会科学出版社,2011:25.
[3] 梁化奎. 概念的张力和边界——"革命文化""红色文化""党史文化"辨析 [J]. 前沿,2016 (11):75-78,86.

对民族复兴的希望。而能称得上是红色文化的创始者主要是先进知识分子的著作和红色文化在人民大众中的传播者。至于中国红色文化的下限，目前还不能做出准确的估计，但是可以推断，即使是在实现中华民族伟大复兴之后，也要延续相当漫长的时日。这是中国历史上最为灿烂辉煌而且必将更加灿烂辉煌的文化，这是人类历史上夺人心魄而且必将更加夺人心魄的文化高峰！"① 裴植、程美东认为："所谓红色文化，就是在马克思主义科学理论的指导下，在中国共产党的正确领导下，在中华优秀传统文化的涵养滋润下，在广大人民群众以主人翁的姿态积极参与和不懈奋斗下，与现当代中国的革命、建设、改革和发展同频共振从而创造形成并不断丰富和创新的先进文化形态。"② 周宿峰认为："所谓红色文化指的是中国共产党成立以来，领导中国人民经过长期的革命战争、社会主义建设和改革开放大潮洗礼过程中逐渐形成的，反映中国共产党和最广大劳动人民的理想、信念、道德、价值，以及对美好生活的追求和向往，以多样化的文化方式传承、记载、歌颂和承载这一历史过程和现实的文化综合体。""红色文化是中国人民在中国共产党领导的长期革命实践过程中，不断选择、融化、整合中外优秀文化思想基础上所形成的无产阶级反对帝国主义、王权专制官僚政治、民族的、理性的、人民的精神纯粹。它萌芽于近代，发端于中国共产党的成立，成熟和发展于中国共产党领导的新民主主义文化和社会主义现代化建设时期；红色文化是新民主主义革命时期着力打造的社会核心价值体系，社会主义初级阶段的先进文化与改革开放以来全面深化的社会主义和谐文化是红色文化的传承、丰富与发展。"③ 渠长根认为，可以将红色文化分为广义和狭义两类。广义上，它是指世界社会主义和共产主义运动整个历史进程中形成的人类进步文明的总和，包括物质、精神和制度三方面；狭义上，它是特指在马克思主义指导下，在中国，由中国共产党领导人民群众在新民主主义革命、社会主义革命与建设、改革的实践中共同创造出来的各种物质和精神财富的总和。④ 张理甫认为，红色文化是

---

① 刘润为. 红色文化论 [J]. 文艺理论与批评, 2013 (04): 7-13.
② 裴植, 程美东. 先锋引领的红色文化 [M]. 北京: 中国社会科学出版社, 2019: 14-15.
③ 周宿峰. 红色文化基本问题研究 [D]. 长春: 吉林大学, 2014.
④ 渠长根. 红色文化概论 [M]. 北京: 红旗出版社, 2017: 4.

指在中国共产党的领导下,在中国革命斗争、社会主义建设、改革开放实践过程中形成的物质文化、精神文化和制度文化的综合。[①] 张文、王艳飞认为,它是以马克思指导思想为基础,与中国传统文化相结合而形成的具有中国特色的革命文化。[②]

本书认为,上面两种观点争议的主要焦点:第一,时间界限。起始年限应该是什么时候?截至什么时候?第二,性质类型。第一种观点,显然把新民主主义文化等同于红色文化;第二种观点,是从更长的时间和更宽广的视野对红色文化进行定义。定义红色文化,本书认为:首先要确定好时间跨度问题;其次解决好什么性质类型的文化属于红色文化的范畴。这关乎红色文化的内涵和外延的问题,是定义红色文化必须解决的两个问题。

本书倾向于把中国共产党的诞生,作为红色文化的起始时间。虽然中国传统文化中很钟爱红色,但是第一次提到红色被用来象征"左"的政治和共产主义其来源是苏联的红军,就是由列宁和托洛茨基在1917年共同组建的红军赤卫队。由此可以看出:红色文化是共产党人领导的,并且是以马克思主义为指导的。红色文化的下限是具有开放性的,随着时代和实践的发展而不断发展。要研究什么性质类型的文化属于红色文化,本书认为中国共产党领导人民群众创造的能代表人民群众长远利益、符合社会发展规律、顺应人类文明发展趋势、促进社会实践发展和进步的先进文化可称之为红色文化。

本书认为要以马克思主义科学理论为指导理解红色文化。我们应从实践活动出发阐释文化的生成、揭示文化的本质,把文化理解为人的感性的、对象性的活动的独特表现形式,文化是人的本质和本质力量的对象化。这是马克思主义关于文化的根本观点,它赋予了文化以实践的内涵和"人化"的性质。红色文化作为一种特殊的先进文化形态,同样具有其实践基础和主体向度。可见,红色文化也是在实践的基础上形成和发展起来的。红色文化的实践基础体现在其形成、内涵和形式等方面。从红色文化的形成来看,它是在历史实践发展中进行的文化创造,是中国共产党领导中国人民在革命、建设

---

① 张理甫. 新时代红色文化资源价值提升研究 [J]. 中学政治教学参考, 2019 (27): 71-73.
② 张文, 王艳飞. 红色文化的当代价值及其实现路径 [J]. 人民论坛, 2016 (23): 126-127.

和改革发展的实践中创造出的一种革命性文化形态,植根于革命、建设和改革发展的伟大实践征程中。

综上所述,红色文化是在中国共产党的领导下,在马克思主义指导下,以实现中华民族伟大复兴为目的,中国人民在新民主主义革命、社会主义革命、建设和改革实践发展历史进程中创造的代表人民群众长远利益、符合社会发展规律、顺应人类文明进步趋势的先进文化形态。

从红色文化的内涵上看,它是自近代以来以中国共产党人为主体的仁人志士在实现民族独立、国家富强的过程中凝聚积淀起来的历史遗存、制度体系和革命精神,是在实践中把马克思主义基本原理与中华优秀传统文化、中国具体实践结合起来展现出的中国特色和时代特征的先进文化。从文化载体上看,红色文化作为对近代中国革命和建设成就的精神总结,总是通过一定的物质载体,如革命战争遗址遗迹、烈士故居、文献资料、历史记忆、制度体系等体现出来,是实践活动和革命精神的物化成果形态,即一定的物质实体形态所承载着的革命精神。可以说,红色文化资源是主观精神形态与客观物质形态的有机统一。

这种表述,不仅突出了中国共产党的领导地位、关键和核心,而且强调了只有适应先进生产力发展要求、代表人民群众长远利益、顺应人类文明发展趋势的文化类型才属于红色文化的范畴。显然,这一表述不仅揭示了红色文化的先进性,同时也阐明了这一范畴是动态的而非静态的、是开放的而非封闭的、是发展的而非不变的文化类型。

第二节 红色文化的创立

红色文化产生于20世纪20年代,红色文化的产生在中国具有深刻的社会根源、思想渊源和阶级基础。

近代以来,中国逐步沦为半殖民地半封建社会。为了挽救国家的危亡,中国人曾经历经千辛万苦,向西方国家寻求真理。"自一八四零年鸦片战争失败时起,先进的中国人经过千辛万苦,向西方国家寻求真理,洪秀全、康有为、严复和孙中山,代表了在中国共产党出世以前向西方寻找真理的一派人物。"① 但是,中国人学习西方的努力一次次都以失败而告终。辛亥革命的失败和北洋军阀统治的建立,使中国人陷入了绝望、苦闷和彷徨中。这个时候,先进的中国人认为,"欲图根本之救亡",必须改造中国人的国民性,发动了一场新的启蒙运动,即新文化运动。就在新文化运动如火如荼地开展之时,1917年俄国爆发了十月社会主义革命。先进的中国人走上了马克思主义指引的道路,这是经过了艰苦的、长期的探索之后所做的选择。

19世纪40年代,马克思主义学说创立之后,在很长的时间内,其社会影响主要局限于欧洲。1917年俄国爆发的十月社会主义革命,推动中国人把目光从西方转向东方,使中国人看到了民族解放的新希望。毛泽东曾指出:"十月革命一声炮响,给我们送来了马克思列宁主义。十月革命帮助了全世界的同时,也帮助了中国的先进分子,用无产阶级的宇宙观作为观察国家命运的工具,重新考虑自己的问题。"② 毫无疑问,十月革命给我们送来马克思列宁主义的科学理论之后,半殖民地半封建社会的中国命运开始发生重要的转折。此后,在十月革命以后、五四运动前后的中国思想界,就出现了一批赞成俄国十月社会主义革命、具有初步共产主义思想的知识分子。伴随着马克思主义在中国的传播,中国先进分子很快掌握了这一"观察国家命运的工具",并开始运用这一工具分析中国社会问题,探寻实现国家独立、民族复兴的出路。在中国率先举起马克思主义旗帜的是李大钊。中国共产党创始人之一的李大钊在1919年1月出版的《新青年》5卷5号上发表了题为《Bolshevism的胜利》的文章,他指出,"这是人道主义的胜利,是平和思想的胜利,是公理的胜利,是自由的胜利,是民主主义的胜利,是社会主义的胜利,是Bolshevism的胜利,是赤旗的胜利,是世界劳工阶级的胜利,是二十世纪新潮流的胜利"③,并确信:"由今而后,到处所见的,都是Bolshevism战胜的旗。到处所闻的,都是Bolshevism的凯歌的声。人道的警钟响了! 自由的曙光现了!

---

① 毛泽东. 毛泽东选集:第4卷[M]. 北京:人民出版社,1991:1469.
② 毛泽东. 毛泽东选集:第4卷[M]. 北京:人民出版社,1991:1471.
③ 李大钊. 李大钊全集:第2卷[M]. 北京:人民出版社,2006:259.

试看将来的环球，必是赤旗的世界！"① 这些都表明，李大钊已经把布尔什维克主义的胜利和"赤旗的世界"建立了联系，从而为中国红色文化的产生提供了直接的理论基础和科学指南，同时中国大地上表现形式多样的马克思主义和中国化的马克思主义思想本身也是红色文化的重要组成部分。

文化的产生，一方面是对社会生活的反映，另一方面具有历史继承性。红色文化的产生也不例外，红色文化在发展的进程中，中华优秀传统文化是涵养红色文化的重要源泉。而且，中华优秀传统文化对红色文化产生了深刻的烙印和重要的影响。

红色文化是在中华优秀传统文化涵养下的文化创造，其最直接的体现是：中国传统文化中尚红的思想和理念在红色文化中得到了充分的弘扬和发展。中国共产党的建立和一条"红船"紧紧联系在一起。1921 年 7 月 31 日，中国共产党第一次全国代表大会在浙江嘉兴南湖的一只游船上举行了最后一次会议，在这次会议上宣告了中国共产党的正式建立，恰好这只游船是一只红色的船。正是鉴于红船对于中国共产党的建立和发展具有极其特殊的意义，2005 年，全党开展先进性教育实践活动。2005 年 6 月 21 日，习近平同志在《光明日报》发表署名文章《弘扬红船精神，走在时代前列》，在文章中第一次公开阐述"红船精神"，将"红船精神"的内涵高度提炼为：开天辟地、敢为人先的首创精神，坚定理想、百折不挠的奋斗精神，立党为公、忠诚为民的奉献精神。② 2017 年 10 月 31 日，在党的十九大闭幕一周之际，习近平总书记又带领中共中央政治局常委专程来到浙江嘉兴瞻仰南湖红船，抚今追昔。习近平总书记感慨："南湖红船是我们党梦想起航的地方。我们党从这里诞生，从这里出征，从这里走向全国执政。这里是我们党的根脉，小小红船承载千钧，播下了中国革命的火种，开启了中国共产党的跨世纪航程。"③

中国工人阶级在这一时期不断成长、壮大。在 1914 年至 1918 年世界大战期间，中国民族资本主义经济有了相当程度的发展。中国工人阶级的力量

---

① 李大钊. 李大钊全集：第 2 卷 [M]. 北京：人民出版社，2006：263.
② 习近平. 弘扬"红船精神"走在时代前列 [N]. 光明日报，2020-06-21 (1).
③ 习近平. 铭记党的奋斗历程时刻不忘初心　担当党的崇高使命矢志永远奋斗 [N]. 人民日报，2017-11-01 (01).

也进一步成长起来。五四运动前夕，中国产业工人已经达到 200 余万人。中国革命运动获得了比以往的革命斗争更加广泛的群众基础。1919 年 5 月 4 日爆发的五四运动，是中国近代史上的一个划时代的历史事件。五四运动中，工人阶级显示了其他阶级没有的伟力。工人阶级在革命斗争中起到了决定性的作用，工人阶级正式登上了历史舞台。在中国，工人阶级和先进知识分子相结合的过程，实质就是马克思主义和中国工人阶级相结合的过程。五四运动后，马克思主义开始同劳动群众相结合。随着中国工人阶级开始作为独立的政治力量登上历史舞台和马克思主义在中国的逐步传播，建立一个以马克思主义理论为指导的工人阶级政党的任务被提上了日程。1920 年 8 月，中国第一个共产主义小组在中国工人阶级最聚集的中心城市上海成立，陈独秀为书记。1920 年 10 月—11 月，李大钊、张国焘等人在北京成立了共产党的早期组织——中国共产党北京支部，李大钊任书记。共产党早期组织成立后进行了一系列活动：第一，研究和宣传马克思主义；第二，到工人中进行宣传和组织工作；第三，进行关于建党问题的讨论和实际组织工作。这一系列活动，促进了马克思列宁主义的传播以及与中国工人运动的结合，在中国形成了一批工人阶级的先进分子。在此基础之上，中国共产党第一次全国代表大会于 1921 年 7 月在上海召开，中共一大正式宣告了中国共产党的成立，从而为红色文化的产生提供了领导阶级。

第三节　红色文化的发展

在红色文化的百年发展历程中，中国共产党始终是红色文化发展的领导阶级。毛泽东 1928 年 5 月在《中国的红色政权为什么能够存在?》一文中说："正是中国有了如此白色政权间的分裂和战争，便给了一种条件，使一小块或若干小块的共产党领导的红色区域，能够在四周白色政权包围的中间发生和坚持下来。""红色政权的长期存在并且发展，除了上述条件之外，还须有一个要紧的条件,就是共产党组织的有力量和它的政策的不错误。"① 后来,1941年5月毛泽东在《改造我们的学习》一文中进一步说:"灾难深重的中华民族,一百年来,其优秀人物奋斗牺牲,前仆后继,摸索救国救民的真理,是可歌可泣的。但是直到第一次世界大战和俄国十月革命之后,才找到马克思列宁主义这个最好的真理,作为解放我们民族的最好的武器,而中国共产党则是拿起这个武器的倡导者、宣传者和组织者。"②

从20世纪20年代左右开始到1949年中华人民共和国成立以前这个时期,中国共产党领导人民群众浴血奋斗、英勇牺牲,推翻了半殖民地半封建的社会制度,实现了新民主主义革命胜利的同时,创建了中华人民共和国,同时在中华大地上留下了众多革命遗址、历史遗迹等历史见证。这些革命遗迹一方面表明了中国的红色江山来之不易,另一方面无疑反映了中国共产党全心全意为人民服务的宗旨。这些革命遗迹作为红色文化的物质载体,从不同的角度印证着当年中国共产党人领导人民群众,进行轰轰烈烈的国民大革命、艰难的土地革命战争、艰苦卓绝的抗日战争、推翻蒋介石国民党独裁统治的解放战争。

社会主义革命和建设时期,中国共产党领导人民自力更生、发奋图强,创造了社会主义革命和建设的伟大成就,最终实现了社会主义改造的胜利,实现了从一穷二白的状态阔步迈进社会主义社会的伟大飞跃;同时,在我国建立起独立的比较完整的工业体系和国民经济体系,各方面的条件都得到了极大的提升。

改革开放和社会主义现代化建设新时期,党面临的主要任务是,继续探索中国建设社会主义的正确道路,解放和发展社会生产力,使人民摆脱贫困尽快富裕起来,为实现中华民族伟大复兴提供充满新的活力的体制保证和快速发展的物质条件。党的十一届三中全会以后,以邓小平同志为主要代表的中国共产党人,团结带领全党全国各族人民,深刻总结新中国成立以来正反两方面经验,围绕什么是社会主义、怎样建设社会主义这一根本问题,借鉴

---

① 毛泽东. 毛泽东选集:第1卷[M]. 北京:人民出版社,1991:49-50.
② 毛泽东. 毛泽东选集:第3卷[M]. 北京:人民出版社,1991:796.

世界社会主义历史经验，创立了邓小平理论，解放思想，实事求是，做出把党和国家工作中心转移到经济建设上来、实行改革开放的历史性决策，深刻揭示社会主义本质，确立社会主义初级阶段基本路线，明确提出走自己的路、建设中国特色社会主义，科学回答了建设中国特色社会主义的一系列基本问题，制定了到 21 世纪中叶分三步走、基本实现社会主义现代化的发展战略，成功开创了中国特色社会主义。

党的十八大以来，中国特色社会主义进入新时代。党面临的主要任务是，实现第一个百年奋斗目标，开启实现第二个百年奋斗目标新征程，朝着实现中华民族伟大复兴的宏伟目标继续前进。党领导人民自信自强、守正创新，创造了新时代中国特色社会主义的伟大成就。

第三章

红色文化的结构和特征

第一节 红色文化的结构

红色文化的结构怎么划分,这是我们理解红色文化的关键问题之一。文化内部的层级结构和表现形式展现了一种文化所包含的子文化类型之间的相互联系、相互作用,是了解一种红色文化内涵的重要途径,也是文化本体层面对红色文化进行定义的手段。

庞朴在《文化结构与近代中国》一书中提出文化结构的"三层次说"。庞朴认为广义文化的结构由器物、制度和文化心理三个层面组合而成。外在层是物质文化层,中间层是理论制度文化,深层是心理层面,其中"文化的物质层面是最活跃的因素,它变动不居,交流方便;而理论、制度层,是最权威的因素,它规定着文化的整体性质;心理层次则最保守,它是文化成为类型的灵魂"[1]。马克思主义文化结构理论认为,物质层面的文化、制度层面的文化和精神层面的文化三者共同组成了一种特定的文化。习近平同志在浙江工作期间,思考文化工作时指出,现实生活中的文化往往是表层(物质文化)、中层(制度文化)与深层(哲学文化)彼此交叉,相互渗透,很难区分。深层文化渗透在表层与中层文化中,表层、中层文化也映射出深层文化。[2]

---

[1] 刘桂荣. 徐复观美学思想研究 [M]. 北京:人民出版社,2007:16.
[2] 习近平. 干在实处走在前列:推进浙江新发展的思考与实践 [M]. 北京:中共中央党校出版社,2006:292.

综上所述，本章对红色文化的分析建立在学者们对于文化结构理论进行研究的基础上，从而概括红色文化的结构：第一，红色文化的物质层面，如红色遗址、红色文物等运用物质的形式传承下来的物质载体；第二，红色文化的制度层面，如在实践中形成的与红色文化相关的社会制度、规范等构成形式；第三，红色文化的精神层面，如红色精神、价值观、心理状态以及立场等精神和哲学层次的内容。

第二节　红色文化的特征

对于红色文化的特征，必须要在纵览红色文化百年辉煌历史的同时，着眼其未来发展加以概括和总结。据此，本书认为，红色文化最为显著的特征主要包括以下几个方面：

一、先进性

红色文化是从产生之日起就具备先进性的文化，先进性是红色文化所具备的最本质、最鲜明的特征之一。一是，红色文化自从产生以来，就始终以马克思主义科学理论为指导思想，发挥着引领社会发展潮流、主导历史前进方向的积极作用，这就是红色文化具备先进性的直接体现，同时也是其具有先进性的根本原因。因此，马克思主义指导思想的科学性决定了红色文化的先进性。二是，中国共产党是红色文化产生的领导阶级，而中国共产党是中国工人阶级的先锋队，是中国人民和中华民族的先锋队，代表中国最广大人民的根本利益，符合社会发展规律，引领历史的前进方向，其最高理想和最终目标是实现共产主义。只要保证红色文化能够为中国共产党领导，就能保证红色文化的先进方向。

二、时代性

任何一种文化都在特定的时代条件下产生和发展，是时代发展的产物，反过来又见证、变革和影响着时代的发展。任何一种文化的产生和发展都是在人们的社会实践基础上产生的，与时代发展需求相呼应，满足时代发展需要及人的现实需求。诞生于中国共产党产生和中国共产党领导的中国革命背景下的红色文化伴随着对中华文明的高度自信与自觉的发展过程，是中国共产党领导及其带领的中国人民对红色文化这一客体地位在中国革命、建设和改革发展的实践中形成的鲜明认识。红色文化从星星之火之势成为中华民族屹然崛起的"精神武器"，红色文化的精神气质成为时代坚定的文化自觉。红色文化与旧时代的封建、官僚、腐朽、落寞的文化形成鲜明对比，它充满了蓬勃的发展生机与活力，是一种彻底的人民革命文化、时代的文化。红色文化具有突出的时代精神，它始终坚持与中国革命、建设和改革发展的实际紧密结合。可以说，以马克思主义为指导的中国革命、建设和改革发展的实际，本身就是红色文化的时代形态。

三、人民性

红色文化具有鲜明的人民性，文化的人民性观点是基于马克思主义的科学实践论理论提出的，红色文化更凸显了文化在其发展规律中的价值维度。红色文化的产生和发展把人民放在心中最高位置，以人民群众的需要为出发点和落脚点。之所以如此，是因为马克思主义的历史唯物主义认为，人民群众是历史的创造者，是中国革命、建设和改革发展的依靠力量。它体现在以中华优秀传统文化为基础和依托，深深植根于中国人民内心的文化自信。红色文化的人民性体现了中华民族最鲜明的品格即人民性品格，这种品格彰显了红色文化的自强不息、顽强韧性，通过近代以来中国先进分子前赴后继、不屈不挠的抗争和探索，实现了凤凰涅槃般崛起的红色品格。这种红色品格、红色基因已经深深刻在中国人民的血脉中，一代代传承、弘扬和发展，始终把人民的需要作为实现社会主义现代化目标的根本追求。正如习近平总书记所说，"我们党的性质宗旨，坚持一切为了人民、一切依靠人民，始终把人民放在心中最高位置、把人民对美好生活的向往作为奋斗目标"①。红色文化之所以能深入人心，取得良好的社会实践效果，关键在于充分融入了马克思主义的坚定信仰，坚持以人民为核心的价值维度，以实现人民群众对美好生活的向往为最终价值目标。

四、大众性

红色文化具有显著的大众性、通俗性。红色文化是具体的、生动的、鲜活的。一方面，红色文化是具有中国特色、中国作风，贴近大众、为大众所喜欢的语言和方式，可将红色文化蕴含的思想理念、精神实质、理论特质和社会规律转化为人民群众能看得懂、听得懂和喜欢听的通俗化的故事等形式，进行红色文化的传承。另一方面，大众、通俗不是媚俗。要拒绝炒作、歪曲甚至篡改红色文化的内容，坚守红色文化的高尚品格。

五、地域性

红色文化承载着特定地域的历史沧桑巨变，也为该地域带来了无可比拟的红色文化资源。红色文化资源依托地域而生，若没有地域性支撑，红色文化将不复存在。这些红色文化资源的存在形式可以是以显性形态呈现，也可以是隐性形态呈现；可以是以物质形态呈现，也可以是以非物质形态呈现。我国红色文化资源在地域范围上主要包含革命老区和中国工农红军长征沿线区域，尤其以长征沿线区域为主，主要集中在我国的东部、中部、西部地区。据不完全地域分布统计，分布在东部地区的有55个，中部地区40个，西部地区28个。这些红色文化资源大多以石刻文献类、器皿器物类、史料文献类、遗址遗迹类、纪念场馆类为主，均已成为当地区域人民群众的宝贵精神财富与物质财富，不同程度地造就了不同类别的红色文化，这些红色文化资源与当地的人文自然、民风民俗相融合更能凸显地域性特征。

---

① 习近平. 学党史悟思想办实事开新局 以优异成绩迎接建党一百周年 [N]. 人民日报，2021-2-21（01）.

第二篇 02
山西红色文化概述

红色文化和山西红色文化，是一般和个别的关系。山西红色文化是红色文化在山西地方范围内的具体呈现。山西红色文化是山西人民在中国共产党的领导下辉煌奋斗历程的见证，是宝贵的精神财富。2017年6月，习近平总书记视察晋绥边区革命纪念馆新馆时指出，来到这里深受感动、深受教育。我们党的每一段革命历史，都是一部理想信念的生动教材。山西是具有光荣传统的地方，是八路军总部所在地，是抗日战争主战场之一，建立了晋绥、晋察冀、晋冀鲁豫抗日根据地，平型关大捷、百团大战等闻名中外，太行精神、吕梁精神是我们党宝贵的精神财富，这些都要充分挖掘和利用，以丰富多彩的历史文化、红色文化资源为山西发展提供精神力量。①

红色文化的火种一经点燃，便以不可阻挡之势在山西这片热土上迅猛发展，谱写了一曲曲令人震撼的红色篇章，成为人们心中不可磨灭的红色记忆。山西红色文化是新时代山西发展的精神力量源泉。

---

① 习近平. 用好红色资源，传承好红色基因 把红色江山世世代代传下去[J]. 求是，2021（10）：4-18.

第一章

山西红色文化的内涵、特色和巡礼

第一节 山西红色文化的内涵和特色

一、山西红色文化的内涵

如前所述，按照红色文化的内涵，本书认为山西红色文化是在中国共产党的正确领导下，在马克思主义科学指导下，山西人民在革命、建设和改革发展历史进程中创造的适应先进生产力发展要求、代表人民群众长远利益、顺应人类文明发展趋势的，同中国具体实际相结合、同中华优秀传统文化相结合的先进文化形态，是红色物质文化、红色制度文化和红色精神文化形态的统一。山西红色文化与发生在中国其他地域的红色文化共同构成了中国红色文化，到今天仍然闪耀着红色文化、红色精神的光芒。

二、山西红色文化的特色

（一）鲜明的地域性

山西，因居太行山之西而得名，简称"晋"，又称"三晋"，"东依太行山，西、南依吕梁山、黄河，北依古长城，与河北、河南、陕西、内蒙古等省区为界"，柳宗元称之为"表里山河"。山西是典型的黄土高原，地势为东北高西南低。高原内部起伏不平，河谷纵横，地貌类型复杂多样，有山地、丘陵、台地、平原，山多川少，山地、丘陵面积占全省总面积的80.1%，平川、河谷面积占总面积的19.9%。山西是著名的红色革命老区，是党史、八路军史的众多重大事件和活动的发生地。

山西红色文化发生在革命、建设和改革发展的年代，由党领导山西人民经过浴血奋战、不屈不挠、艰苦卓绝的斗争，形成的各种物质、制度和精神产品的综合，包括遗留下来的文物古迹，形成的制度文化和先进的红色革命精神等，时至今日仍然发挥着十分重要的作用。主要包含了三个方面的内容，即物质层面、制度层面和精神层面。其中物质层面包括遗留下来的旧址、文物和纪念场馆；制度层面包括在革命根据地形成的一系列制度文化，为后来各项制度的形成和发展奠定了基础；精神层面包括广为传颂的优质精神、传统文化以及文艺产品等。不论是哪一个层面都是山西人民不屈不挠的真实写照，都是值得广为流传的地方特色的红色文化。

（二）抗战烽火在山西

山西红色文化的特色形成于抗战时期。抗战时期，山西是华北敌后抗战的中心，是八路军总部及三大主力师所在地，中国共产党领导下的八路军和广大山西人民同仇敌忾、不怕牺牲、威武不屈，筑起了抵抗日军侵略的铜墙铁壁。在山西境内发生的平型关大捷、忻口战役、夜袭阳明堡、震惊中外的百团大战、黄崖洞保卫战、沁源围困战等重大战役战斗，创造了八路军在全民族抗战史上的辉煌战绩。同时，山西境内建立了三大敌后抗日根据地，使得抗日烽火燃遍了整个三晋大地。据不完全统计，抗日军民在山西境内共歼灭日军近7万人，占侵略华北日军总数的三分之一，充分发挥了华北抗日主战场的重要作用，在中国抗日战争史上书写了光辉的篇章。[1]

第二节 山西红色文化巡礼

山西作为革命老区，红色文化资源极为丰富，在我们党100多年的历史发展中，涌现出无数杰出人物，做出了不可磨灭的历史贡献，凝铸了光耀千

---

[1] 李志强. 抗日烽火中的山西战场［EB/OL］. 新华网，2015-07-15.

秋的革命精神。1924年5月，高君宇受李大钊委派，回到山西建党，在太原省立一中组建了中共太原支部。从此，山西人民的革命斗争有了党的领导，揭开了山西红色文化的崭新篇章。据统计，全省革命遗址、纪念建筑物有3399处，相关联其他遗址383处，共3782处。这些遍布全省各地的红色文化物质载体，无不折射、闪耀着革命精神的熠熠光辉。这里的巡礼是按照不同的类型对其加以简述。

一、红色物质文化

物质文化按照百度百科的释义，是指人类创造的物质产品体现出的文化，包含生产工具、劳动对象和创造物质产品的技术等因素。我们应从以下两点进行理解，一是物质文化不是简单的定义为"物质"的东西，而是强调一种物质所承载的文化和文明状态；二是不同历史时期、不同物质文化反映不同的物质文明发展水平。

红色物质文化，也不是简单的语义相加，结合本书红色文化的界定，红色物质文化是指红色文化的物质承载者和一种物化表达，具体包括中国共产党领导人民在革命、建设和改革过程中遗留下来的红色遗迹、红色建筑、纪念馆、红色报刊杂志等。

（一）红色人物

在山西红色文化的百年发展历程中，涌现出了很多代表人物。这些人物，包括党和国家领导集体的重要成员外，还包括各行各业的先进和模范代表。由于人数较多，因此我们只能按照大致的年代顺序加以列举。

1. 新民主主义革命时期的山西红色人物

（1）"中国青年革命健将"——高君宇

五四运动时期积极传播马克思主义的北京共产党早期组织的重要成员，中国共产党首批五十多位党员之一，中国共产党山西地方组织的主要创始人。

（2）"工运战线播火人"——王振翼

创办传播新文化、新思想《平民周刊》，山西省立一中进步青年学生，太原社会主义青年团负责人。

（3）"史上最年轻的中央委员"——贺昌

中国共产党早期杰出的青年运动与工人运动领袖，著名的无产阶级政治活动家，山西地方党、团组织的创始人之一，中国社会主义青年团太原地委执行委员会第一任书记。

（4）我国社会主义民主法制建设的主要奠基者——彭真

曾任中央政治局委员，第六届全国人大常委会委员长。新中国第一部选举法起草工作的组织者之一，并领导了刑法、民法等基本法律的起草工作。

此外还有：山西早期共产党员、中共太原支部负责人——张叔平；毛泽东亲自题词"生的伟大，死的光荣"的文水县云周西村年仅15岁的共产党员——刘胡兰；中国共产党和中华人民共和国主要领导人，军事家、政治家，"布衣元帅"——徐向前。

2. 社会主义革命和建设时期的红色人物

（1）"全国劳动模范"——李顺达

山西省平顺县西沟村共产党员。积极响应毛泽东"组织起来"的号召，创建了太行区第一个农业生产互助组。

（2）"人民作家"——赵树理

现代小说家、人民艺术家，"山药蛋派"文学的创始人，被誉为描写农村和农民的"铁笔""圣手"。

3. 改革开放新时代的山西红色人物

（1）"人民的代表"——申纪兰

连任十三届全国人大代表，见证了人民代表大会制度的产生和成长，被誉为人民代表大会制度"活化石"。在任期间，致力于"三农"问题的解决，积极维护新中国妇女劳动权利，倡导并推动"男女同工同酬"写入宪法。荣获"改革先锋"称号，当选"100位新中国成立以来感动中国人物"，被授予"共和国勋章"。

（2）中外合作"平朔模式"的创造者——陈日新

知难而进、肩担重任建成亚洲最大的露天煤矿——安太堡煤矿，作为我国重要的中外合作项目、改革开放的试验田，推动中国露天煤矿开采水平一步跨越了30年，创造了高效率、高科技、高效益、快节奏的"三高一快"平朔模式，为中国探索实现煤矿建设现代化之路提供了宝贵经验。

此外还有："两山"理论的践行者——张宏祥；转型发展的拓荒者——郭俊；农村改革的重要推动者——杜润生；三巡苍穹的英雄航天员——景海鹏等。

(二) 红色活动

无论是在新民主主义革命时期，还是中华人民共和国成立以来，山西始终都是红色活动的重要地区，形成了重大而持久的影响。

1. 新民主主义革命时期的山西红色活动

新民主主义革命时期是山西红色文化的形成时期，这一时期山西红色活动如下。

五四运动爆发前后，山西是响应最早、传播马克思主义、建立地方党组织和社会主义青年团组织较早的省份之一；山西是北方开展革命武装斗争最早的省份之一；土地革命战争时期，作为中共山西特委直接领导组织创建的中国工农红军晋西游击队和中国工农红军第二十四军，在吕梁山、太行山燃起武装斗争的火焰，成为党在北方地区创建革命根据地，走农村包围城市、武装夺取政权道路的重要实践。

抗日战争时期，山西牺牲救国同盟会（简称牺盟会），成为党领导的动员、组织、武装群众抗日救亡的团体，培养了一大批领导抗日救亡工作的骨干，被毛泽东称赞为"我们党统一战线政策的一个成功的例证"。全民族抗战爆发后，八路军在山西建立了晋绥、晋察冀、晋冀鲁豫三大革命根据地，山西在全国最早建立了抗日民族统一战线，成为八路军总部、中共中央北方局和三大主力师所在地，华北敌后抗战的指挥中心和抗日战争的主战场之一，保卫党中央所在地延安的坚固屏障，党中央联系敌后各抗日根据地的战略枢纽和交通要道。

解放战争时期，山西成为全国解放的战略基地、重要的兵源基地、后勤保障基地、干部输出基地，夺取全国胜利的重要战略基地，也是国家开国领袖和将帅留下光辉足迹最多的省份之一。

2. 社会主义革命和建设时期的山西红色活动

社会主义革命和建设时期是山西红色文化的完善时期，这一时期山西红

31

色活动主要有：

大寨村以自力更生、艰苦奋斗的大寨精神，实现了农业的稳产高产，改变了落后的经济面貌，在全国兴起了一股"农业学大寨"的热潮。经过多年努力，大寨村从单一的农业经济走向政治、经济、文化等多元多业的良性发展，其创新探索的"统分结合"经营模式为我国乡村发展提供了有益的借鉴参考。

以李顺达、申纪兰为代表的西沟人，用农业互助合作的红色革命精神提高了抵御自然灾害的能力和改造自然的能力，开启了探索社会主义生产体制的先河，为"三农"改革和社会主义经济体制的确立奠定了发展基础。此外还有万家寨引黄枢纽工程、平朔大露天煤矿、太旧高速公路等伟大创举。

3. 改革开放新时代的山西红色活动

改革开放以来是山西红色文化的发展时期。这一时期，勤劳勇敢的山西人民秉承着爱国敬业、勇于奉献的精神，在国家重要能源基地的基础上，逐步走出了一条资源型经济转型综合配套改革试验的路子。

太钢是集铁矿山采掘，钢铁生产、加工、配送和贸易为一体的特大型钢铁联合企业和全球最大、技术装备水平最高、品种规格最全的不锈钢企业，综合实力跃居国内钢铁行业前列。改革开放以来，太钢致力于不锈钢、特殊钢和高等级碳素钢的研究开发和生产加工，诸多品种在国内市场占有率第一，产品远销30多个国家和地区。生产的两类四种新型材料用于"嫦娥一号"探月工程，圆满完成了北京2008年奥运会火炬接力太钢传递活动等重大科技创新，荣获"全国模范劳动关系和谐企业"称号。

2010年12月1日经国务院同意，国家发改委以发改经体2836号《国家发展改革委关于设立山西省国家资源型经济转型综合配套改革试验区的批复》，正式批复山西省国家资源型经济转型综合配套改革试验区，这是我国设立的第九个综合配套改革实验区，也是中国第一个全省域、全方位、系统性的国家级综合配套改革试验区。

2017年，山西省委、省政府决定建设山西转型综合改革示范区（以下简称"综改示范区"），先行先试、示范引领全省转型综改试验。山西人民牢记习近平总书记的嘱托，在山西省委、省政府带领下，山西综改试验区坚持贯彻新发展理念，聚焦"六新"突破，不断培育创新生态，增强科技支撑和转型动能，打造"2+9"千百亿级战略性新兴产业集群，产业转型发展得以优化升级，在转型发展蹚新路中发挥了示范引领带动作用，初步形成了重大项目的集聚效应。①

（三）红色遗址

山西为中华民族的独立解放做出了巨大牺牲和不可磨灭的贡献，留下了3400多处弥足珍贵的革命战争遗址和旧址、旧居、纪念设施，红色资源已经成为山西旅游、进行爱国主义教育的重要名片，本部分选择了其中一部分进行简述。

1. 武乡县八路军太行纪念馆

纪念馆是在1970年建立的"武乡革命纪念馆"基础上，逐步扩建改造而成的一座全面反映八路军抗战历史的大型革命纪念馆。馆区分为主展区和游览区两大部分。主展区包括八路军简史陈列厅、八路军将帅厅、日军侵华暴行厅；游览区包括八路军游击战术演示厅、八路军抗战纪念碑、八路雄风碑林、徐向前元帅纪念亭等。

2. 武乡县王家峪八路军总部旧址

王家峪位于武乡县城东四十公里丘陵山区，抗日战争时期的1939年秋至1940年年底，八路军总部和中共中央北方局就驻扎在这里，部署了"百团大战"作战计划，指挥太行军民进行大小战斗共135次，进一步巩固了太行山抗日根据地。朱德总司令、彭德怀副总司令、左权副参谋长和北方局书记杨尚昆，原总政治部主任罗瑞卿、陆定一以及一二九师师长刘伯承、政委邓小平等老一辈革命家曾在这里战斗、生活。

3. 武乡县百团大战砖壁指挥部旧址

旧址位于距武乡县城45千米的东部山区。1939年7月，八路军总部机关由潞城北村经黎城霞庄进驻砖壁村，在此指挥八路军粉碎日寇对晋东南的围攻和"扫荡"后，除少数人员留守砖壁外，总部机关于1939年10月11日迁

---

① 田孔社，王婷，刘艳玲. 山西综改示范区率先蹚出一条新路［N］. 中国改革报，2021-08-20（01）.

至西南10千米处的王家峪。之后又两次转进砖壁,在此指挥了震惊中外的"百团大战",1942年5月在此召开了左权烈士追悼会,不久即赴太岳区,后又返麻田、武军寺。

4. 黎城县黄崖洞

黄崖洞风景区奇峰突兀,怪石嶙峋,因陡壁上有一个天然的巨大山洞曰"黄崖洞"而名。抗日战争时期,这里曾是华北敌后最大的兵工基地,震惊中外的黄崖洞保卫战以敌我伤亡6∶1的辉煌战绩,开创了中日作战史上前所未有之"纪录"。主要遗迹有镇倭塔、血花亭、吊桥天险、黄崖洞保卫战烈士墓地、纪念碑、兵工厂车间遗址等等,左权将军曾在此居住。

5. 沁源县太岳军区司令部旧址

太岳军区1940年6月7日正式成立,陈赓任司令员,王新亭任政委,周希汉任参谋长,归八路军129师指挥。军区成立后驻阎寨崔家大院,军区党政军领导带领官兵亲手打土窑洞170余孔,旧址现存的土窑就是当年挖成的,直至1944年秋军区司政机关南撤。薄一波、陈赓曾在这里领导和指挥了著名的"围困日寇两年半"的沁源围困战。现司令部、政治部旧址尚存,并建有烈士亭、决死纵队阵亡将士纪念碑。

6. 左权县麻田八路军前方总部旧址、左权将军殉难处

旧址包括八路军前方总部旧址,彭德怀、邓小平、左权、罗瑞卿旧居,北方局旧址,北方局党校旧址,新华日报社旧址,鲁艺学校旧址,后勤部旧址,总部科室旧址,太行新闻烈士纪念碑,左权将军殉难处等景点,现已全部开放。抗日战争时期,八路军总部、中共中央北方局等党、政、军首脑机关曾在此驻扎,是华北政治、军事、经济、文化中心。彭德怀、刘伯承、邓小平、左权、杨尚昆、罗瑞卿等老一辈无产阶级革命家在此战斗、生活达五年之久。左权将军殉难处位于麻田镇东北方向北艾铺村南1千米十字岭峰顶,纪念建筑有左权将军殉难处汉白玉纪念碑、临时埋葬处石灰岩纪念碑和纪念亭。1942年5月25日,左权在指挥后勤人员突围时,不幸被敌炮弹击中以身殉国,时年37岁。

7. 灵丘县平型关大捷遗址

遗址位于县城西南30千米的蔡家峪、小寨、乔沟、白崖台、关沟一带,

包括平型关大捷纪念馆、纪念碑、将帅广场、主战场乔沟、老爷庙争夺战遗址和115师指挥所旧址、烽火台等13个景点。为配合第二战区国民党军队防守平型关，1937年9月25日，八路军第115师在乔沟及其东、西两侧伏击日军第5师团第21旅团后续部队及辎重车队，经过6个多小时殊死血战，歼灭日军1000余人，缴获大批武器弹药及其他军用物资，取得八路军出师抗日的首战大捷，平型关大捷打破了日军不可战胜的神话。

8. 五台县晋察冀军区司令部旧址纪念馆

纪念馆在晋察冀军区司令部旧址的基础上建成于2003年11月7日。司令部旧址在金岗库村西南，坐西朝东，居于山脚，全院面积720平方米，共有30间砖瓦房屋，分内外两院。1937年11月晋察冀军区在五台县成立，聂荣臻司令员兼政委。1938年3月8日聂荣臻司令员率军区指挥机关进住金岗库，司令部就设在这所院子里，同年秋离开，在此约半年时间。晋察冀军区是我党、我军抗战初期深入敌后创建的第一个最前线的军事指挥机关，它在整个抗日战争史上发挥了极为重要的作用。

9. 徐向前故居和纪念馆

故居始建于清道光初年，1990年进行了修缮，为典型的晋北四合院建筑层，一进两院，院内的三间正房为阁楼式建筑，两侧是配房，占地面积216平方米。徐向前（1901—1990）是久经考验的无产阶级革命家、军事家，忠诚的共产主义战士，中国人民解放军的缔造者之一，中华人民共和国元帅，党和国家卓越的领导人。曾任中央军委副主席、国务院副总理等职。

10. 代县雁门关伏击战遗址

遗址位于代县雁门关乡太和岭村西北约5000米的石墙沟南，南北长约1000米，东西宽约200米，现留被炸毁的大桥墩。1937年10月，八路军第120师第358旅第716团在雁门关的两次伏击战共歼日军约500人，击毁汽车数十辆，一度截断了繁峙至忻口间的交通，有力地配合了国民党军队与日军正面对阵的忻口战役。2005年代县人民政府立纪念碑。毛泽东在《抗日游击战争的战略问题》一文中，对此战给予高度评价。

11. 夜袭阳明堡机场遗址

机场遗址位于阳明堡火车站西南，位于几个村落之间，占地2000多亩，原为阎锡山初建，1937年9月日军占领后抢修扩建，成为日军攻击忻口的前线机场。1937年10月中旬，八路军第129师第385旅第769团以速战速决的手段夜袭阳明堡机场，歼灭日军100余人，毁伤飞机24架。阳明堡战斗削弱了日军空中力量，有力地支援了国民党军与日军展开的忻口会战。

12. 晋绥边区革命纪念馆

馆址即中共中央晋绥分局、晋绥边区政府、晋绥军区司令部旧址。这里曾是晋绥开明绅士牛友兰先生的宅院和花园。1940年2月，这里成立了晋西北行政公署，后改名为"晋绥边区行政公署"。1942年，晋绥军区司令部暨120师师部移驻此院，同时成立了中共中央晋绥分局，从此，蔡家崖成为当时晋绥政治、军事、文化中心。晋绥党政军主要领导人贺龙、关向应、林枫、续范亭、周士弟、李井泉等同志长期生活和战斗在这里，毛泽东、周恩来、朱德、刘少奇、任弼时等中央领导同志也先后移居这里。

13. 中共中央西北局旧址

旧址为窑洞形制，两个院落，有习仲勋、马明方、马文瑞等领导人旧居。中共中央西北局1947年8月到10月曾驻扎于临县林家坪镇南圪垯村，在短短两个月时间，中共中央西北局书记习仲勋与他的战友们在晋绥各界和临县人民的全力支持下，出色完成了党中央赋予的统筹陕甘宁、晋绥两区后方工作，支援西北战场的神圣使命。

14. 陕甘宁晋绥联防军旧址

陕甘宁晋绥联防军旧址为清代建筑，坐北面南，分为上院、下院、卫生所院、伙房院四处院落。1942年5月13日，中共中央军委决定成立陕甘宁晋绥联防军司令部，任命贺龙为联防军司令员，关向应为政治委员，徐向前为副司令员兼参谋长。1947年8月，国民党进犯延安，贺龙、习仲勋率部东渡黄河进驻临县沙垣、南圪垯一带，陕甘宁晋绥联防军司令部驻沙垣村。

15. 山西国民师范旧址革命活动纪念馆

纪念馆于1991年9月18日建成开馆。旧址原为山西省立国民师范学校，始建于1919年，是阎锡山创办的一所专门培育全省小学教师的师范学校。后来成为继山西省立一中之后山西革命活动的坚强堡垒之一，是第一次、第二次国内革命战争和抗日战争初期中国共产党在山西开展革命活动、建立抗日民族统一战线、发动群众开展抗日救亡运动的重要基地之一。

16. 高君宇故居

故居始建于清咸丰年间，以窑洞为主，灰砖青瓦，典型的晋西北民居风格。由六座院落组成，占地4500平方米，建筑面积1200平方米，是高君宇同志诞生地和16岁前生活和学习的地方。高君宇（1896—1925），山西静乐人。五四运动时为北京大学学生会负责人，1920年与邓中夏共同组织马克思学说研究会，1921年加入中国共产党，是中国共产党第二、三届中央委员，1925年在北京病逝。

17. 彭真生平暨中共太原支部旧址纪念馆

纪念馆占地面积6866平方米，建筑面积5656平方米。馆内设有彭真、高君宇、贺昌生平业绩陈列和中国共产党山西历史陈列等永久性展厅。这里原是清朝山西贡院，1913年更名为山西省立第一中学校，是中共早期党员、山西共产主义启蒙运动的先驱高君宇、贺昌、彭真等老一辈无产阶级革命家就读与从事革命活动的地方。1925年，中共太原地方执行委员会成立，省立一中成为太原革命活动的中心。

18. 阳泉市狮脑山百团大战遗址

遗址位于阳泉市西南的狮脑山顶，建成于1987年6月30日，整个建筑群占地25亩，主要建筑物有百团大战纪念碑、纪念馆、烈士名录墙等。1940年8月20日至12月5日，为了粉碎日本侵略军的"囚笼政策"，八路军出动105个团约40万兵力，在华北战场向日军发动了大规模的破击战，史称"百团大战"，狮脑山上打响了"百团大战"第一枪。

19. 吕梁市石楼县红军东征纪念馆

纪念馆依山而建，占地面积11000平方米，主体建筑1100平方米，分展厅与纪念碑两部分，整体建筑气势恢宏，造型优美，1996年5月正式对外开馆。其是为了纪念1936年毛泽东率红一方面军东渡黄河，建立抗日山西根据地的历史业绩而立。

20. 晋中市昔阳县大寨展览馆及长治市平顺西沟展览馆

大寨展览馆位于昔阳县大寨村，展览馆始建于1971年，现馆是在1996年基础上于2011年4月改扩建完成的，总建筑面积2480平方米。大寨村地处太行山腹地，由于长期风蚀水切，形成了七沟八梁一面坡的地形地貌。经过几代大寨人的艰辛改造，现在的大寨已成为一个优美的公园山村和农业旅游区。

西沟展览馆位于长治市平顺县西沟村，始建于1968年，2005年扩建并重新布展，现展馆建筑面积1200平方米，系统地展示了著名全国劳模李顺达、申纪兰带领西沟人民艰苦奋斗、建设山区，积极探索中国农村、农民走社会主义道路的光辉历程。①

二、红色制度文化

"制度"一词按照第七版《现代汉语词典》的解释，一是成员共同遵守的规章或准则，二是在一定历史条件下形成的法令、礼俗等规范。从这里的释义看，制度有广义和狭义之分。本书研究的制度是狭义上的制度，是指政治上层建筑中包含的规范、准则等具有规范性和约束性的各项规章的综合。

"制度"在第七版《辞海》中认为，制度是人类为了生存以及社会发展的需要而创制出来的有组织的规范体系，包括政治、经济、文化等方面的体系。制度文化不仅和制度有关，而且同文化有关。但其绝不是制度和文化的简单叠加，它是文化的重要组成部分，也是文化传承和弘扬的重要渠道。本书所述及的制度，实质上就包含有文化的内涵。

当红色制度规范能够被人们接受、认同就形成了红色制度文化。因此本书认为，红色制度文化是在中国共产党领导下，中国人民在革命、建设和改革奋斗历程中形成的各种规范、章程和政治制度、经济制度等制度体系，并被人们接受和认同的文化形态。

新民主主义革命时期，山西敌后抗日根据地在新民主主义革命实践中制定和确立了一整套制度，公布和施行了一系列政策和条例，初步形成了新民主主义的政治体制、经济体制等制度体系。抗日战争时期，在政治体制建设方面，体现在抗日民族统一战线的民主政权在山西抗日民主根据地的创建。

---

① 国家公布认定：山西9个红色旅游经典景区，三晋大地的硝烟与华章［EB/OL］．山西文旅网，2021-04-27．

晋察冀抗日根据地成立了晋察冀边区行政委员会，建立了敌后第一个共产党领导的各抗日革命阶级联合专政的民主政权，即新民主主义政权；在晋绥边区以三三制原则，同时推进人民群众参加民主选举，建立了抗日民主政权。在经济体制建设方面，体现在山西敌后抗日根据地改革土地制度，减租减息政策。减租减息是中国共产党在抗日战争时期处理土地问题的基本政策。实行这一政策，在政治上可以动摇封建统治，在经济上可以削弱封建剥削，改善农民的政治地位和生活状况，适当地调节了根据地内的生产关系和阶级关系，团结了各个阶级、阶层，这对于抗日民族统一战线的巩固和抗日民主根据地的发展有着极为重要的作用。在党的建设方面，体现在整风运动在山西各抗日根据地的开展。山西各抗日根据地的党组织把整风运动作为党的建设的中心任务。山西各抗日根据地整风运动加强了根据地的党的建设，促进了全党在思想上、政治上、组织上的统一和团结，为夺取抗日战争的最后胜利做了重要准备。解放战争时期，在政治体制建设方面，体现在山西各解放区开始巩固和完善民主政权建设。在晋西地区各县进行了广泛的村级选举，在各老解放区普遍建立了村民代表会议或者村民代表团。同时，在新解放区也相继建立了民主代表制度，以民主选举为基础，召开各县的人民代表会议，选举产生政权机关；太行区通过普遍的民主选举，进入到村、区、县等各级政权组织。随着解放战争不断推进，山西各个解放区在不断完善民主政权建设的过程中形成了新民主主义的政治体制。

社会主义革命和建设时期，在政治体制建设方面，体现在人民代表大会制度在山西的正式建立，多党合作和政治协商制度在山西的不断完善；新中国建立初期，山西的行政村基层政权为行政村的人民代表会议和村人民政府。为适应社会主义改造和建设的形势，保证广大人民群众行使国家权力，不断健全人民民主主义制度，各省用普选方式组成各级人民代表大会，建立人大代表的基层政权，为召开全国人民代表大会做准备。1954年8月3日，山西省第一届代表大会第一次会议在太原举行，这代表着国家的人民主主义的政治制度在山西已经走上了一个新的发展阶段，标志着山西人民民主政权建设进入新的发展阶段。政协山西省第一届委员会的成立和第一届一次会议的召开，标志着中国共产党领导的多党合作和政治协商这一基本制度在山西的建立，同时也标志着山西人民民主统一战线在山西的形成。与此同时，中共山西省委根据中央的有关精神，不断巩固和发展同各民主党派之间的合作关系。在文化体制建设方面，山西积极贯彻"百花齐放、百家争鸣"的方针。1956年5月2日，在最高国务会议上正式宣布将"百花齐放、百家争鸣"作为党发展科学、繁荣文学艺术的指导方针。山西省委积极贯彻执行党中央所主张的"百花齐放、百家争鸣"，提倡在相关工作人员有独立思考和辩论的自由。同时，相关工作者要深入学习马克思列宁主义，以马克思列宁主义作为科学和文化事业的长期指导，这是一个基本的、长期的方针。

改革开放和社会主义现代化建设新时期，山西是全国最早推行包产到户的省份，也是在全国较早确立农村家庭联产承包责任制的省份。山西农村家庭联产承包责任制的建立，经历了一个曲折的发展过程，大体分为四个阶段。一是包产到组、联产到劳、包产到户和包干到户责任制由秘密出现到部分地、县开始公开实施；二是包产到组、包产到户和包干到户暂时受阻与在全省山区的广泛实施；三是联产到劳、包产到户和包干到户等各种责任制形式在全省普遍实施；四是包干到户的确立、稳定、完善和提高。1992年，邓小平南方谈话发表之后，山西省委几次集中学习并讨论精神实质。党的十四大，确定了建立社会主义市场经济体制的目标。中共山西省委召开会议传达贯彻了党的十四大的精神。通过学习，使得广大党员、干部和群众加深对建立社会主义市场经济体制的最新认识。

党的十八大以来，中国特色社会主义进入新时代。山西加快健全一系列制度的贯彻和完善。党的十九届四中全会对中国特色社会主义制度进行了系统建构，守正创新，为新时代中国特色社会主义建设和山西红色文化的弘扬提供了深厚的文化支撑和坚强的制度保障。十九届四中全会系统阐释了中国特色社会主义制度、推进国家治理体系和治理能力现代化的各项制度体系。为了贯彻十九届四中全会精神，山西省紧密结合山西实际，制定《关于深入贯彻落实党的十九届四中全会精神推进山西治理现代化的实施方案》，明确了总体要求、阶段目标和制度体系建设任务。在全面推进省域治理体系和治理能力现代化，努力在能源革命和解决资源型地区经济转型难题等方面，山西做出实践探索，为治晋兴晋强晋提供有力制度支撑。

三、红色精神文化

"精神"一词按照百度百科的释义，指人的情感、意志等生命体征和灵魂状态。按照这里的理解，精神同样有广义和狭义之分。本书研究的是狭义上的精神，指的是人的精气神状态、灵魂状态。

红色精神文化是红色文化的精神形态的表现形式，是红色文化价值观念的高度凝练，表现为实践活动主体的精神风貌。对于中国共产党人来讲，红色精神文化指的是理想信仰的追求，是对共产主义向往和希望的状态。

之前所列举，无论是红色人物、红色活动、红色遗址、制度体系等都属于山西红色文化的具体形态，而在光耀千秋的山西红色文化资源宝库中，还有一种虽然不是具体的但却贯穿其中，无时不在、无处不在，被称为灵魂的组成部分，这就是红色精神。在山西红色文化的百年发展历程中，红色精神一直都处于与时俱进、不断传承、弘扬和发展之中。山西红色文化中的红色精神主要如下。

（一）太行精神

1937年卢沟桥事变爆发、全面抗战由此开启，党中央和毛泽东同志明确指出，在山西全省创立我们的根据地。1937年9月，八路军第115师、120师、129师，分批东渡黄河奔赴山西抗日前线，山西成为八路军总部和三大主力师的所在地，成为反击日本侵略者的前沿阵地。太行区抗战运动包括山西省东南部，河北省西部，河南省黄河以北西南部。抗日战争爆发后，八路军一二九师进入太行山后，即在中共中央北方局的直接领导下，大刀阔斧地开展根据地的建设工作。每个城镇和乡村都出现了"母亲叫儿打东洋，妻子送郎上战场"的动人事迹。"村村像军营，人人都是兵，抗日根据地，一片练武声"，抗日的烽火在太行山熊熊燃烧。太行革命根据地是中国革命史上的一块丰碑。太行精神是数千年来中华民族精神的积淀和延续。

"太行浩气传千古，留得清漳吐血花。"八路军领导太行地区的人民为抗日战争的胜利，进行了艰苦卓绝的斗争，付出了巨大牺牲，孕育了伟大的太行精神。太行精神是在国家和民族处于危亡的关键时刻，中国共产党人领导太行儿女展现的不怕牺牲、不畏艰险的革命英雄主义精神，是在极其艰苦条件下展现的百折不挠、艰苦奋斗的精神，是为民族解放展现的万众一心、敢于胜利的精神，是为人民利益展现的英勇奋斗、无私奉献的精神。① 2020年5月，习近平总书记在山西考察时强调："山西也是具有光荣革命传统的地方，是八路军总部所在地，是抗日战争主战场之一，建立了晋绥、晋察冀、晋冀鲁豫抗日根据地，平型关大捷、百团大战等闻名中外，太行精神、吕梁精神是我们党宝贵的精神财富。这些都要充分挖掘和利用，以丰富多彩的历史文化、红色文化资源为山西发展提供精神力量。"②

（二）吕梁精神

大山巍巍，千峰耸立。抗日战争时期，吕梁精神在山西省吕梁山脉这一特殊的地理环境中孕育而成，它是吕梁的人民在长期的革命、建设的实践中形成的独有的精神风貌，是吕梁人民革命和建设制胜的法宝。在革命和建设时期，吕梁人民节衣缩食保障根据地供应，筹钱筹粮支持抗日救国，吕梁人民"养兵十万，牺牲一万"，组成保卫延安的坚强屏障，靠的就是"革命理想高于天"的信念和勇于牺牲、永不屈服的战斗意志。

在那段烽火岁月和艰苦建设年代，吕梁人民不畏牺牲、前仆后继，锻造出了吕梁精神。可归纳为："艰苦奋斗、顾全大局，自强不息、勇于创新。" 2017年6月，在山西考察工作的习近平总书记来到晋绥边区革命纪念馆，郑重向革命烈士敬献花篮，动情地说道："革命战争年代，吕梁儿女用鲜血和生命铸就了伟大的吕梁精神。我们要把这种精神用在当今时代，继续为老百姓过上幸福生活、为中华民族伟大复兴而奋斗。"③

（三）刘胡兰精神

刘胡兰，1932年出生在山西文水县云周西村一个贫苦农民家庭。在尚未满15周岁时，她因叛徒出卖被捕。面对敌人的威逼利诱，面对生死的抉择，

---

① 代晓灵，万鹏. 太行精神、吕梁精神是我们党宝贵的精神财富［N］. 人民日报，2021-11-01（3）.
② 习近平. 用好红色资源，传承好红色基因把红色江山世世代代传下去［J］. 求是，2021（10）：4-18.
③ 郑丽平. 用鲜血和生命铸就伟大的吕梁精神［N］. 光明日报，2021-02-24（8）.

凭着对劳动人民的深厚感情和对共产主义的坚定信念，在敌人铡刀面前气贯长虹、视死如归，正气凛然地说道："怕死不当共产党！"她为中国人民的解放事业献出了宝贵而年轻的生命，她用自己的生命，诠释了一个共产党员的初心使命；她用自己青春的热血，书写了一个共产党员的高尚气节，塑造了"生的伟大，死的光荣"的崇高形象；她用自己的行动诠释了党的宗旨，用自己的鲜血为党旗增添了光彩。

马克思主义是不断发展的，刘胡兰精神也需要与时俱进。新时代，刘胡兰精神已经不能用简单的"不怕死"来概括，更不是那种"天不怕、地不怕，捅下娄子不管它"的愚昧莽汉精神。我们需要从时代发展角度来正确把握和理解新时期刘胡兰精神的实质和内涵。概括来讲就是四句话、十六个字：坚定信念、不屈不挠、敢于担当、勇于奉献。其中，坚定信念是新时期刘胡兰精神的基石；不屈不挠是新时期刘胡兰精神的灵魂；敢于担当是新时期刘胡兰精神的本质；勇于奉献是新时期刘胡兰精神的精髓。①

新时代，我们要将刘胡兰精神弘扬下去。让红色基因融入血脉、植入灵魂，内化为坚定的信仰和行动自觉，不断增强担当意识、责任意识，不断涵养无私奉献的人民情怀，这是我们对英雄最好的纪念！

（四）右玉精神

右玉县地处晋西北地区黄土高原，近内蒙古，隶属于山西省朔州市，是山西的北大门，近代生态环境恶劣，当地民谣说："一年一场风，从春刮到冬，白天点油灯，黑夜土堵门，风起黄沙飞，雨落洪成灾。男人走口外，女人挖野菜。"

新中国成立后，全县干部群众70年坚持不懈植树造林，森林覆盖率由新中国成立初的不足0.3%增加到现在的54%以上，右玉人民坚持不懈，右玉党员干部一把铁锹两只手与群众一块苦、一块干，以"只要精神不滑坡，办法总比困难多"的英雄气概，以"苦干加实干"的劲头，硬是把一块游沙遍地的不毛之地变成了闻名全国的塞上绿洲，将风沙土堵门的塞北荒山建设成了如今"夏天的绿翡翠，冬天的白玉石"，演绎着震撼人心绿洲传说，创造出了黄土高原上的生态奇迹，铸就了弥足珍贵的右玉精神。

---

① 刘胡兰精神［EB/OL］. 共产党员网，2020-02-19.

2012年9月28日，习近平同志在中共山西省委上报的《关于我省学习弘扬右玉精神情况的报告》的批示中，将右玉精神概括为："右精神体现的是全心全意为人民服务，是迎难而上、艰苦奋斗，是久久为功、利在长远。"2020年5月，习近平总书记在山西考察时，再次强调要发扬"右玉精神"。①

从曾经的黄沙漫漫，到如今的绿意盎然，生态治理给右玉带来了良好的经济效益，给右玉人民带来了美好生活。右玉人民在"右玉精神"的指引下，创造了黄土高原上的生态奇迹，并在转型发展蹚新路的征程上砥砺奋进，书写新时代中国特色社会主义新篇章。

综上所述，由山西省内的红色物质文化、红色制度文化和红色精神文化所构成的山西红色文化，是一座弥足珍贵的红色资源宝库，生动反映了在中国共产党的领导下，山西人民爱国情感、不怕牺牲、顾全大局、久久为功的价值取向，在整个中国红色文化的历史发展进程中发挥了重要的作用。在中国特色社会主义建设新时代，为建设社会主义现代化强国、实现中华民族伟大复兴中国梦的征程中，山西红色文化必将与时俱进，迸发出更加璀璨的时代光彩！

---

① 我们的传家宝：右玉精神［EB/OL］.央视新闻，2021-03-19.

第二章

山西红色文化的当代价值

山西红色文化是中国红色文化的一种区域性形态,蕴含了厚重的历史文化内涵、丰富的红色精神和时代价值。文化的主体向度,其内涵就是把人看作一种文化存在物,它受到人类特有的文化遗传机制的制约,把人的成长和进步同文化的发展联系起来,并作为判断和评价文化发展状况的价值标准。红色文化的主体向度主要体现在其作为一种文化基因所具有的"育人"价值和功能,并使其成为红色文化资源的传承者、发展者和创新者。

我们要从党的百年奋斗史中感悟真理的力量,深化党史学习教育,赓续红色血脉,奋力谱写全面建设社会主义现代化国家山西篇章的磅礴力量。

用好红色资源,有助于教育引导广大干部、党员群众深刻认识红色政权来之不易、新中国来之不易、中国特色社会主义来之不易,有助于深刻体会坚持中国共产党领导的历史必然性、马克思主义及其中国化创新理论的真理性、中国特色社会主义道路的正确性,有助于更好地发挥党的历史以史鉴今、资政育人的重要作用,把红色基因一代代传承下去。

红色文化其蕴含的共产主义理想、中国特色社会主义信念和以人民为中心等理想与追求,不仅能提升中国人的思想境界、为实现中国梦提供精神动力,对解决人类所面临的共同问题也有重要意义。因此,只有从更深层次、更宏观的角度和更宽广的范围来探寻红色文化的内核才能真正挖掘它的历史意蕴和时代价值,最大程度地发挥红色文化的当代价值。因此,需要把红色文化的当代价值凝练出来、展示出来,逐步提高中华文化的影响力和号召力。面对世界百年未有之大变局,中国人民需要红色基因来传承历史精神、勇气和智慧,需要红色精神来武装头脑,更需要红色文化引领未来。

党的十八大以来，山西从高速发展转向高质量发展的新阶段，红色文化也处在了多元文化一体发展的关键时期，要坚持创新、协调、绿色、开放和共享的新发展理念，使山西红色文化创造性转化、创新性发展，深入挖掘山西红色文化的内涵、外延和价值、意义对山西高质量发展具有重要的现实意义。

研究山西红色文化的当代价值，对实现山西省政治、经济、文化、教育等全面发展具有现实的指导意义。红色文化的价值是多维度的，新时代山西红色文化的当代价值主要包括：山西红色文化孕育着丰富的政治价值、经济价值、文化价值、社会价值和教育价值。

第一节 政治价值

红色文化作为一种政治文化，有其自身的政治价值，政治价值在红色文化价值体系中居于主导地位。所谓政治价值，主要是指人们对政治活动和政治现象做出的价值判断，也指人们所希望得到的具有政治意义的事物。红色文化是具有中国特色社会主义先进文化的源头，红色文化传承的宝贵的思想内涵和精神指向具有重大的政治价值，发挥着传播政治理念和政治信仰、规范政治行为、培养造就政治人才、和谐稳定政治关系、推动政治发展等作用。[1] 山西红色文化是中国共产党带领山西人民在革命、建设、改革过程中积淀而成的，也涵养了深刻的政治价值：深化廉政建设、强化为人民服务的宗旨、增强山西人民的政治情感。从整体上把握和认识政治价值，可从以下几个方面理解。

一、深化廉政建设、强化为人民服务的宗旨

山西红色文化中包含了丰富的廉政教育的元素。山西红色文化中蕴含的

---

[1] ［美］罗纳德·H.奇尔科特.比较政治学理论——新范式的探索［M］.北京：社会科学文献出版社，1998：240.

全心全意为人民服务是文化的根基,艰苦奋斗、厉行节约是廉洁从政的要求。

从文化价值和社会功能来看,红色文化具有不可替代的教化作用、凝聚作用、激励作用。山西省委原书记王儒林指出:"在中国革命血与火的考验中,三晋大地无数的英雄儿女抛头颅、洒热血,前赴后继、英勇奋战,为国家独立和民族解放无私奉献。我们山西的共产党员和人民群众用鲜血和生命铸就了气贯长虹的革命老区精神,催生了壮美瑰丽的红色文化,始终激励着我们攻坚克难、一往无前。"① 这一重要论述,精准地勾勒出山西红色文化的精髓——革命老区精神,揭示了山西红色文化的功能作用——激励鼓舞作用,为我们弘扬山西红色文化指出了明确的路径——大力传承和弘扬革命老区精神,凝聚和提升山西党员干部和人民群众攻坚克难、不懈奋斗的精气神,创造山西浴火重生、脱胎换骨的新形象、新作为。

落实全面从严治党要求,夺取党风廉政建设和反腐败斗争新胜利,必须标本兼治,着力构建不想腐、不能腐、不敢腐的有效机制。王岐山同志在2015年的全国两会山西代表团的讲话中充分肯定了山西的优秀历史文化,充分肯定了山西政治生态发生的可喜变化,要求我们从过去的深刻教训中振奋起来,把精气神鼓起来。他明确提出山西在严格执行党纪党规、全面从严治党方面要"先走一步",这是以习近平同志为核心的党中央对山西工作提出的新要求。落实"四个全面"战略布局,把党要管党、全面从严治党的各项要求落到实处,就要着力从加强干部队伍教育、管理、监督入手,营造良好的政治生态。要大力弘扬山西红色文化,引导、教育各级干部认真学习、传承革命老区精神,强化宗旨意识、群众意识、奉献意识,继承老一辈共产党人的优良传统作风,坚持心中有党、心中有民、心中有责、心中有戒,做到为民服务、崇尚实干、勇于担当、廉洁自律;要把提高思想道德修养作为红色宣传教育的重点,引导党员干部树立廉荣贪耻的道德观念,自觉地讲党性、重品行、做表率,以革命先辈守纪律讲规矩的感人事迹和惩治腐败的典型案例作为鲜活教材,警示党员干部增强法纪意识,淡泊名利,清廉做事;要运

---

① 王联辉. 从红色文化中汲取全面从严治党的精神力量[N]. 山西日报,2015-04-14(C2).

用红色文化资源深入开展革命传统教育，引导党员干部继承发扬艰苦朴素、勤俭节约的优良作风，永葆共产党人的政治本色。

纵观近年来党员干部的违纪违法案例，都是理想信念动摇、思想道德滑坡、价值观扭曲的结果。而红色廉政文化最显著的特点就是反映了老一辈革命者坚定的理想、信念，体现了他们全心全意为人民服务的宗旨。因此，山西挖掘红色文化资源推动廉政建设，突出的正是这一"红"的特色。他们从新时期廉政文化建设的规律和特点着手，着力探索红色廉政文化建设的创意思路，通过挖掘、整理资源，提炼升华主题，精心培育红色文化产品，用红色廉政文化占领各级党员干部思想"阵地"，提高了红色廉政文化资源的利用率、影响力。

党的十八大以来，中国特色社会主义进入新时代。随着中国改革开放的深入推进和经济社会的深刻转型，人们之间的利益格局与价值观念呈现出多元、多样、多变之特征，民众的价值追求、选择与整合也遭遇空前的迷茫、困境和挑战，这也激发了社会各界对社会主流价值观的渴望和探求。红色文化资源作为革命和建设的历史遗存和革命精神，是诠释中国共产党人"为中国人民谋幸福，为中华民族谋复兴"这一初心和使命的历史载体和鲜活教材，其承载的价值观具有独特的育人功能。之所以具有育人功能，根源于红色文化承载的优质资源，其蕴含的传统基因及其精神价值（即中国共产党人在革命实践中体现出来的崇高理想信念、深厚的家国情怀、高远的价值追求、卓越的精神品质、艰苦奋斗的精神等），与高校"立德树人"这一思想政治教育根本目标（坚定理想信念、厚植爱国主义情怀、加强品德修养、增长知识见识、培养奋斗精神、增强综合素质）之间具有内在契合性和高度一致性。如果按照知、情、意、行来考察的话，其育人功能主要可概括为：一是认知优化功能。"历史是最好的教科书。"红色文化是中国革命和建设的历史见证和政治记忆，不仅可以优化对党史、国史的认知，还能增强道德认知、价值认知，从历史中汲取智慧和真理的力量，提高对历史虚无主义或将红色文化娱乐化、庸俗化、形式化等错误思潮和做法的辨识力、批判力。二是情感激化功能。红色文化资源发轫于中华民族救亡图存之时，凝聚了无数仁人志士、革命先烈对祖国的挚爱之情和对民族解放的昂扬激情，对于激发人民爱党爱国的家国情怀、奉献精神,实现中华民族伟大复兴中国梦,具有重要的滋养功能。三是信念固化功能。红色文化蕴藏的红色底蕴是通达理想信念的文化根脉,具有坚定和巩固中国特色社会主义共同理想和共产主义远大理想的核心育人功能。不仅如此,红色文化是以马克思主义中国化的成果为主导,在继承和发展中国传统文化优秀成分的基础上,实现了对传统文化的现代转型,生成为一种新的时代精神和价值体系,因而成为中国文化认同和文化自信的本源支撑;四是行为活化功能。"凡贵通者,贵其能用之也。"在实践活动的熏陶和体验中达到行为的自觉和自律,是立德树人的根本路径。红色文化以其感人的事迹、鲜明的人物形象、鲜活的实物场景感染人,达到行为活化的育人功能。

二、增强政治认同感

红色文化对中国共产党治国理政的意识形态作用主要体现为政治认同感的培育,稳定政治关系的维系。对于一个执政党而言,要想巩固其政治统治,维护其政治稳定,必须具有充分的执政合法性。具体到中国,这种执政合法性从本质上而言就是指我国的人民群众对中国共产党的执政理念、政治价值观、政权架构的一种政治心理和政治情感的认同与支持。① 毛泽东同志说过:"只有相信人民的人,只有投入人民群众勃勃生机的创造力泉源中的人,才能获得胜利并保持政权,千百万人民群众真心实意地拥护才是真正的铜墙铁壁。"②

红色文化蕴涵着中国人民的政治理想、爱国情怀,是维系党所领导的政治体系的完整性的重要力量。"积极肯定的政治文化反映出大多数公民内心深处对现行政治体系的认同,感情上的依赖与积极的评价,他们愿意遵守该体系的政策、法律及法规等硬性的制度,接受政府的领导,并积极维护现行政治体系的正常运转。这一政治文化意味着政治体系获得了较多的政治合法性、公信力及权威性资源,该体系输出的政策能够顺畅地执行,法律法规具有较

---

① 周宿峰. 红色文化基本问题研究 [D]. 长春:吉林大学,2014.
② 列宁全集:第33卷 [M]. 北京:人民出版社,1985:57.

高的效力。"①

山西拥有众多红色干部教育基地，太行干部学院、右玉干部学院、大寨干部学院，在接受红色文化教育过程中，山西人民应学会从价值标准、行为规范、政治态度、理想信念等方面用社会主导的政治标准来衡量、约束自己，内化为自己的政治态度、政治情感，并外化为自己的行为模式，扮演该政治体系的政治角色，使自己成为该政治体系的支持者、维护者。②

第二节　经济价值

红色文化是由中国共产党人、先进分子和人民群众在革命实践中共同创造的一种极具中国特色的先进文化体系，是中华民族爱国统一、勤劳勇敢、自强不息、包容厚德的民族精神的集中体现，也是指导中国革命和建设取得成功的重要法宝。红色文化与经济相互融合，相互促进，共同发展，在新时代下，将红色文化赋予时代特色，是推动我国经济发展和建设社会主义文化强国的重要举措。

一、助推红色产业发展

党的十九大提出，要推动文化事业和文化产业发展，健全现代文化产业体系和市场体系，培育新型文化业态。近些年，山西省明确提出要以新产业激发新动能，持续推进产业结构优化升级，实现经济社会高质量转型发展。国务院出台《关于支持山西省进一步深化改革促进资源型经济转型发展的意见》（以下简称《意见》），为推动山西实现从"一煤独大"到"八柱擎天"的高质量转型发展指明了方向。《意见》指出，要实现产业升级，就要推动文旅融合，打造文旅支柱产业，推进新型产业布局。山西省严格落实《意见》

---

① 李彦冰. 北京西山红色文化的政治价值 [J]. 前线，2018（02）：80-82.
② 陈世润，李根寿. 论红色文化教育的社会价值 [J]. 思想政治教育研究，2009（4）：15-17.

精神，致力于在打造资源型经济转型发展示范区和国际知名文化旅游目的地等方面持续发力。

当今世界，文化产业在经济的发展中逐步占据重要地位，由于人民群众对精神文化需求不断增加，使得文化产业在产业结构中的作用越来越重要。各国为了争夺文化市场，加大文化输出，以此在世界中占有一席之地。借于红色文化产业集"红色人文、传统民俗、历史故事"等一体的新兴产业，具有高的市场需求、高的经济效益、高的回报率、高的融合性等特点，能够有效联系红色文化与创新技术，塑造新的产业集群业态，成为推动文化产业发展新的增长点。

目前文化产业以文旅产业为主，文旅产业需要以深厚的文化内涵和厚重的文化底蕴作支撑。文化是旅游的灵魂，旅游是文化的载体。文旅产业的发展，不仅在于自然景观的打造上，还需要体现其灵魂——红色文化。这是因为红色使文旅产业富有中国特色，拓展了文旅产业的视野。同时，文旅产业不仅具有休闲消遣功能，更大程度上它还具有育人的功能，将红色文化融入文旅产业有益于彰显文旅产业的社会功能。

二、打造红色文化品牌

红色文化作为我国特有的文化现象，本身就具有中国特色品牌价值，随着全球一体化经济和对外开放的不断深入，红色文化以其独特的魅力也吸引了众多国外人士。同时，把握好红色文化产业资本循环周期短、投资回报率高的特点，把握文化发展大势，以红色文化引领文化产业的发展，形成世界品牌，这不仅让世界人民更好地了解了中国历史，而且推动了整体经济的发展，同时提升了国家的软实力，对建设有中国特色的文化强国有着重要的意义。

红色文化是地区经济发展的动力和智慧保障。山西丰富的红色文化资源是山西经济转型发展的优势之一，结合山西地区特殊性，可在红色文化产业的基础上，打造红色旅游品牌，形成特色红色文化品牌，以融合创新为突破口。山西革命老区很多红色景点地处偏僻，但也有其发展的优势，大多数革命老区拥有良好的生态环境、鲜明的地域特色、淳朴的乡土人情及民族地域特色等，只要在资金上给予扶持、统筹规划指导，在开发上给予定位，整体联动开发，就可以使其实现由政治品牌向市场品牌的转化。近年来，山西加大交通建设，依靠便利的交通网将山西的红色遗址、红色纪念馆等一个个红色地标串起来，形成推动山西文化产业发展的矩阵。

运用山西红色文化资源，打造品牌经济，是实现山西文化产业优势转化、经济社会跨越式发展，缩小山西与发达地区差距、建设文化强省的必然选择。要建立山西红色文化的长效发展机制，充分发挥山西红色文化的积极作用，着力打造山西红色文化的品牌和标识，深入发掘红色文化的传承价值和经济价值的功能。在这个过程中带动当地沿路地区相关产业的发展，像红色书籍、红色餐饮、红色实景演出等新型产业。同时促进当地人民就业水平的提高，推动红色旅游产品和服务"亮"起来、"活"起来、"火"起来。此外还有影视业，像我们熟知的影视作品《吕梁英雄传》《百团大战》《亮剑》等，被相继搬上银幕，进一步宣传了山西的红色文化，展示了山西厚重的文化底蕴，发展活力持续迸发，内生动力不断增强。

要不断提高山西红色文化资源的知名度和品牌效应，让山西红色经典在三晋的大地上重新焕发生机和活力，人们通过对历史的深入研究，既能感悟历史、缅怀先烈，同时还能形成以红色文化品牌为龙头的核心产业和支柱产业，以及相关的配套产业和衍生产业，从而推动中国特色社会主义市场经济的发展。

第三节　文化价值

一、坚定理想信念

人的精神世界的三个必不可少的组成部分包括理想信念、意志和欲望，理想信念是支撑人的精神支柱，是思想道德观念的根基。于乱世探索真理，在至暗时刻寻找光明，"革命理想高于天"的崇高信念是中国共产党人精神世界的真实反映。坚定的理想信念是指中国共产党自成立以来始终以马克思主义为指导，以实现共产主义和人类解放为使命。山西人民同全国人民一样，坚持以马克思主义为指导，艰苦奋斗、勇于创新、无私奉献。在同旧军阀特别是以阎锡山为代表的大地主、大资产阶级和日本帝国主义革命斗争过程中，克服重重艰难险阻，山西人民用鲜血和生命铸就了不朽的精神——太行精神、吕梁精神、大寨精神等红色精神，对于我们进行理想信念教育具有突出作用。

山西拥有众多红色教育基地，刘胡兰纪念馆、平型关大捷遗址、大同煤矿万人坑遗址纪念馆、晋察冀军区司令部旧址、麻田八路军总部纪念馆等，通过邀请老战士、老干部、老模范做革命传统报告、讲革命传统故事等形式宣传红色文化。例如，高君宇"我是宝剑，我是火花，我愿生如闪电之耀亮，我愿死如彗星之迅忽"的革命理想，他用短暂而光辉的一生践行着革命理想。这样的事迹在山西这片红色土地上数不胜数，彰显了中国共产党在面对困境时不怕艰难、艰苦奋斗、乐于奉献的精神品质，人们可以从山西本土英雄人物的伟大事迹中汲取营养。这些伟大事迹为人民的理想信念教育提供了正确的价值导向，让思想得到了洗礼。山西人民在亲耳聆听、亲身感受苦难辉煌的党史、国史、改革开放史和社会主义发展史中，激荡思想和心灵，增强爱国主义情怀，同时也从那段不平凡的历史中汲取了奋进的力量。

二、坚定文化自信

习近平总书记在党的十九大报告中指出，"文化兴国运兴，文化强民族强。没有高度的文化自信，没有文化的繁荣兴盛，就没有中华民族伟大复兴"①。对于建设社会主义现代化强国的中国来说，文化自信既是当前的文化理念又是指导思想。

诞生于中国革命战争年代的红色文化处于承前启后、承上启下的重要地位，始终保持了强大的生命力、影响力和感召力，是中国特色社会主义文化自信的重要源头，也是文化自信的重要基础和资源，蕴含着丰富的红色革命精神和厚重的文化内涵。中国共产党领导人民进行的革命、建设和改革的斗

---

① 习近平. 中国共产党第十九次全国代表大会在京开幕 决胜全面建成小康社会 夺取新时代中国特色社会主义伟大胜利［N］. 人民日报，2017-10-19（01）.

争实践是产生红色文化的实践土壤和现实基础。红色文化在革命战争、建设和改革开放年代激励和影响了无数革命先烈，他们以救国救民的坚定理想信仰和英勇无畏的革命精神，坚持理想、牺牲奉献，为民族独立、人民解放、国家富强抛头颅、洒热血，形成了建党精神、井冈山精神、长征精神、太行精神、吕梁精神、刘胡兰精神、右玉精神等，这些都是红色文化的鲜明体现与升华。

新时代，红色文化是引领我们不断前进的精神动力，是坚定文化自信的坚强基石。红色文化是中国革命、建设和改革实践发展不断走向胜利的文化和精神支撑，它承载了党和人民对实现中华民族伟大复兴的强烈愿望、实干担当的精神力量、牺牲奉献的信念支撑，激励中国人民在中国特色社会主义道路上砥砺前行，不断创造新的辉煌。我们要沿着革命先辈的光辉足迹，秉承优良红色革命传统，大力弘扬红色文化，自觉从红色革命文化中汲取精神养料，不断增强文化自信，不断提高国家的文化软实力，建设中国特色社会主义文化强国，增强我国的综合国力和国际竞争力，为实现中华民族伟大复兴的中国梦而不懈努力奋斗。

第四节 社会价值

一、形成良好的社会风尚

红色文化有利于引领时代主流和良好的社会风尚。红色文化是中国人民在革命、建设和改革实践中形成的特有的文化形式，在社会主义核心价值体系和社会风尚的建设过程中发挥着特殊的引领作用。红色文化中蕴含着深厚的爱国主义、集体主义、社会主义、共产主义，为人民服务的无私奉献精神、艰苦奋斗的工作作风、自强不息的理念、从群众中来到群众中去的理念等核心理想信念，这些理想信念是中华民族和中国人民的精神支柱、动力和行动向导，有利于人们树立正确的世界观、人生观和价值观。同时，红色文化的内涵随着时代的进步和社会的发展不断发展、丰富和完善。在思想文化多元化的当今时代,红色文化仍然是引领时代前进和发展的主流文化,是激励中国人民不断坚定共产主义理想和信念的精神源泉,对丰富人们的精神文化世界、传播社会正能量、弘扬社会主旋律、引领社会风尚,起着基础性和引领性的作用。因此,以红色文化为依托,持续推进和加强对国民的思想道德教育和社会主义核心价值体系建设,可以更好地发挥红色文化在引领时代文化主流和社会新风尚等方面的精神导向作用。

二、社会稳定和发展价值

政党对于政权的维护,需要以人民群众对政权的情感认同、文化认同为根基。自古以来,中国的政治制度一直呈现出"得民心者得天下"的特点。中国共产党是马克思主义政党,始终以人民为中心。政党必须通过主流意识形态的宣传、教育,形成人民群众对政党的价值认同和文化认同,维护政党的合法性和政治稳定性。政党的意识形态对于广大人民群众形成价值认同、整合多元思想文化取向具有重要的规范功能。

红色文化是我国主流意识形态的直观表达和重要体验,人民群众在长期的耳濡目染中,对红色文化拥有很高的接受度和认同感。因此,运用红色文化推动主流意识形态的传承和弘扬,有助于政党确立政权稳定性,而政权稳定能够为社会的稳定繁荣发展提供环境基础,彰显出红色文化独特的社会稳定和发展价值。

三、社会约束价值

红色文化的形成、发展、传承和弘扬的历程贯穿于中国近现代革命、建设和改革发展实践的始终,见证了马克思主义中国化和实践体系的逐渐成熟。其中丰富的精神文明内容,是广大党员、干部和人民群众学习的重要材料,能够对广大党员、干部和人民群众的言行举止产生潜移默化的约束作用。红色文化教育能运用红色文化通过影响广大党员、干部和人民群众的政治理想、价值取向和道德观念,利用红色文化约束自身的言行举止,增强对中国共产党的政治情感认同,达到理论自信和文化自信,从而在中国共产党的引领下树立自身正确的社会角色，为国家、民族和社会的发展起到推动作用。

第五节 教育价值

一、家庭教育价值

山西红色文化可以作为家庭教育的重要资源。家庭教育对人的成长的影响是最早、最直接、最持久的。家庭成员之间的血缘关系使得山西红色文化传承的效果更好，家庭教育是山西红色文化传承有效和最切实的途径。青少年在世界观、人生观和价值观形成阶段，家庭教育应当借助山西革命历史和红色故事教育子女，对青少年进行爱国、拼搏、奋斗等精神的培养和坚韧、责任、谦虚等品质的塑造。弘扬红色文化是健全青少年人格、实现全面发展的重要渠道。

要把山西红色文化融入家庭生活，推进红色文化的家庭生活化。红色文化的生活化是指红色文化更广泛地融入人民群众的日常家庭生活，成为指导人民群众日常生活实践行为的准则，使红色文化具有鲜明的生活特色。源于生活、表现生活和引领生活是红色文化的特质。红色文化并非包治百病的药方，其虽不能解决现实生活中的一切问题，但可以为解决现实生活问题提供思想指导和价值引领。红色文化只有与人民生活紧密相连，才能真正被人民群众所接受和认可，实现对人民生活的引领作用。

红色文化的生活化，就是将红色文化融入人们的日常生活。首先，要摆脱对红色文化空洞说理、脱离现实的宣传教育模式，结合人民群众的接受习惯和生活习惯，以此进行红色文化宣传教育。要加强红色文化宣传教育的范围和力度，特别是加强对偏远地区、文化层次水平较低的群体的宣传教育，让红色文化走进寻常百姓家。其次，要在时代发展的过程中以马克思主义的最新理论成果和社会主义现代化建设的伟大实践丰富红色文化的思想内涵。人民群众文化生活水平的提升和文化接受能力的提高，对红色文化思想内涵提出了新的要求。实现两者的统一，将红色文化与人民群众生活密切相关的民生问题相融合，是红色文化生活化的重要目标。再次，要革新红色文化语言表现形式，使红色文化的语言更加生活化和鲜活化。"知识化""理论化""政治化"的语言有其科学性、真理性，而"口语化""乡土化""鲜活化"的生活化语言则易于被人们接受。革新红色文化语言表现形式，用人民群众听得懂、喜欢听、易理解的生活语言表达红色文化，是推进红色文化生活化的有效方式。

通俗易懂，推进红色文化的通俗化。红色文化的通俗化是指红色文化应以通俗易懂、人民群众喜闻乐见的方式，转化为人民群众的生活话语和行为，从而使人民群众易于和乐于接受，使红色文化具有鲜明的通俗特色。通俗化的目的在于消除人们接受理论的障碍，增强理论对大众的吸引力和影响力。红色文化只有被人民群众接受与认可，才能体现出其存在和发展的最大价值。就此而言，通俗化是红色文化能够被人民群众接受的关键。

推进红色文化的通俗化，要求红色文化的发展紧密联系人民群众的生活实际，将描写人民生产生活、表现人民精神状态、满足人民文化需要作为发展的出发点和落脚点；又要求红色文化要紧密结合人民群众的语言风格和思维习惯，在坚守红色文化精神内涵和理论品格的前提下，结合人民群众的思维接受习惯，用人民群众易于接受的生动语言、简明文字及鲜活故事等阐释红色文化的相关理论问题。以人民群众熟悉的、喜欢的身边人物和事例宣传红色文化的精髓，使红色文化听起来简洁明白、看起来通俗易懂、读起来亲切感人，最大化发挥红色文化的亲和力和感染力。但要注意的是，推进红色文化通俗化并不等于将其庸俗化，不能为了一味迎合大众而让意蕴深厚、品格高洁、理想坚定的红色文化裹上庸脂俗粉的外衣。因此，在发挥红色文化社会治理作用的过程中，必须正确把握好通俗化与庸俗化的界限。

如山西红色文化中的左权和女儿左太北的故事，至今读起来都让人动容。左权牺牲时年仅37岁，是八路军在抗日战争中牺牲的最高级别将领之一，在当地百姓的强烈要求下，他牺牲的地方——山西省辽县更名为左权县。那一年，左权唯一的女儿左太北刚刚两岁，终其一生，她始终把父亲留给她的十一封家书当作最宝贵的财富。"在这十一封信里头，他让我母亲告诉我的唯一的一句话就是，告诉太北，爸爸在遥远的华北和敌人战斗着，他一生中让我母亲告诉我的就是唯一的这句话。"① 当地的百姓有的连自己的名字都不会写，却能写出"左权"两个字，那里的小孩子从小就知道，左权将军的牺牲为的是我们老百姓。

红色文化能够协调并整合群体成员的社会行动和个人行为，为人们的行动与行为提供方向和可供选择的方式，进而在多样性的社会成员之间达成一种社会心理上的基本"一致性"，将个体力量整合为民族整体的凝聚力。先进文化如红色文化尤其如此。深度挖掘山西红色文化的精神底蕴，有利于在全社会营造积极向上的价值导向，改善山西政治生态和经济形势下形成的思想、精神、心灵、信仰乃至道德上的失范现象，重建人们在人生观、世界观、价值观层面的文化信仰系统。

二、学校教育价值

红色文化为学校思想政治教育提供了丰富的教育素材。在当代中国，学校思想政治教育是党和国家建设、巩固和发展主流文化的重要手段，担负着建构与传播中国特色社会主义主流意识形态的文化责任，同时也担负着承续中华民族文化根脉和实现中华民族文化复兴的历史重任。而红色文化以其强烈的历史穿透力和时代感染力，能够使学生全面接受红色精神的洗礼、情感的陶冶，从灵魂上塑造自我、矫正行为，筑牢成才基石，从而在根本上实现立德树人的目标。

山西红色文化内涵丰富，为思想政治教育提供了价值导向。山西红色文化具有重要的理想信念的价值导向功能。山西红色文化中包含革命先辈的智慧、真诚、执着等先进的理想信念。在青少年中进行红色教育，可以促使青少年形成科学的世界观、人生观、价值观。同时，山西红色文化蕴涵积极的情感，包括军民之情、战友之情、同志之情。通过红色教育，可以使青少年感知这些深厚的、真诚的情感，不忘初心、净化心灵、筑牢理想信念精神支柱。战争年代的徐向前常说的一句话就是："任务重于生命！"因此，他经常是带病指挥作战。从1947年10月到1949年4月，时任晋冀鲁豫军区副司令

---

① 百年瞬间 左权牺牲［EB/OL］.共产党员网，2021-02-25.

员的徐向前连续指挥晋冀鲁豫军区部队发起运城、临汾、晋中、太原四大战役，横扫千军如卷席，解放了山西全境。这期间，他一直是带病指挥作战。在晋中战役期间，他冒着烈日酷暑，常常是在担架上指挥作战。这种全心全意为了人民而战斗的精神是当今学校开展思想政治教育的经典素材，是开展思想政治教育的最好教科书，有利于引导青少年弘扬革命精神，传承红色基因，进行爱国主义、集体主义、社会主义教育，树立科学的历史观、民族观、国家观、文化观，树立中国特色社会主义共同理想和共产主义远大理想。

03 第三篇

山西红色文化的生成机制

山西红色文化的生成是历史发展的必然，是山西人民艰苦卓绝斗争的历史产物，其中，最为根本的是由于有了中国共产党的引领，同时有马克思主义科学理论的指引，历经山西人民革命实践的淬炼和山西优秀传统文化的深度融合，这些因素的合力形成了山西红色文化生成的内在机制。

诞生于中国革命时期的山西红色文化一直激励着山西人民不断向前的奋斗步伐。进入新时代，山西红色文化更加成了一种高度的文化自觉与自信，是山西人民不断前行和奋进的精神动力，与中华民族的发展步伐相一致。十八大以来，山西红色文化是马克思主义理论与山西实践相结合、马克思主义理论与山西特有的传统文化相结合的产物。

第一章

马克思主义的指引

第一节 马克思主义在山西的传播

红色文化受马克思主义的指引并为马克思主义在中国的发展做出了卓越贡献。中国共产党从成立之日起，就把马克思主义作为指导思想。这是因为，中国共产党人深刻认识到，"全盘西化"和"中学为体，西学为用"等主张都解决不了中国的问题。只有以马克思主义为指导，走社会主义道路，中国才有希望和出路。

马克思主义是具有重要价值的学说，是在一定历史条件下形成的崭新的具有科学性和革命性相统一的思想理论，是指引中国工农红军和中国共产党领导的中国革命的科学理论。马克思主义是由马克思主义哲学、政治经济学和科学社会主义三个基本组成部分组成的有机统一的整体。坚持马克思主义，就必然要坚持马克思主义哲学、政治经济学和科学社会主义。

马克思主义哲学中包含着辩证唯物主义和历史唯物主义。辩证唯物主义是科学的世界观和方法论，历史唯物主义揭示了人类社会历史发展的客观规律。辩证唯物主义和历史唯物主义为马克思主义政治经济学和科学社会主义奠定了哲学基础。习近平总书记指出："马克思主义哲学深刻揭示了客观世界特别是人类社会发展一般规律，在当今时代依然有着强大生命力，依然是指导我们共产党人前进的强大思想武器。"①

马克思主义政治经济学阐明了资本主义产生、发展和灭亡的规律，揭露了资本主义剥削的秘密和无产阶级贫困化的实质，揭示了资本主义社会生产力与生产关系的矛盾运动，揭示了资本主义生产过程和资本主义生产方式的本质，论述了共产主义社会的发展阶段和未来社会的基本特征。习近平总书记指出："坚持和发展中国特色社会主义政治经济学，要以马克思主义政治经济学为指导，总结和提炼我国改革开放和社会主义现代化建设的伟大实践经验。"② 坚持马克思主义政治经济学，要坚持以人民为中心的发展思想，这是马克思主义政治经济学的根本立场。

科学社会主义的最终目的是实现共产主义。而对共产主义的信仰，不仅在于其美好，而首先在于其科学。人类社会最终走向共产主义的必然趋势，是马克思、恩格斯深入研究人类社会发展规律的科学洞见，奠定了共产党人坚定理想信念、坚守精神家园的理论基础。习近平总书记指出："时代在变化，社会在发展，但马克思主义基本原理依然是科学真理。尽管我们所处的时代同马克思所处的时代相比发生了巨大而深刻的变化，但从世界社会主义500年的大视野看，我们依然处在马克思主义所指明的历史时代。这是我们对马克思主义保持坚定信心、对社会主义保持必胜信念的科学根据。"③ 事实一再告诉我们，马克思、恩格斯关于资本主义社会基本矛盾的分析没有过时，关于资本主义必然消亡、社会主义必然胜利的历史唯物主义观点也没有过时。马克思主义是我们立党立国的根本指导思想。习近平总书记指出："背离或放弃马克思主义，我们党就会失去灵魂、迷失方向。在坚持马克思主义指导地位这一根本问题上，我们必须坚定不移，任何时候任何情况下都不能有丝毫动摇。"④

---

① 中共中央党史研究室宣传教育局. 中国共产党历史知识问答 [M]. 北京：学习出版社，2016：157.
② 习近平. 在经济形势专家座谈会上的讲话 [N]. 人民日报，2016-07-09（01）.
③ 习近平. 坚持用马克思主义及其中国化创新理论武装全党 [J]. 求是，2021（22）：4-17.
④ 习近平. 深刻认识马克思主义时代意义和现实意义 继续推进马克思主义中国化时代化大众化 [N]. 人民日报，2017-09-30（01）.

鸦片战争以清政府的失败而告终,使得中国进入了漫长而黑暗的历史。中国的近代史是国家蒙辱、人民蒙难、文明蒙尘的历史,中华民族遭受到了前所未有的劫难。山西也逐步沦为半殖民地半封建社会,各种社会矛盾呈现出错综复杂的状况,各种矛盾交织,社会矛盾逐渐激化。为实现救亡图存,山西人民进行了各式各样的斗争,尤其是辛亥革命以后,阎锡山在山西厉行专制统治,镇压山西境内的革命运动,扩充军阀力量,使得山西的革命成果最终归于失败。山西早期民主革命在实践中的失败,标志着原有的社会力量和政党组织没有找到中国的真正出路,旧民主主义革命在山西已经陷入绝境,再也不能领导山西的革命前进了。

　　毛泽东曾说:"十月革命一声炮响给我们送来了马克思列宁主义。"① 五四运动在中国爆发以后,迅速波及全国。在五四运动中,山西大学等学校学生的爱国运动使得山西较早地接触了马克思主义,产生了一批赞成马克思主义、具有初步马克思主义思想的知识分子。

　　在山西大地上率先举起马克思主义旗帜的是高君宇。高君宇是山西最早的中共党员。1924年5月底,在高君宇、贺昌等人的见证下,中共太原支部宣告成立,并实行党团分工,把团组织置于党组织的领导之下。中共山西地方组织成立后,领导了反对阎锡山强征房税的斗争和声援五卅反帝爱国运动。一批批山西爱国青年在革命的实践锤炼中通过思考、探索和实践,开始传播马克思主义、理解马克思主义、践行马克思主义,不断坚定了马克思主义的共产主义理想信念,将马克思主义作为自己的人生信仰和改造中国社会的思想武器。习近平总书记指出:"我们党取名为'共产党',就是认定了共产主义这个远大理想。"② 对马克思主义的信仰,对共产主义和社会主义的信念,是共产党人的根本,是共产党人的政治灵魂。共产党人必须自觉划清马克思主义与反马克思主义、非马克思主义的界限,共产主义与反共产主义、非共产主义的界限,必须培养、树立、坚定马克思主义、共产主义的信仰和理想信念,为实现共产主义而奋斗。③ 习近平总书记指出:"中国特色社会主义是

----

① 毛泽东. 毛泽东选集: 第四卷 [M]. 北京: 人民出版社, 1991: 1471.
② 习近平. 坚定理想信念　补足精神之钙 [J]. 求是, 2021 (21): 4-15.
③ 习近平. 书写中华民族几千年历史上最恢宏的史诗 [EB/OL]. 人民网, 2021-11-06.

社会主义而不是其他什么主义,科学社会主义基本原则不能丢,丢了就不是社会主义。"① 坚持中国特色社会主义理论体系,必须坚持科学社会主义的基本原则,坚持马克思主义的基本原则。

从马克思主义理论中,山西爱国青年不断地汲取了智慧和前行的力量,理解了社会历史发展的规律和趋势、坚定了社会主义和共产主义必胜的信念。所以说,马克思主义理论是山西红色文化形成的灵魂,红色文化是马克思主义中国化的、有中国特点的理论形态。

第二节 中国化马克思主义的指导

中国化的马克思主义为山西红色文化的发展指明了方向。中国化的马克思主义是外来文化在中国大地上的传播,中国共产党人巧妙地运用中国实践的语言完成了对马克思主义话语体系的转换,使马克思主义被中国人民所理解和接受。

没有革命的理论,就没有革命的实践,"只有革命的马克思主义理论,才能成为工人运动的旗帜"②。红色文化理论形态的形成是中国共产党把马克思主义理论与中国具体实际相结合的产物,在推进中国革命、建设和改革发展的过程中,产生了毛泽东思想、中国特色社会主义理论体系和习近平新时代中国特色社会主义思想,是马克思主义中国化的科学理论形态。马克思主义理论作为重要的社会意识形态,指引中国红色文化从理想到现实的实践过程。中国化的马克思主义是红色文化发展的设计师。中国共产党运用马克思主义普遍原理在指导中国革命、建设和改革发展的实践中,不断推进马克思主义同当时当地具体的实际相结合,为红色文化的生成和发展指明了前行的方向。

红色文化的形成和发展是中国革命、建设和改革发展事业的直观映射,是红色革命历程前进性与曲折性的统一,是在马克思主义科学理论指引下一

---

① 习近平. 关于坚持和发展中国特色社会主义的几个问题 [J]. 求是, 2019 (7): 4-12.
② 列宁全集:第三卷 [M]. 北京:人民出版社, 2013: 22.

步步前进的。红色文化伴随马克思主义在中国的发展历程，和社会主义运动紧密联系在一起，中国化的马克思主义理论对红色文化的形成和发展发挥了直接的指导作用。

第二章

中国共产党的引领

第一节　中国共产党成为山西红色文化的坚强领导阶级

中国共产党在实践中对人民群众的组织和引领，是山西红色文化生成的根本。中国共产党成立后，中国革命的面貌从此焕然一新。一盘散沙的中国人民逐渐被发动和组织起来了。

1921年7月，中国共产党的成立成为中华民族发展史上开天辟地的大事变，意味着红色文化的产生有了一个坚强的领导阶级。中国共产党的诞生，是近现代中国历史发展的必然产物，是中国人民在救亡图存斗争中顽强求索的必然产物。中国共产党一经成立，中国革命就呈现出了崭新的面貌。在中国共产党的坚强领导、组织和推动下，我们始终坚持以马克思主义为指导思想，中国革命、建设和改革发展的面貌发生了深刻变化，中国人民和中华民族的命运得到了根本的改变，同时深刻改变了世界发展的趋势和格局。

"红色"成了中国革命和中国共产党人最鲜亮的底色，红色文化成为中国共产党人独有的文化标识，承载着初心和使命，引领中国实践不断向前发展。

党的领导是中国特色社会主义的最本质特征和最大优势，是中国特色社会主义建设事业不断取得伟大胜利的根本保证。回望山西革命、建设、改革的奋斗历程，离不开中国共产党人的领导。中国共产党在山西的历史是党的历史的重要组成部分，党领导山西人民的革命史在全党历史上占有十分重要的地位。尤其是中共太原支部的诞生，在山西历史上具有划时代的意义，使山西人民的革命斗争有了坚强的领导核心，揭开了山西人民革命斗争的新篇章，开辟了山西社会发生翻天覆地变化的新征程。例如，土地革命战争时期，为了实现"闹翻身求解放"的愿望，中国共产党领导山西人民在艰苦卓绝的环境中坚持不懈地斗争，点燃了革命武装斗争的星火；抗日战争、解放战争时期，党在山西领导人民浴血奋战、顽强拼搏，不畏艰险、敢于胜利，山西作为革命根据地为民族独立、人民解放事业做出了巨大贡献，在党的历史、中国革命历史上谱写了尤为厚重辉煌的篇章。山西革命历史表明，在人民的探索奋斗中，在中国共产党诞生后有了山西地方党组织的建立，党的活动和影响日益扩大，山西人民驱除黑暗、追求光明的革命斗争有了坚强的领路人和主心骨。

中国共产党全心全意为人民服务的宗旨引领着山西红色文化"以民为本"的核心要义，把发扬历史主动精神和为人民群众谋利益结合起来，镌刻了近现代以来党和人民在谋求民族独立、人民解放和国家富强、人民幸福的历史进程中，有福同享、有难同当的历史，在理论与实践相统一的中国革命与社会主义革命中引领着山西红色文化的知行合一思想。山西红色文化正是中国共产党领导人民为民族独立、人民解放而进行的伟大革命斗争实践中形成的。

在中国共产党领导下，山西人民在克服一切艰难险阻取得忻口战役、神头岭伏击战、响堂铺伏击战、百团大战胜利过程中孕育出山西革命精神。如：在抗日战争年代，党和人民用流血和牺牲浇注而成的太行精神；革命前辈用身躯拼搏而成的吕梁精神；为促进经济增长、改变国家落后状况，党带领人民克服各种困难投身现代化建设从而形成的大寨精神；还有我们所熟知的右玉精神，它是当地人民在县领导的带领下，为实现绿色创业、实现循环经济所创造的艰苦奋斗、不屈不挠的精神奇迹。不论哪种精神都在不断激励着后代奋勇直前，永不言弃，这是山西文化宝库的精神财富，这些都是在中国共产党的引领下取得的一个又一个胜利的红色革命精神。山西革命精神作为山西宝贵的财富，伴随共产党人的奋斗征程，在时间的坐标上形成了精神长河，构筑起山西共产党人的精神丰碑。对一个政党而言，思想理论建设非常重要。对党内，要通过思想理论建设告诉党员该怎么干、为什么这样干；对人民，要通过思想理论建设让人民群众跟着党走，凝聚起磅礴力量。中国共产党高度重视理论创新，坚持用党的创新理论武装党员干部头脑、团结凝聚人民。

第二节　党的不断自我革命

　　胜人者有力，自胜者强。勇于自我革命，是我们党最大的优势，是我们党真正强大的体现，也是中国共产党区别于其他政党最显著的标志。山西省第十二次党的代表大会鲜明提出"全面建设清廉山西"的重大目标，中共山西省委印发《关于全面建设清廉山西的行动方案》，这是深刻领悟"两个确立"的决定性意义、增强"四个意识"、坚定"四个自信"、做到"两个维护"的具体行动，是深入贯彻落实新时代党的建设总要求和党中央关于管党治党决策部署、推进我省全面从严治党向纵深发展的战略举措。我们必须科学把握全面建设清廉山西的理论基础、历史启示和实践要求，以更大担当、更实举措积极投身清廉山西建设，筑牢全方位推动高质量发展的根本保证。[①] 回望山西革命、建设、改革发展的奋斗历程，中国共产党山西党组织始终持续地进行自我革命，形成了独特的政治风格——追求真理、联系群众、百折不挠、不怕牺牲、艰苦奋斗、无私奉献。

　　红色文化锤炼忠诚于党的政治品质。"天下至德，莫大于忠。"[②] 习近平总书记指出，对党忠诚，是共产党人首要的政治品质。毛泽东在《反对自由主义》一文中提出："一个共产党员，应该是襟怀坦白，忠实，积极，以革命利益为第一生命，以个人利益服从革命利益。"[③] 山西党员干部秉持"一句誓言、一生作答"的理念，在领导山西人民同侵略者进行艰苦卓绝的斗争时，为了保守党的秘密，为了人民的利益，不改初心，将生死置之度外。这其中包括15岁的"巾帼英雄"刘胡兰、拒绝"自白"的尹灵芝、24岁的情报员乔亚、26岁屡建战功的侦察英雄赵亨德。他们前仆后继，用鲜血

[①] 刘晓哲，史培华，胡羽. 深刻把握全面建设清廉山西的理论基础、历史启示和实践要求 [N]. 山西日报，2022-06-02（9）.
[②] 于建荣，何芹. 修好共产党人的"心学"党员干部必修的九堂党性课 [M]. 北京：国家行政学院出版社，2019：115.
[③] 毛泽东. 毛泽东选集：第二卷 [M]. 北京：人民出版社，1991：361.

染红了河山,用生命赢得了山西改天换地的巨大变化,使山西冲破黑暗迎来了曙光。

红色文化锤炼严守纪律的行为规范。廉洁从政、秉公用权,是中国共产党的光荣传统和优良作风。习近平总书记指出,我们党是靠革命理想和铁的纪律组织起来的马克思主义政党,纪律严明是党的光荣传统和独特优势。在山西这片红色土地上流传着"革命军队严守纪律,不拿百姓一针一线"的故事,甚至把自己从牙缝里省出来的粮食拿出来救济群众;不少战士冒着生命危险,把自己最后的粮食送给最需要的老人和儿童,与老百姓结下了深厚的鱼水情谊,为革命胜利奠定了坚实的群众基础;同时在革命队伍中特别重视并保持队伍的清正廉洁,并把廉洁奉公作为衡量党员是否合格的重要标准。一些党员干部以身作则,他们有的虽身居高位却布衣素食,家无余财;有的刚正不阿,秉公执法,两袖清风;还有的不畏强权,为民请命,匡扶正义,在这个过程中涵养了严守纪律的廉洁基因。

红色文化铸就克己奉公的优良作风。节俭朴素,力戒奢靡,是我们党的传家宝。从方志敏的《清贫》、刘少奇的《论共产党员的修养》,到焦裕禄"任何时候都不搞特殊化",再到李保国"见不得百姓受穷,一头扎进穷山沟"、黄文秀"我想回去建设家乡,把希望带给更多父老乡亲"……回顾党的历史,我们常常被那些"用特殊材料制成""心中装着全体人民,唯独没有他自己"的先进榜样与动人故事所折服、震撼、感染。在山西这片红色沃土上,数不胜数的革命先烈秉持克己奉公的理念,将青春奉献给大地,像赵辉楼、彭真等老一辈无产阶级革命家一生坦荡无私、艰苦朴素,因为崇尚天下为公,才能做到克己奉公;因为心有"大我",才能牺牲"小我"。在血与火的革命年代,中国共产党人前赴后继、舍生忘死,只为"救国于水火、解民于倒悬",用实际行动诠释了克己奉公的优良作风。①

山西具有光荣的革命传统,也是党自我革命生发的沃土。在这片红色的土地上,到处歌颂着感人至深的清廉故事,每一处革命地区都留下了革命先辈赴汤蹈火的战斗足迹、记载着革命先辈廉洁自律的革命岁月。山西共产党

---

① 张晓松. 中国共产党的伟大建党精神启示录[EB/OL]. 新华社,2021-07-20.

人始终坚持真理在手、正义在胸，淬炼公而忘私、甘于奉献的高尚品格，山西人民从革命先烈身上获得思想指引、获取典范力量，不断凝聚起强大的精神力量，推动山西取得更大战略性成果。

第三章

山西人民革命实践的淬炼

山西红色文化的形成，来自山西人民革命实践的淬炼。同时，山西红色文化为山西革命实践活动提供了强大的精神动力。红色文化与革命实践紧密结合，共同推动了山西红色文化的形成、发展、完善和传承弘扬。一部山西红色文化形成发展史，就是中国共产党领导山西人民进行伟大斗争、实现伟大梦想的历史。红色文化在人民群众实践中产生，在实践中得到检验，并推动红色历史潮流不断前行。

第一节 实践基础

随着外国资本的大量入侵以及反动军阀的统治，山西当时出现的晋商逐渐走向衰败和没落，实现民族独立、人民解放，成为包括三晋儿女在内的所有中国人民的愿望，实现山西的昔日辉煌成为山西人民的主要梦想。伴随着近代中国新民主主义革命的洪流，一代代优秀的三晋儿女在中国共产党的领导下进行了可歌可泣的革命历程，形成了自己的红色文化。红色文化是中国共产党领导中国人民在革命、建设、改革过程中创造的先进文化综合体，发挥着凝聚力量、铸魂育人的强大作用。

马克思主义认为，实践对认识有决定作用，实践是认识的来源。离开实践的认识是不可能产生的。认识一旦形成，又会对实践产生反作用，并指导实践。而文化作为人类的社会现实存在的政治和经济状态在观念上的一种反映，是人类社会实践的产物。

山西革命实践为山西红色文化的生成提供了实践基础。山西红色文化是伴随着山西人民革命实践而形成的一种新的文化形态,是中国共产党在领导山西人民实现民族解放和自由的革命实践进程中形成的一种特殊的文化类型。

山西革命实践离不开人民群众的力量。一方面,人民群众是红色文化的创造主体。红色文化是无产阶级政党和人民群众意志的集中体现,人民性是红色文化的基本价值取向,因此在推进红色文化过程中,要代表人民群众的价值诉求。马克思认为,人民群众是历史的创造者,是推动社会进步的根本动因。人民群众是历史的主人,是实践的主体,红色文化是人民群众在劳动实践和社会革命实践中创造出来的先进文化形态。毛泽东曾经进行过论述,"文字必须在一定条件下加以改革,言语必须接近民众"①,红色文化的思想内容和表现形式,都是人民群众的实践活动的真实反映,都离不开人民群众的主体创造性和集体智慧,是人民群众历史创造与革命实践相结合的产物。另一方面,人民至上是红色文化最为坚定和醒目的政治立场。红色文化服务于人民利益,从新民主主义革命时期的文化"为工农兵服务",到社会主义革命与建设时期的满足人民群众文化生活的要求,到改革开放新时期的文化"为人民服务",再到新时代"以人民为中心"的文化发展思想,红色文化始终秉承着"发展成果由人民所享有"的理念,可以看到体顺民心、遵循民意、服务大众,是红色文化的内在要求和中国共产党人政治道德的核心指向——不仅是革命年代中国共产党人的行为范式,同样是新时代党执政治国的核心理念。② 总之,山西红色文化推动革命发展主要是依靠人民群众的参与,使红色文化真正成为人民群众的文化。

另一方面,山西红色文化有其阶级基础。阶级性是红色文化的压舱石。世界上没有超阶级的文化,任何一种文化都具有阶级的属性。中国共产党是红色文化的参与主体,党的阶级性决定了其创造的文化形态的无产阶级属性。"一切社会的历史都是阶级斗争的历史。"③ 红色文化始终代表无产阶级和人民群众的价值诉求,红色文化是无产阶级的政治文化,是无产阶级群众思想、

---

① 毛泽东. 毛泽东选集:第二卷 [M]. 北京:人民出版社,1991:708.
② 杨栋. 红色文化的内涵解读与时代价值 [J]. 红色文化学刊,2020 (1):84-92, 112.
③ 马克思恩格斯文集:第二卷 [M]. 北京:人民出版社,2009:31.

利益、感情的反映。无产阶级是红色文化的主要承载者，无产阶级的阶级属性、阶级诉求及价值观念等决定了红色文化的无产阶级性质。十八大以来，山西社会主义现代化建设高度重视红色文化建设，不仅强调山西人民革命实践史是最好的教科书，还强调在把红色文化资源利用好、把红色文化传统发扬好、把红色基因传承好的过程中，重新在红色文化中审视和解读山西人民革命实践的时代意义。

山西红色文化具有厚重的实践属性。中国共产党人把马克思主义真理的力量，通过具体的实践来实现，使得红色文化迸发出的精神力量，通过立体的方式呈现出来。说到底，如果没有生动的山西革命实践，就没有山西红色文化。

第二节 实践载体

红色文化承载着党和人民英勇奋斗的光荣历史，记载着中国革命的伟大历程和丰功伟绩，是党和国家的宝贵财富。在革命、建设、改革等各个时期，山西省结合自身革命特点，采用形式各异、灵活生动的载体，积极传播红色革命文化，讲好山西红色故事，增进人们的共同体意识，提高三晋人民的向心力、凝聚力，厚植家国情怀。

革命战争年代，广大革命工作者，克服环境动荡、物资困难、人员缺乏等种种困难，深入农村、工厂、学校宣传革命主张和革命道理，提高人民思想觉悟。一方面，创办报刊书社，研究并宣传马克思主义。像王振翼创办主编的《平民周刊》、山西大学学生创办的《新共和》、山西省立第一师范学生组织共进学社创办的《共鸣》半月刊，无形中培养了革命力量。另一方面，采用歌曲、戏剧等形式深入农村进行宣传，奠定了大众化传播的基础。我们所熟知的《黄河大合唱》《在太行山上》《游击队之歌》等歌曲，以及新生剧院演出的《放下你的鞭子》《塞外的狂涛》等戏剧，所到之处人人潸然泪下，掌声雷鸣。

在社会主义革命和建设时期，国家发展的主要目标落在经济上，并且开始进行社会主义文化建设。在这一时期山西省文学艺术界联合会成立，成为发展红色文化的重要力量。在联合会成员的努力下，体现山西地方特色以及农村人民生活实况的影视作品诞生了，如孙谦的《陕北牧歌》、马烽和西戎合作的《吕梁英雄传》，受到广大人民群众的欢迎和喜爱。改革开放时期，对于红色文化宣传的载体更加多样，响应"物质文明与精神文明两手抓"的号召，明确了"为人民服务、为社会主义服务"的文化建设方针，人民的精神面貌焕然一新，出现了像《我们村里的年轻人》《扑不灭的火焰》等影视作品，戏剧领域也出现了一批广有影响的优秀作品，《打金枝》《玉堂春》《杨家将》《三关排宴》等显现出新的时代风范。进入中国特色社会主义新时代，形式多样的载体不断提升红色文化的影响力和增强红色文化对山西人民的民族凝聚力，是党在新的历史条件下对红色文化的探索和实践。

追忆三晋大地的红色记忆，三晋儿女抵挡住了侵略者的铁蹄，山西人民在中国共产党的领导下进行了艰苦卓绝的斗争，经历了饱受创伤后的涅槃重生，谱写了可歌可泣的壮丽诗篇。在中国革命、建设、改革发展的伟大实践中，山西红色文化沉淀了丰富多样的内涵特质，承载了三晋人民的勤恳与智慧，始终是激发三晋人民奋进的强大动力，始终是推动山西事业发展蒸蒸日上的强大力量。三晋人民传承红色基因，以尺寸之力续千秋之功，担责以复兴，力行以致远，让红色精神走向更辽阔的红色热土！

第四章

山西优秀传统文化的融合

　　文化是一个国家、一个民族的灵魂。文化对于国家兴旺、民族的发展具有重大作用。弘扬中华优秀传统文化要处理好继承和创造性发展的关系，重点做好创造性转化和创新性发展。山西作为中华文明的重要发祥地，为中华民族的成长壮大做出了突出贡献。我们深入挖掘和弘扬山西优秀传统文化的丰富内涵和时代价值，在山西红色文化的发展过程中起到了非常重要的作用。

　　红色文化是在山西优秀传统文化中孕育和发展起来的，是山西优秀传统文化的有力支撑。红色文化属于社会上层建筑，是由经济基础和领导阶级决定的，因此在形成和发展过程中必然受到当时落后的社会生产力的影响，受到人的现实境遇的制约。中国进入近代后，我们一度被称为停滞的帝国，但是这显然是由于不理解中华优秀传统文化的自强不息和坚强韧性，中华文明在五千年的悠久历史孕育、发展中形成了独具特色、生生不息的红色文化，它是山西优秀传统文化的发展，其意识形态丰富了山西优秀传统文化的精神气质，是山西文化软实力的重要因素，也是增强山西人民的文化自觉与文化自信的坚强根基。随着时代的进步，红色文化被赋予了山西优秀传统文化的蓬勃生机，使红色文化屹然屹立于山西优秀传统文化之林。中国共产党是中华民族优秀传统文化的忠诚继承者、发扬者和建设者。中国共产党在领导山西人民进行革命、建设、改革的长期历史实践中，始终坚持继承和弘扬山西优秀传统文化，并在与中国革命实践结合过程中形成了红色物质文化、红色制度文化、红色精神文化。

第一节　独具特色的山西优秀传统文化

一、辉煌灿烂的山西优秀传统文化

中国是世界文明古国之一，是世界上唯一一个文明和历史没有中断的国家。山西历史发端于旧石器时代，山西省芮城县西侯度遗址是目前中国最早的人类用火证据，将人类用火的历史推至距今180万年前。达尔文在《人类的由来》一书中写道："火很可能是人类迄今除了语言之外的最大发现。"著名历史学家白寿彝、苏秉琦、严文明编纂的《中国通史》第二卷"远古时代"第一章"我们的远古祖先"中，也明确地把"西侯度文化"确定为"最早的人类及其文化"。《山西通史》"三晋源流"中指出，"西侯度人当时已经开始用火"①。

2015年6月18日，中国社会科学院考古研究所所长王巍在国新办举行的"山西·陶寺遗址发掘成果新闻发布会"上，介绍了对陶寺遗址考古的重大成果，认为：山西省临汾市襄汾县陶寺遗址，就是尧的都城，是最早的"中国"；山西的上古文明从180万年前的芮城西侯度到4000年前的襄汾陶寺，此外，山西还拥有许家窑、柿子滩等遗址，见证着中国境内人类的起源和中华文明的起源。山西史前文化脉络清晰、丰富完整，是华夏文明的重要发祥地，山西在中国古代人类的发展史和中华文明的演变和发展的过程中扮演着重要的角色，为中华文明的形成和发展做出了重要的贡献。

中国历史上第一个奴隶制朝代——夏朝建立在山西南部。商代，山西是商的主要统治区。周代，晋国由山西境内崛兴，晋文公曾为春秋五霸之一。战国初期，韩、赵、魏三家分晋，是谓三晋。秦、汉、魏、晋时期，山西无论在政治、军事、经济、文化等各个方面，都起着举足轻重的作用。南北朝

---

① 李宁波. 西侯度：人类文明的第一把圣火在这里燃起 [N]. 山西日报，2020-09-01 (12).

时期，山西是北朝统治的中心地带，而且北魏曾以平城（今大同）为都，之后的东魏、北齐也曾以晋阳（今太原）为"别都""陪都"，这对促进山西的发展起到了积极的作用。唐太宗李世民起兵太原，建立了大唐王朝，由此，山西被唐太宗认为是"龙兴"之地，一直把山西作为唐帝国的腹脏地区，封太原为唐王朝的"北都""北京"。宋、辽、金、元时期，山西与山东、河北并称为元朝"腹里"，太原、大同、平阳（今临汾）三城成为黄河流域的著名城市，商业发达、经济繁荣、文化昌盛、人口稠密，曾受到伟大旅行家马可·波罗的盛赞。到了明代初年，太行山东麓的河北平原地区，经战乱之后，人口稀少，于是就发生了明初的大举——官方强制性移民，民谚"问我家乡在何处，山西洪洞大槐树"即出于此。明清两代，山西的商业迅猛发展，曾领全国之先。特别是晋商十分活跃，扬名海内外，其足迹东出日本，北抵沙俄。最著名的是山西票号，可谓中国金融之鼻祖。

山西文化经过夏商周数千年的发展演进，到晋国和三晋时期已经形成有别于其他地域文化的显著特征。秦汉以来，山西历史文化更加多姿多彩、灿烂辉煌。山西历史文化对中华民族的形成发挥了重要作用，对华夏五千年文明产生了巨大影响，也使山西成为地方文化特色最浓厚的地区之一。

二、山西优秀传统文化的体系框架

山西传统文化既内容丰富又特色鲜明，如今，山西已经对传统文化进行过数次梳理和归纳整合，大致概括出来山西优秀传统文化的体系框架。山西在历史文化资源整合的基础上出版了《山西八大文化品牌》一书，把山西的优秀传统文化整合为"华夏之根""黄河之魂""佛教圣地""晋商家园""古建瑰宝""边塞风情""关公故里""抗战文化"八大文化品牌。党的十八大之后，山西在八大文化品牌的基础上又提出了"三个文化"，即"廉政文化""法治文化""红色文化"。[①] 山西省第十一次党代会提出，为积极培育和践行社会主义核心价值观，要挖掘炎帝农耕文化、尧舜德孝文化、关公忠义文化、能吏廉政文化、晋商诚信文化"五种"优秀传统文化的时代价值。山

---

① 郭玉兰. 挖掘优秀传统文化时代价值［EB/OL］. 山西新闻网，2020-06-23.

西省第十二次党代会提出，推动炎帝农耕、尧舜德孝、关公忠义、能吏廉政、晋商诚信等优秀传统文化创造性转化、创新性发展，打造中国文化传承弘扬展示示范区。实施文物保护利用工程和"文明守望工程"，加强陶寺遗址等省内重要遗址的考古调查和发掘研究，深化"云冈学"研究并逐渐走向世界。

2019年10月16日，国家文物局公布了国务院常务会议核定的第八批762处新的全国重点文物保护单位（以下简称"国保单位"）名录，包括古遗址、古建筑、近现代重要史迹及代表性建筑等，山西有古遗址、古建筑、近现代重要史迹及代表性建筑共计79处入选。在第八批全国重点文物保护单位名录公布后，山西共有国保单位531处，稳居全国第一位。[①]

以左权麻田、和顺石拐、昔阳大寨、寿阳尹灵芝烈士纪念馆等红色文化为代表的"晋中红色教育研学游"；以晋商精神和万里茶路为主题的"晋中晋商历史文化游"；以昔阳、和顺、左权地貌地质构造运动史为主题的"晋中嶂石岩地貌科普游"；以和顺背窑湾、太谷白燕、灵石旌介等180余处旧、新石器文化遗址等中华文明演进史为主题的"晋中先秦历史文化游"；以潇河两岸孕育的晋地文明和黄河水系变迁史为主题的"晋中千年潇河文明游"；以左权黄泽关、和顺支锅石关堡、昔阳白皮关等明代内长城遗址为主题的"晋中长城遗址探秘游"；以"魏绛和戎"民族融合史、"和"文化发祥地为主题的"晋中华夏民族融合游"；以古院、古村、古镇、古堡、古城为主题的"晋中古建筑艺术游"；以非物质文化遗产、民间手工技艺、民俗节事活动等活态资源为主题的"晋中乡村记忆体验游"；以祁寯藻故里、二月河故居等名人故居为代表的"晋中名人故居怀思游"；以榆次褚鈇书院、常家庄园家风家训馆、祁县王维诗苑、渠本翘故居为代表的"晋中'清风之旅'精品游"。

这11条精品线路的推出，推动了文化与旅游深度融合、自然风光与历史人文深度融合，对广大人民群众弘扬中华传统文化、传承晋商文化和晋中精神、提高道德修养、树立良好风尚、增强文化自信都将发挥积极作用。[②]

---

① 张国华. 守护山西"国保" 传承文明之光［N］. 山西日报，2022-04-12（7）.
② 秦伟. 特色历史文化为引领——"游山西·读历史·晋中行"［EB/OL］. 中国网视窗，2021-03-05.

第二节　山西优秀传统文化的精神内核

作为中华民族的突出优势和最深厚的文化软实力，山西传统优秀文化蕴含的思想观念、人文精神、道德规范等文化精神内核至今依然历久弥新，闪耀着恒久的思想光芒。

一、爱国为民

由中国共产党缔造的红色文化，植根于中华优秀传统文化的现实土壤之中，传承中华优秀传统文化，最集中的表现是对爱国主义的传承。

以爱国主义为核心，"红色文化"进一步传承了中华优秀传统文化中爱国、民本的思想，并构建了忠诚爱国的民族情怀。从理论上讲，爱国主义是指人们对国家的积极的建设性态度，揭示了个人对祖国的依存关系，是人们对自己国家、民族、文化传统、生活方式的归属感、认同感、自豪感的统一。爱国主义不仅体现在意识形态和上层建筑中，而且渗透到日常生活、风俗习惯等各个方面，表现在为国家繁荣发展和安全而奋斗的行为之中，成为动员和鼓舞人民为自己祖国的生存发展前赴后继、奋斗不息的一面旗帜。

爱国为民贯穿于整个红色革命文化的始终，在1927年"大革命"失败后，毛泽东等一批革命前辈点燃了"工农武装割据"的星星之火，高举起"为了苏维埃而斗争"的大旗，创建了以瑞金为核心的中央苏区革命根据地，建立了中华苏维埃共和国中央临时政府，开创了光辉的历史阶段。毛泽东指出：发展红军、进行土地革命与建立红色政权，"才能树立全国革命群众的信仰，如苏联之于全世界"[①]。山西是北方地区创建工农红军最早的省份之一，也是最早实行抗日民族统一战线的省份。山西党组织领导的山西人民在推翻新、旧军阀，特别是以阎锡山为代表的大地主、大资产阶级，战胜日本帝国主义的过程中，爱国主义发挥了重要作用。中国共产党在北方地区的第一个

---

① 毛泽东. 毛泽东选集：第1卷［M］. 北京：人民出版社，1991：98.

苏维埃政权，就是1931年先后诞生于山西的中国工农红军第二十四军和西北游击大队晋西游击队（第一支正规红军）。在红军的战略抉择上，毛泽东从中华民族的危机日益加深、国内阶级矛盾发生了深刻变化这一基本观点出发，结合西北和华北地区各方面的情况提出：苏区的发展方向和红军主力的战略行动不宜向南、向北或向西发展，而应该是东渡黄河入晋，开辟吕梁山革命根据地，进一步向晋中、晋东南或晋西北发展，以便通过河北或察哈尔开赴抗日前线，从而把国内战争与民族战争结合起来，把反对日本帝国主义的斗争和反对国民党反动势力的斗争结合起来。从1936年2月20日至5月5日，红军在东征入晋的75天中，军事上取得了辉煌的成果，壮大了抗日武装力量，宣传和发动了广大人民群众，播下了抗日的革命火种，推动了抗日救亡运动。红军东征，奏响了抗日救国的嘹亮序曲；红军东征是中国工农革命的重大转折标志，意义深远。在这个过程中为了紧密配合军事进攻，红军利用文艺形式进行了广泛的政治宣传，如太原新生剧院演出的《塞外的狂涛》以及《最后一计》《汉奸的子孙》《一颗炸弹》等独幕话剧戏剧，还有《放下你的鞭子》《新莲花落》《白茶》《未完成的杰作》等作品，无不深刻地反映了当时中国所面临的蹂躏和践踏，并以鲜明的旗帜和态度号召人民、团结人民、唤醒和动员人民。

山西文艺救亡运动面向整个社会，动员起千千万万的人民一起投身抗日的洪流中，它深入学校、工厂、农村、战斗前线和兵营之中。文艺此时不仅仅是文艺界人士的活动，更是全民紧急动员的一项社会活动，人民群众已不是文艺的接受客体，而成为积极的参与者和鼓动者。文艺界在全民抗战的大旗下，开始步调一致，形成了文艺统一战线。这些革命文化艺术运动，始终以爱国主义为主线，直接为革命斗争服务，在宣传党的政策和中心任务等方面，起到了很大的战斗作用，成为承载山西红色文化的重要载体。

山西红色文化蕴含着山西人民勇于为祖国牺牲，敢于为社会奉献，超越自我的精神境界，乐于奉献的家国情怀，是每个中华儿女对中国和中华民族的更高层次的认同感和责任感。许多优秀的山西儿女在革命中献出了自己宝贵的生命，据不完全统计，抗战期间，山西全省参加八路军和新四军部队的青壮年达70多万人，参战支前的、打游击的民兵自卫队有数百万人之多。山西军民前仆后继，为抗日战争付出巨大牺牲。据粗略统计，抗战期间，在山西的各种惨案中伤亡群众与国共两军抗日将士伤亡之和达 300 万人，其中晋绥军区指战员牺牲 1.3 万余人，晋察冀军区指战员牺牲 7.1 万余人，晋冀鲁豫的太行区和太岳区则有 1.3 万余名指战员献出了生命。刘胡兰、贺昌、王振翼等革命烈士，他们历经艰难险阻，无怨无悔地奉献着自己的一生。他们向我们诠释了天下兴亡、匹夫有责的爱国情怀，矢志不渝、永跟党走的坚定信仰，不畏强暴、血战到底的英雄气概，宁死不屈、视死如归的民族气节，百折不挠、坚忍不拔的顽强信念，顾全大局、无私奉献的责任意识。

二、自强不息

中国共产党的百年征程是中国共产党带领全国人民谱写的中华民族自强不息、顽强奋进的壮丽史诗。从中华上下五千年的文明观之，《管子》曰："神农作，树五谷淇山之阳，九州之民乃知谷食。"远古时期，中华民族的始祖神农氏炎帝带领族民率先在山西晋东南地区进行农业耕种，开创了中华民族历史上的农耕文明。在五千年农业文明的历史长河中，无论是游牧部族的侵袭，还是自然灾害的困扰，生活在三晋大地的先民始终坚持辛勤劳作、革故鼎新，为中华文明的传承和发展做出了重要贡献，并造就了三晋儿女自强不息、艰苦奋斗的民族精神，这是对于自强不息最初的诠释。

习近平总书记强调，"党在内忧外患中诞生、在历经磨难中成长、在攻坚克难中壮大"，"敢于斗争、敢于胜利，是党和人民不可战胜的强大精神力量"。[1] 从理论上讲，自强不息是一个民族独立自主、奋发向上、不断进取的精神，这种精神是中华民族世世代代、生生不息的力量源泉，是中华民族永无止境的精神追求，激励着中国人民变革创新、不懈奋斗，战胜各种各样的灾难，经受各种各样的考验。自强不息、艰苦奋斗，不但是中华民族生生不息的力量源泉，更成为中国共产党不断发展壮大的精神动力。

"红色文化"之所以能经久不衰，并且不断地得到充实、丰富和发展，关

---

[1] 习近平.中共中央关于党的百年奋斗重大成就和历史经验的决议[N].人民日报，2021-11-17(01).

键在于"红色文化"的主体具有"富贵不淫、贫贱不移、威武不屈"的自强不息、坚贞刚毅的精神,具有"因时而进、与时偕行"的开拓进取、奋发向上的精神,[1] 也是中华民族英勇顽强的真实写照。三晋儿女在各个时期传承中华优秀传统文化中的英勇顽强的精神,从中国共产党成立,到领导中国人民进行革命、建设和改革发展的百年奋斗历程中,山西始终是党和国家关注的重点地区之一,党的许多关系到革命、建设和改革大局的重大战略性决策与山西相关联。

新民主主义革命时期,为争取民族独立和人民解放,他们浴血奋战、无畏生死,这是共产党的革命精神。山西在党拓展和实践中国革命道路的进程中发挥了重要战略区的作用,例如红军东征、八路军挺进山西抗战、巩固发展山西解放区。总体而言,中国共产党领导三晋儿女在革命根据地通过开展大生产运动和军事斗争,并且各革命团体有力配合、相互策应,打破了国民党的经济封锁和粉碎了日伪的军事围剿,使革命根据地成为积累发展革命力量、夺取全国胜利的战略基地。三晋人民和山西这块热土在这一时期做出重大贡献,用鲜血和生命铸就了"太行精神""吕梁精神"。

社会主义革命和建设时期,为改变国家一穷二白的面貌,共产党员发奋图强、勇挑重担,这是共产党的艰苦创业精神。山西是党探索社会主义革命和建设道路的重要战略区,进一步为国家建立独立的、比较完整的工业体系做出了重大贡献。"一五"期间,国家将苏联和东欧国家帮助设计、由国家投资建设的156个重点建设项目中的16项规划布局在山西建设,包括晋西机器厂(太原)、山西机床厂(太原)、太原化工厂、江阳化工厂(太原)、汾西机器厂(太原)、山西柴油机厂(大同)、大同机车厂、平阳机械厂(侯马)等。除此之外,由国家投资在山西新建限额以上的项目有30多个,包括太原重型机器厂、太原纺织厂、山西磷肥厂、榆次经纬纺织机械厂等,同时国家投资,对太原钢铁厂、山西机床厂、大同煤矿、西山煤矿、阳泉煤矿等厂矿进行了改造和扩建。这批大型国有企业的兴建、改扩建,奠定了新中国成立

---

[1] 刘寿礼. 苏区"红色文化"对中华民族精神的丰富和发展研究 [J]. 求实,2004 (7): 33-34.

后山西引以为傲的工业基础，也确立起山西在国家工业化格局中的重要地位。此后，经过"二五"（1958—1962）时期的建设，国家投资在山西建设的大同、阳泉、西山、潞安、汾西、轩岗、晋城、霍州八大煤炭生产矿区已初具规模。总体而言，中国共产党带领山西人民艰苦奋斗、自力更生，将山西建设成为新中国重要的以煤炭、机械、冶金、化工、军工为主的全国性重工业基地、国防工业基地和能源基地，为新中国工业建设和能源供应做出了重要贡献，并形成了社会主义建设时期包括"大寨文化""右玉文化"在内的展现三晋儿女时代风貌的精神文化，这是山西革命老区精神在社会主义建设时期的发扬和发展。

改革开放和社会主义现代化建设时期，为实现祖国繁荣富强，山西人民在中国共产党的领导下，顽强拼搏、开拓奋进，山西作为国家实施现代化战略的重要能源工业基地，为国家的现代化建设做出了巨大贡献。山西人民坚持与时俱进、改革创新，努力通过能源革命综合改革试点，在能源供给体系质量效益提高方面、构建清洁低碳用能模式构建方面下功夫，不断调整经济结构，推进能源科技创新，深化能源体制改革，力求转型发展、扩大能源对外合作，促进山西振兴崛起。例如，经"六五"计划（1980—1985）和"七五"计划（1986—1990）十年大规模的建设，山西煤炭工业快速发展，在全国确立了煤炭生产输出大省的地位；电力工业也快速成长，成为京津唐地区电力能源需求的重要供应基地。在"八五"计划（1991—1995）和"九五"计划（1996—2000）期间，山西煤炭、焦炭、电力能源工业在产业升级的结构调整中得到进一步的巩固、发展。进入新世纪后，党中央和国务院对区域经济布局进行战略调整，2006年开始实施促进中部地区崛起战略，确定的主要目标任务是建设"三基地、一枢纽"（国家粮食生产基地、能源原材料基地、现代装备制造及高技术产业基地和综合交通运输枢纽）。在这一战略中，国家对山西的主要定位仍是重要能源工业基地。改革开放后，山西作为国家实施现代化战略的重要能源工业基地，为国家现代化建设能源供给保障做出了巨大贡献。[1]

---

[1] 冯林平. 山西在党的百年奋斗征程中的重要作用和历史贡献[J]. 党史文汇，2021（8）：32-39.

中国特色社会主义新时代，为实现中华民族伟大复兴的中国梦，他们勇于攻坚克难、担当作为，这是共产党的不懈奋斗精神。山西建设国家资源型经济转型综改区蹚新路，并为经济欠发达地区打赢脱贫攻坚战和全面建成小康社会做出了重大贡献。新时代，山西进一步加强包括生产侧革命、消费侧革命、体制革命、技术革命在内的能源革命改革，推动山西实现转型，培养新的动力。

中国共产党正是依靠自强不息、艰苦奋斗的民族精神，带领山西人民不断地奋发进取，近百年来实现了山西的历史性变革，并为山西红色文化注入了奋发有为、开拓进取的精神能量，不断激励三晋儿女为实现山西振兴崛起、为实现中华民族伟大复兴而不懈奋斗。

三、勤劳忠义

相对于南方玉簪螺髻的小山、温文尔雅的流水，三晋大地的人民或许是看惯了太行山的巍峨，于是多了一份坚定与执着；或许是听多了黄河水的咆哮，于是多了一份担当和果敢。山西传统文化源远流长，历经五千年历史的洗礼，成为中华优秀传统文化的瑰宝。以炎帝农耕文化、尧舜德孝文化、关公忠义文化、能吏廉政文化、晋商诚信文化为代表的山西优秀传统文化，不仅深刻浸润三晋儿女的灵魂、培育山西人民独特的精神风貌和人格品质，更是山西红色文化生成的血脉渊源，红色文化汲取其有益部分凝练出"勤劳忠义"意蕴。

首先我们来看"忠义"。我们把追溯的目光投射到浩渺的远古，中华民族历代传承着勤劳、善良、正直的传统美德。忠义，作为一种更高层次的伦理精神和价值观念，早已浸染在了我们的血脉中，融化在我们的文化传统里。不管岁月如何更迭、世事如何变化，"忠义"早已刻画落定。流传 1800 多年的关公文化中所蕴含的精神内涵——"忠、义、仁、勇、礼、智、信"，是经过了历史的实践和检验而积淀下来的，是中华优秀传统文化中的精髓，是符合我们时代所要求的社会主义核心价值观的，是值得我们弘扬和传承的优秀文明成果。山西人讲忠，介休绵山上还流传着逃难时介子推割肉给晋文公重耳食用的故事；山西人讲孝，《二十四孝》的第一则"孝感动天"，讲的就是年幼的舜帝对虐待、迫害他的父母坚守孝道的故事;山西人讲仁,运城稷山县仁义村里还传留着待逃难者如同亲人的仁义之举;山西人讲义,阳泉盂县藏山上流传着程婴牺牲自己的孩子,救下赵氏孤儿的故事。①

对于现在的我们去诠释忠义——"对国以忠、待人以义、处世以仁、作战以勇",忠义不仅仅是一种奉献,更是一种牺牲。回顾历史,程婴对国家大忠大义、对生死凛然大义、对朋友深明大义,"匈奴未灭,何以为家"的霍去病,忠义肝胆的杨家将,等等;将忠义体现得淋漓尽致。革命战争年代无数三晋儿女为了实现民族独立、人民解放,抛头颅洒热血,将最美的青春奉献给三晋这片热土,这就是对忠义最好的诠释。改革开放新时期,为了实现脱贫攻坚的任务,许多青年将生命定格在扶贫路上,为了检测出机器的故障、矿井存在的漏洞,为了多拯救一名患者、多救出一名受灾者,工人、医生、警察……越来越多的有为青年将生命定格在工作岗位上,这是新时代对于"忠义"最有力的诠释。

其次,我们来看"勤劳"。抗日战争取得胜利之后,党和人民将工作重心放在了建设祖国和发展经济上面,三晋儿女不畏艰辛,用勤劳的双手、辛勤的汗水以及充满智慧的大脑,镌刻出一幅幅宏伟蓝图,铸就了一部部可歌可泣的激励史,其中包括以自力更生和艰苦奋斗为核心的大寨精神、纪兰精神等,当然要提到一个人物、一个地方——李顺达、平顺西沟村。平顺西沟村在历史上的记录是:"抬头看,石头山,低头看,干河滩,没土光石头,谁干谁发愁。"这正是当时村子的真实写照。毛主席在与李顺达的交谈中说:"中国的山地很多,南方有大别山,山西有太行山、吕梁山,就是到了社会主义也不能不要山区。你们住在山区要好好建设山区、绿化山区,将来把山区建设成社会主义新农村。你们这些人要起带头、骨干、桥梁作用。"② 具体而言,李顺达为了突破自然灾害带来的困难,响应党中央"组织起来,发展生产"的号召,于1943年2月6日建立了在全国成立较早的农业劳动互助组。由于采取了劳武结合,即田间劳动和对敌斗争相结合的办法,不仅发展了生

---

① 石慧,田云刚,郭霄凤. 论山西文化自信的来源 [J]. 前进,2019 (3):39-41.
② 张志云. 毛泽东与西沟 [J]. 文史月刊,2017 (5):17-23.

产，度过灾荒，而且参军、参战和支援前线都没有耽误。他组织民兵参战队，先后参加了解放山西长治县和豫北汤阴县等十多次战斗。20世纪60年代，在全国著名劳模李顺达、申纪兰的带领下，在这片土地上人们背土上山、先易后难、栽了阴坡栽阳坡，硬是让这寸草不生的石头沟变成了绿水青山，长期绿化荒山、改造自然、造福家乡，使平顺这个小地方发生了翻天覆地的变化——西沟村变坡地为梯田，变荒山为宝山，变穷沟为富沟。这座太行山里的村庄在几十年间实现了华丽变身，也因此拥有了"革命老区"和"全国劳模的故乡"两张名片，西沟村成为一片红色热土。这块红色热土孕育出了太行精神、劳模精神、纪兰精神等。《中国共产党的九十年》中提道："在十年社会主义建设中，党和人民顶住外来的种种压力，坚持独立自主、自力更生、艰苦奋斗，涌现出无数先进典型和英雄模范人物，形成了具有特定内涵的时代精神。"① 到了改革开放新时期，西沟人又办起村办企业，成为发展集体经济的典型。截至目前，西沟村驶入互联网发展快车道，在平顺县，每家每户都设有电商服务网点，实现了从一周送货上门到隔天送货上门的转变，打通了电商下乡的"最后一公里"。分析西沟村的华丽变身，无一不是自力更生、艰苦奋斗、顽强拼搏精神的集中展现。山西作为全国劳模、先进单位和个人典型生产大省，李顺达、申纪兰只是20世纪40年代大生产运动中涌现出来的劳动模范之代表，像这样的典型还有许多：平定县的赵贵、盂县的赵忠、灵丘县的王海、武乡县的李马宝、古县的赵金林、长治县的李有成、沁水县的殷望月等。

　　山西人自古勤劳勇敢、自强不息。山西人民物质生活条件富足，精神生活丰富，与革命前辈战场上挥洒的血与泪是分不开的，没有他们的拼搏和付出，就没有现在欣欣向荣和蒸蒸日上的生活。他们将自己的一生奉献给三晋儿女，将生命的种子播撒在三晋大地上，在山西抗日战场上点燃革命的火焰，在吕梁山戎马倥偬之间，在太行山运筹帷幄之中。革命前辈们用生命谱写了可歌可泣的佳作，以另一种形式生动地记录了共产党人和山西人民取得革命

---

① 中共中央党史研究室. 中国共产党的九十年（社会主义革命和建设时期）[M]. 北京：中共党史出版社，党建读物出版社，2016：554.

胜利的历史，弘扬了产生于山西本土的太行精神、吕梁精神等崇高精神，歌颂了无所畏惧的三晋儿女和革命热情高涨的这方热土，描绘出了一幅幅气势恢宏、浴血奋战、可歌可泣的壮美画卷。

第三节　山西优秀传统文化精神的融合

山西传统文化是中华民族传统文化中非常重要的方面，是我们宝贵的精神财富。对于山西来说，更具有典型意义。今天，我们来品读这些由我们的先辈创造的具有极强生命力的文化，不仅使我们能够感受到先辈的风骨精神，也将激励我们在新的历史时期更好地传承弘扬，使优秀传统文化能够血脉延绵，红色文化与社会主义先进文化能够汲取到极富现实意义的传统基因，并强化其生命力与创造力，具有非常突出的现实意义。如何使山西传统文化焕发新的光彩，将从以下几个方面论述。

一、相融相通、融合发展

中华优秀传统文化是中国特色社会主义文化的根和源，它与红色文化和社会主义先进文化相融相通、融合发展，作为一个整体植根于中国特色社会主义的伟大实践。弘扬山西优秀传统文化必须与红色文化和社会主义先进文化相结合，注意三者的相通性、关联性、传承性。山西既是华夏古文明发源的地方，也是具有光荣革命传统的地方，是八路军总部所在地，是抗日战争主战场之一，孕育了太行精神、吕梁精神、右玉精神等我们党宝贵的精神财富。在抗击新冠肺炎疫情的大战中，我省广大党员干部和人民群众勇扛责任，经受了考验，展现了忠诚担当、和衷共济、无私奉献的新时代山西精神。优秀的传统文化、红色文化和社会主义先进文化你中有我、我中有你，只有在相互的内在滋养中，才有可能真正贴合实践和时代，以文化引领时代发展。

（一）马克思主义与中华优秀传统文化结合

红色文化既是马克思主义中国化的优秀成果，又与马克思主义中国化相生相伴、相互促进。马克思主义基本原理同中国具体实际相结合，本身包含着同中华优秀传统文化相结合。"马克思主义中国化是将马克思主义同中华优秀传统文化融合，并创造性转化为中国化马克思主义文化形态的过程，文化融合与创造性转化贯穿马克思主义中国化的全过程。"[1] "中国化马克思主义文化形态"就是红色文化，红色文化与马克思主义中国化相伴相生，其思想源头和精神根基是中华民族优秀传统文化。马克思主义中国化的不同阶段，实际上一直都在与中华优秀传统文化相结合，特别提出马克思主义基本原理同中华优秀传统文化相结合，显然是为了更加突出强调其意义。

在庆祝中国共产党成立100周年大会上的重要讲话中，习近平总书记明确提出"坚持把马克思主义基本原理同中国具体实际相结合、同中华优秀传统文化相结合"重大命题，坚持马克思主义基本原理同中华优秀传统文化相结合，既是坚持马克思主义基本原理同中国具体实际相结合的题中之义，也是推动中华优秀传统文化创造性转化、创新性发展的必然要求。[2]

坚持做好"两个结合"，实现高位推动，努力打造新时代山西传统文化品牌。首先，把马克思主义基本原理同中华优秀传统文化相结合，马克思主义基本原理同中华优秀传统文化相结合并不是韦伯所言的"选择的亲和性"，前提是要反对把马克思主义与中国传统文化对立起来的态度。汤因比在《历史研究》中对世界上各种文明或文化的发展规律做过概括，认为每一种文明都是在"挑战"与"应对"的模式中生存和演进的。[3] 不同于新教伦理与资本主义在特定历史条件下发生的特殊结合，这是一种历史发展的必然选择。不能将传统文化与前现代的文化或者旧文化、旧思想等同起来，要打破以往的观念，不能一提到传统文化就狭隘地认为是落后的、应该摒弃的，就认为传统文化的价值不是马克思主义的价值。相应地，也不能认为坚持把马克思主义作为指导思想，就是把某种西方来的学说作为指导思想，就是不尊重甚至

---

[1] 陈宇翔，张潇潇. 在马克思主义中国化进程中推进文化自信 [J]. 南京社会科学，2018 (1)：138-142.

[2] 储峰. 推进马克思主义基本原理同中华优秀传统文化相结合 [N]. 解放军报，2021-08-20 (7).

[3] [英] 汤因比. 历史研究 [M]. 上海：上海人民出版社，1986：81.

否定中国传统文化。要找到马克思主义基本原理同中华传统文化的契合点，摒弃将二者对立的思维。① 马克思主义基本原理与中国优秀传统文化的关系就像汤因比所提到的那样——应对与挑战，山西优秀传统文化作为中华优秀传统文化的组成部分，必然也需要处理好与马克思主义基本原理的关系，在应对与挑战中使山西优秀传统文化获得新的发展。

其次，把马克思主义基本原理同中华优秀传统文化相结合，就是要汲取中华传统文化的精华，将其中的精华同马克思主义的立场、观点、方法结合起来，用以指导实践、推动发展，从而丰富和发展马克思主义理论本身，重视挖掘中华五千年文明中的精华，弘扬优秀传统文化。习近平总书记指出，"中国优秀传统文化的丰富哲学思想、人文精神、教化思想、道德理念等，可以为人们认识和改造世界提供有益启迪，可以为治国理政提供有益启示，也可以为道德建设提供有益启发"②。文化是一个国家、一个民族的灵魂。文化兴国运兴，文化强民族强。马克思主义与中华优秀传统文化有着高度的契合性，比如，共产主义理想与大同社会理想，两者具有相同的社会理想；人民创造历史的唯物史观与重民、贵民、安民、恤民、爱民的民本思想，两者具有相通的人文旨趣；马克思主义的认识论与知行合一、以行为本的思想具有相通的务实品格。这就为二者有机结合提供了重要基础。换言之，二者相结合的重要基础就在于马克思主义的辩证方法和价值诉求与中国传统文化中所包含的优秀特质之间具有很大的契合性。③ 纵观历史，一百多年来，中国文化的发展受到马克思主义在中国传播及发展的深刻影响，同时，马克思主义也在中国传统文化的土壤上得到滋养。毋庸置疑，山西优秀传统文化作为中华文化的组成部分，具有山西人独特的精神气质，蕴含着三晋儿女应有的气节：改革创新的拓荒精神、勤劳忠义、爱国为民。三晋儿女，用兼容并蓄的博大胸襟、与时俱进的优良品质，与国家和民族同呼吸共命运、与时代脉搏共振

---

① 陈培永，李茹佳. 马克思主义中国化的历史经验及其新时代传承理路[J]. 思想教育研究，2022（05）：73-77.
② 石泰峰. 中华文化和中国精神的时代精华[EB/OL]. 光明网，2022-06-07.
③ 郝立新. 马克思主义如何同中华优秀传统文化相结合[EB/OL]. 天眼新闻，2022-04-07.

动同进步,在实现中华民族伟大复兴中国梦的历史进程中,与全国人民一起将优秀的地域文化大力弘扬,彰显文化定力:实事求是、我行我素的意识,充满理想、乐观向上的信念。

再次,把马克思主义基本原理同中华优秀传统文化相结合,还体现在用中华优秀传统文化的表达方式来讲述马克思主义,使马克思主义具有"新鲜活泼的、为中国老百姓所喜闻乐见的中国作风和中国气派"①。回顾和总结马克思主义基本原理同中华优秀传统文化相结合的历史,是把握其内在逻辑的前提和基础。在这点上,毛泽东同志无疑起到了开创性的作用,在1938年党的六届六中全会上,毛泽东同志明确指出:"今天的中国是历史中国的一个发展,我们是马克思主义的历史主义者,我们不应当割断历史。从孔夫子到孙中山,我们应当给予总结,承继这一份珍贵的遗产。"② 具体而言,从他的著作中我们可以看到,其将共产主义的价值观与共产党人的宗旨提炼为"为人民服务",使我们简洁明了地理解其中深意。将马克思主义基本原理与中国哲学中"实事求是"这一命题相结合,将马克思主义的认识论规律创造性地诠释为"实事求是",成为中国化马克思主义思想路线的关键词。用"一分为二"概括出马克思主义对立统一的规律,揭示了马克思主义辩证法的精髓;用"愚公移山"说明革命任务,借用"正名"阐释革命道理;等等。再比如,邓小平将马克思主义基本原理与《礼记·礼运》中"小康"社会理想相结合,规划了改革开放后经济社会发展的战略构想,把"小康"纳入社会主义现代化的奋斗目标中,来阐释中国式现代化道路,是我们党把中国传统文化的精华运用于当代中国实践的一个创举;用"摸着石头过河"强调实践的重要性,把实践作为检验真理的标准。习近平总书记用"江山就是人民、人民就是江山"来强调人民的作用,用"打铁必须自身硬"来形容从严治党的重要性,用"绿水青山就是金山银山"来讲生态文明建设的重要性。这些表述使中国化马克思主义符合了中华民族的文化传统和民族心理,也成了中华

---

① 朱国圣. 马克思主义新闻观研究 [M]. 北京:新华出版社,2010:223.
② 毛泽东. 毛泽东选集:第2卷 [M]. 北京:人民出版社,1991:534.

优秀传统文化的当代显现。① 2017年，中办、国办印发了《关于实施中华优秀传统文化传承发展工程的意见》，明确提出"中华优秀传统文化是发展当代中国马克思主义的丰厚滋养"，指明了马克思主义基本原理同中华优秀传统文化相结合的着力点。

除此之外，需要马克思主义来科学评判传统文化，推动传统文化创造性转化、创新性发展。我们知道传统文化既有精华也有糟粕，如何正确对待中国传统文化所遵循的基本原则就是要用马克思主义的方法辩证地对待与批判地总结传统文化，对于传统文化中优秀的部分，我们要坚定不移地加以保护与传承，对于传统文化中糟粕的部分或不适合如今时代发展的部分，我们要坚决摒弃，就是我们经常说的取其精华、去其糟粕，要去重新审视传统文化的价值，结合新时代特点，进行科学的梳理和总结，并加以批判地继承和发展。脱离了中国实际的马克思主义是空洞教条的，脱离了马克思主义的传统文化会失去灵魂。只有在马克思主义的引领下，中华优秀传统文化才能够被激活，才能够被科学发掘、科学转化，这是习近平总书记关于马克思主义基本原理同中华优秀传统文化相结合重要思想的核心所在。

马克思主义基本原理同中华优秀传统文化相结合，更具时代意义。对于中国发展而言，"两个结合"是进一步铸牢中华民族自信自强思想根基的需要，指明了中国道路和中华文化根本方向的需要，推进了中华优秀传统文化创造性转化和创新性发展的需要。习近平总书记曾指出，"中华民族历来讲求'天下一家'，主张民胞物与、协和万邦、天下大同，憧憬'大道之行，天下为公'的美好世界。"②

总之，"两个结合"的重大命题，是马克思主义中国化的重要原则，反映了文明交往、交流、交融的基本规律，标志着中国共产党对中华优秀传统文化认识的新高度，正是因为中国共产党对马克思主义基本原理的坚持、对中华优秀传统文化的坚守，以及对马克思主义基本原理同中华优秀传统文化相

---

① 陈培永，李茹佳. 马克思主义中国化的历史经验及其新时代传承理路 [J]. 思想教育研究，2022（05）：73-77.
② 习近平. 携手建设更加美好的世界 [N]. 人民日报，2021-12-2（02）.

结合的推动，才赋予了中国特色社会主义鲜明的理论特色和民族特色，彰显了中国特色社会主义的道路自信、理论自信、制度自信、文化自信。

(二) 中国共产党人是优秀传统文化的传承者、弘扬者

红色文化既包含了中华优秀传统文化的因子，也包含了马克思主义的科学理论，并在建设中国特色社会主义的实践中不断丰富和发展。红色基因体现着中国文化的延续性，凝聚着中华民族一脉相承的价值追求，是一种具有中华民族特色的文化基因。① 为什么要以传承和弘扬中华优秀传统文化来坚定文化自信的实践价值，怎样推动中华优秀传统文化创造性转化和创新性发展，要回答这些问题，需要从中国共产党对中华优秀传统文化的传承和创新发展的视角做出进一步论述。

中国共产党人是马克思主义者，不是历史虚无主义者，更不是文化虚无主义者，科学对待民族传统文化是我们的一贯态度，继承弘扬中华优秀传统文化是我们的一贯主张。在带领中国人民近百年来进行革命、建设、改革发展的长期历史实践中，中国共产党作为中华优秀传统文化忠实的传承者和弘扬者，始终坚持以马克思主义科学的世界观和方法论来继承和弘扬传统文化，正如毛泽东同志所指出的："学习我们的历史遗产，用马克思主义的方法给予批判的总结，是我们学习的另一任务。"② 文化作为民族的精神血脉，在中华民族五千年的发展中历经磨砺却更加坚韧，鸦片战争后，为探索救亡图存的道路，无数仁人志士以"苟利国家生死以，岂因祸福避趋之"的抱负，满怀"以爱国相砥砺，以救亡为己任"的热忱和为"振兴中华"而"一往无前，愈挫愈奋"的激情与勇气，虽然未能从根本上改变旧中国半殖民地半封建社会的境遇，但也写下了近代历史浓重的一笔。③ 在马克思主义传播和五四新文化运动的洗礼下，中国共产党应运而生。在建构山西红色文化过程中，中国共产党人通过马克思主义的视角，采用马克思主义的立场、观点、方法，不

---

① 安娜. 从红色基因中汲取继续前行的精神力量 [N]. 山西日报, 2022-05-25 (10).
② 毛泽东. 毛泽东选集：第 2 卷 [M]. 北京：人民出版社, 1991: 533.
③ 孙占元. 中国共产党对中华优秀传统文化的传承和创新发展 [J]. 山东社会科学, 2022 (1): 5-12.

断地从优秀传统文化中汲取营养,用优秀传统文化涵养红色精神,实现了"马克思主义与中华传统文化在近代中国民主主义革命实践舞台上的深入融合",实现了对优秀传统文化的继承与发展。

恩格斯指出,"我们把经济条件看作归根到底制约着历史发展的东西","政治、法、哲学、宗教、文学、艺术等等的发展是以经济发展为基础的。但是,它们又都互相作用并对经济基础发生作用"。①

一个国家、政党和民族必须具备充分的文化自信,对自身文化的价值和生命力拥有强烈的认可与认同。② 可以说红色文化是文化自信的支柱,不仅有对中国传统文化的继承和发展,还有许多这一时期所特有的新的内涵。在马克思主义理论的引导下,社会主义先进文化不仅传承了中华五千年的优秀传统文化和革命文化,还总结了党带领人民群众在社会主义革命和建设中所凝练的先进文化。

中国共产党人的文化思想,既传承和发展了中国传统文化的精华,又引领着近代以来中国先进文化的前进方向。尤其是在马克思主义中国化的进程中,中国共产党人与时俱进地进行文化创新,为中华文明再创辉煌谱写着新的篇章。

(三) 红色文化与中华优秀传统文化相结合

红色文化在中国发展的伟大实践中实现了对中华优秀传统文化的创造性转化和创新性发展,山西优秀传统文化是红色文化的思想来源。

首先,中华优秀传统文化是"中华民族的基因""中华民族的精神命脉",是实现中华民族伟大复兴的强大根基和不竭动力。在中华文明五千多年的发展历程中,重精神是中华民族的优秀传统。中华民族历来重视道德修养、道德养成,在《大学》中我们强调"大学之道在明明德在止于至善"。文人志士用"修身齐家治国平天下"作为理想人格养成的关键,中国共产党人继承和发扬这些优秀道德传统,将个人道德修养作为革命事业以及社会主义建设

---

① 马克思恩格斯选集:第4卷 [M]. 北京:人民出版社,2012:649.
② 颜旭. 坚定文化自信,建设文化强国 [N]. 解放日报,2022-06-24 (2).

事业兴衰成败的重要因素,并提高自身党性修养。正如毛泽东同志所强调:"共产党员在政府中工作,应该是十分廉洁、不用私人、多做工作、少取报酬的模范。"① 山西是华夏民族和中华文明的发祥地,文化资源十分丰富,廉政文化源远流长,廉政人物层出不穷,廉政故事四处传扬。三晋历史上刚直清正、勤政有为的著名官吏,有狄仁杰、司马光、于成龙、陈廷敬、祁寯藻等。他们有的廉洁自律,虽身居高位却布衣素食,家无余财;有的刚正不阿,秉公执法,两袖清风;还有的不畏强权,为民请命,匡扶正义。

革命战争年代,共产党领导的根据地(解放区)风清政廉的政治生态像磁石一样,中国共产党领导的山西各革命根据地重视道德建设,注重党员干部自身修养,发挥示范引领作用,在根据地营造的良好道德风气在广大人民群众中产生了极大的吸引力。以太岳革命根据地为例,1948年5月制定了党员干部十条纪律,明确规定了"不准贪污、窃取、多占、贱买、浪费、破坏斗争果实;不准游手好闲、受贿腐化"②。太岳革命根据地(解放区)在廉政建设中,把领导干部严于律己、以身作则,视为无声的"命令"、看不见的"决议"。在极端困难的1941年、1942年,区党委的主要领导干部和普通干部一样,同住大窑洞,同穿一色衣,上山开荒种地,过着艰苦的生活。区党委书记安子文与区党委干部同灶吃饭,常吃野菜,很长时间见不到一点肉,致使身体日渐消瘦、虚弱。他的夫人将从自己家里带来的衣物、毛毯等变卖,从延安给他捎来4000元边币(陕甘宁边区发行的钞票),让他买点有营养的食品补补身体。安子文接到这笔钱后,交了1000元党费,拿出一部分供区党委干部夜班加餐用,其余的都交给机关食堂,供大家改善伙食之用,受到了干部和群众的称赞。

在社会主义建设时期,中国共产党人严于律己,注重家风建设,保持道德操守。赵雨亭88岁生日时,告诫子女们:在市场经济条件下,要有坚定的立场,不要被金钱迷住了眼睛。他要求子女们自觉抵制拜金主义、享乐主义和极端个人主义的侵蚀,不义之财不取、不正之财不沾,一身正气才能清清

---

① 毛泽东.毛泽东选集:第2卷[M].北京:人民出版社,1991:522.
② 师文华.太岳革命根据地(解放区)廉政建设刍议[J].党史文汇,2015(4):63-64.

白白地做官、堂堂正正地做人①。刘开基为子女订《约法七章》，禁止其子女以权谋私，并要求家人勤俭节约。正是因为他们以身作则的表率才流传这样的佳话："人民的公仆——抗日政府，人民的儿子——八路军、决死队、游击队，是和群众一起打发着日子的。"1942年秋到1945年春的太岳山中，人们怀着坚定的信念，朝着正确的方向，义无反顾、浴血前行。革命文化传承着中华民族的优良传统，融合了马克思主义经典理论，对中华优秀传统文化进行了再生再造和凝聚升华，并在革命实践中得到熔铸。中国共产党人通过加强革命道德建设，弘扬山西优秀传统道德，展示了高尚的人格力量，并为山西红色文化注入道德基因和厚重的道德底蕴，为红色文化铸魂育人提供了强大的道德支撑。

山西红色文化是全国红色文化的重要篇章，长期以来激励着山西人民艰苦奋斗、奋发进取，既是进行理想信念教育的宝贵财富，又是开发红色旅游的重要资源。

其次，红色文化在中国发展的伟大实践中，实现了对中华优秀传统文化的创造性转化和创新性发展。红色文化中蕴含着中华优秀传统文化的深厚积淀和精神特质，凝聚着鲜活的红色基因和伟大的建党精神，体现了中华民族"拧成一股绳"团结一致的精气神，有着深厚的文化根基和广泛的民族认同。

建党初期和"大革命"时期，我们党在山西组织发动学生运动和工人运动，涌现出一批又一批革命先驱，山西是响应五四运动最早，传播马克思主义、建立中共地方党组织较早的省份之一。土地革命战争时期，山西是北方地区第一支正规红军的诞生地。

抗日战争时期，我们党领导的八路军依托山西开辟了广阔的华北敌后战场，逐步形成了晋察冀、晋绥、晋冀鲁豫抗日根据地，山西是抗战时期八路军总部及三大主力师所在地，是华北敌后抗战的指挥中心和抗日战争的主战场之一。解放战争时期，山西是支持全国解放战争的战略前进阵地、重要兵

---

① 师文华. 山西党史上领导干部清正廉洁轶事［J］. 党史文汇，2016（11）：57-61.

源基地、后勤保障基地和干部输出基地。社会主义革命和建设时期,作为全国重要的工业基地之一,山西在煤炭、冶金、电力、机械、化工、军工等方面建立起较完整的工业体系,有力地支持了国家经济建设,也涌现出李顺达、申纪兰等全国劳动模范,孕育出"一任接着一任干"的宝贵品质。

最后,中华优秀传统文化所蕴含的精神内涵具有重要的时代价值,与红色文化所积淀的价值意蕴相互贯通。"修身齐家治国平天下"的高远之志与"革命理想高于天"的坚定信念不谋而合;中国人民在抗日战争中所体现的革命英雄主义气概与古代人民"威武不能屈"的精神品格内在贯通;中国共产党人"全心全意为人民服务"的宗旨正是对古人"民惟邦本"思想的继承和超越;在伟大实践探索中所形成的实事求是思想路线正是对"修学好古,实事求是"思想的有力发展;新中国成立以来,中华民族"自力更生、艰苦奋斗"的伟大实践是对"自强不息"精神的完美诠释。红色文化继承了中华优秀传统文化的突出品质,并在历史的发展中不断与时俱进。

这里以太行精神为例,太行精神是国家和民族处于危亡的关键时刻,中国共产党人领导太行儿女展现的勇敢顽强、不畏艰难的革命英雄主义精神,是在极其艰苦的条件下展现的百折不挠、艰苦奋斗的精神,是为人民利益展现的勇于牺牲、乐于奉献的精神,是数千年来中华民族精神的积淀和延续。孕育于太行抗日根据地的太行精神,体现了以党的政治优势、党的优良传统和作风为核心内容的无产阶级革命精神。它把中国革命精神提升到一个新的境界,是具有时代特色的民族精神。在革命时期,山西红色文化是革命战争的产物,是以"革命"为思想内核与价值取向的,是针对封建主义文化、殖民主义文化、官僚主义文化而诞生的新文化。它是民主的、科学的、大众的文化,在马克思主义中国化的过程中实现了质的飞跃,是中国红色文化的重要组成部分。这一精神同我们党领导人民在长期革命、建设和改革发展中形成的优良传统和时代精神结合在一起,是中华民族生生不息、发展壮大的强大精神动力。这种精神充分体现了中国共产党是拯救和振兴中华民族的领导核心,是最广大人民根本利益的忠实代表,是工人阶级的先锋队,同时是中国人民和中华民族的先锋队。山西人民在中国共产党的领导下,依靠这种精神，赶走了日本侵略者，支援解放战争；太行精神已经成为山西人民，乃至整个中国人民在社会主义现代化建设中的不竭动力，鼓舞和激励着山西人民为高质量发展和创造幸福生活顽强拼搏、奋斗不息，不断铸就新的历史伟业、创造新的时代辉煌。

改革开放40多年来，三晋儿女为了摆脱贫穷落后的面貌，勤勤恳恳、自强不息，使山西的面貌焕然一新。三晋儿女在中国共产党的领导下，在这场波澜壮阔的改革征程中解放思想、艰苦创业、锐意进取、自信自强，他们勇做时代弄潮儿，在改革创新中驱动着城乡改革与经济发展的滚滚车轮；他们献身科学技术，夜以继日地进行科研攻关；他们甘当美丽城市的"清道夫"，用辛勤的劳动焕新城市的容颜；他们守护乡村，用勤劳的汗水浇灌了丰收的大地；他们深耕文化沃土，向世界讲述改革开放的山西故事……无数个改革群体，汇聚成时代的洪流，推动山西改革开放的巨轮不断前行，也在中华民族的复兴之路上留下自己深深的足迹。

中华民族的优秀传统文化是山西红色文化形成和发展的历史基础，山西厚重的三晋文化是山西红色革命文化形成的源头。山西红色文化继承和发展了源远流长的三晋文化，同时也成为三晋文化的精华。

二、时代精神与山西优秀传统文化融合

文化淬炼时代精神，文化凝聚奋斗力量。回顾往昔，追远溯古。一座都城、一堆圣火、一缕曙光……山西这块热土，不仅给中华民族注入了最早的胚胎基因，更为中华民族绘画出了一幅光辉的图腾、编制了一本传承有序的谱系，给中华民族标识了一个个耀眼的文明符号，给中华民族铸就了一个个闪亮的精神支点……

一定的文化，是一定社会的政治和经济在意识形态上的反映，同时又对一定社会的政治和经济起着巨大的作用。传统文化与经济相互融合、相互促进，共同发展，如何让传统文化和时代精神交相辉映？怎样把文化资源优势转化为生产力？我们需要深入认识山西优秀传统文化的时代价值。

习近平总书记曾经讲道："纵观人类社会发展史，世界经济开放则兴，封

闭则衰。"① 对于开放我们并不陌生，"开放"有双层含义，既指经济活动本身的开放，经济规则本身的包容，也指经济活动、经济规则不是孤立的，一定配有相适应的政治行政制度。如果将这句话的"经济"替换为"文化"，我们不难发现对于任何国家的文化来说"开放则兴，封闭则衰"，大到国家小到一个地区。

（一）深刻理解优秀传统文化的时代价值

第一，对于培育和践行社会主义核心价值观具有直接的贡献价值。中华优秀传统文化是中华民族的精神命脉，是涵养社会主义核心价值观的重要源泉，也是我们在世界文化激荡中站稳脚跟的坚实根基。山西传统文化决定了山西的文化生态和山西人民的价值取向。习近平总书记曾经指出，"要充分挖掘和利用丰富多彩的历史文化、红色文化资源加强文化建设，坚持不懈开展社会主义核心价值观宣传教育"②，中华优秀传统文化在教化育人方面具备强大的精神引领力。深入挖掘山西优秀传统文化，无论是"舜行大孝耕历山"的孝道文化、"源清则流清，心正则事正"的廉政文化、"忠义千古事——垂丹青"的忠义文化，还是讲德、讲孝、讲清廉，都是中国传统伦理、传统文化的核心价值，体现了富强、民主、文明、和谐，自由、平等、公正、法治，爱国、敬业、诚信、友善24字的社会主义核心价值观。山西优秀传统文化中的育人理念几百年来在不同层面指引和规范着人们的言行举止，引领着人们世界观、人生观和价值观的正确塑造，引导着三晋儿女提升道德情操、树立良好风尚、增强文化自信。

第二，对于新时代中国特色社会主义文化建设具有重要的支撑价值。山西优秀传统文化不仅对中华民族历史上的成长、成熟、繁衍、壮大、有序发展有着重要作用，而且对我们今天新时代中国特色社会主义文化建设具有重

---

① 习近平. 习近平在2020年中国国际服务贸易交易会全球服务贸易峰会上致辞［EB/OL］. 新华网，2020-09-04.
② 习近平. 习近平在山西考察时强调：全面建成小康社会 乘势而上 书写新时代中国特色社会主义新篇章［N］. 人民日报，2020-05-13（01）.

要的滋养价值。① 根据查阅文献，我们可以看到山西这几年在文化产业方面取得了突出成绩：公共文化建设全面加强，服务体系不断完善，服务效能不断提高；新型文化业态得到长足发展，文化产业的规模化、集约化、专业化水平不断提高，逐渐成为山西经济的支柱产业；文化治理体制和文化生产经营机制进一步完善，现代文化市场体系不断健全，文化市场进一步繁荣；文化领域进一步对外开放，文化走出去战略取得实质性成效；等等。所有这些都壮大了我省的文化软实力，提升了我国的文化竞争力，为我们树立和增强文化自信提供了源源不断的动力。

第三，对延续民族记忆、塑造民族形象、巩固民族凝聚力的传承价值以及对社会和谐稳定的支撑作用。此外，对促进经济社会协调发展、丰富生产生活的应用价值。优秀传统文化是文学艺术创作的重要素材，也是现代经济发展中文化产业，特别是文化创意产业进行文化生产的重要依据，是文化旅游产业发展的重要依托和载体。②

（二）深入梳理和挖掘历史文化底蕴

一个地方的文化印记，既体现在外观上，更深藏于内心中，闪现于精气神里。文化自信来源于历史深处，增强文化自信必须挖掘长期积累起来的各地区、各民族的文化精髓，同时需要根据时代条件的要求进行重点系统梳理和挖掘。

在新时代，需要着重继承和弘扬哪些中华优秀传统文化，习近平总书记多次做过精辟的阐述，比如，讲仁爱、重民本、守诚信、崇正义、尚和合、求大同的思想理念和"天下兴亡，匹夫有责""自强不息，厚德载物""己所不欲，勿施于人"的理想抱负追求等，这些重要论述对于山西的文化建设和转型发展有着重要的理论和实践意义。习近平总书记视察山西时特别指出，要以丰富多彩的历史文化、红色文化资源为山西发展提供精神力量。我们要深入挖掘尧舜德孝文化、关公忠义文化、能吏廉政文化、晋商诚信文化等优

---

① 郭玉兰.挖掘优秀传统文化时代价值[EB/OL].山西戏剧网，2020-07-28.
② 郭玉兰.挖掘优秀传统文化时代价值[EB/OL].山西戏剧网，2020-07-28.

秀传统文化，为传承和弘扬山西优秀传统文化，讲明重点，指明方向。

历史文化遗产承载着中华民族的基因和血脉，不仅属于我们这一代人，也属于子孙万代。要汲取中华优秀传统文化精华，在历史文化中探寻源泉，深入挖掘山西的历史遗存、文化经典、文物古迹，深入研究阐释三晋文化中蕴藏的中华文化基因和中华民族共同体发展路向，加强对考古研究成果、历史文化典籍的全媒体传播，办好各类历史博物馆，同时要敬畏历史、敬畏文化、敬畏生态，全面保护好历史文化遗产，统筹好旅游发展、特色经营、古城保护，筑牢文物安全底线，守护好前人留给我们的宝贵财富。

特别是改革开放40年来，山西省面临产业结构调整、生态环境改善等发展困境，在发展的过程中必然会遇到各种难以预料的风险和挑战。我们需要以强烈的文化自觉不断挖掘我省丰厚的文化底蕴，不断集聚推动文化进步、社会转型与创新的力量在中华优秀传统文化继承、弘扬中体现山西作为，坚持守正创新，推进创造性转化、创新性发展，实现古为今用、古今融合，更好地发挥以文化人、以史育人的作用。

增强文化自信，目的就是为了传承文化、慰藉心灵。传承传统文化不是"复古"，要通过扬弃，将优秀传统文化转化为拥有时代价值的文化传统。要深入挖掘并着力弘扬山西的丰富优秀传统文化资源，弘扬山西的优秀文化传统和"晋商精神"，进一步扩大对内、对外开放，进一步积聚山西经济转型发展的内力和外力，使山西的优秀传统文化在新的历史时期焕发出应有的时代价值，成为我们建设绿色山西和推动各项事业发展的强大精神力量。新时代，将传统文化赋予时代特色，是推动我国经济发展和建设社会主义文化强国的重要举措。将传统文化赋予时代价值，才能实现山西红色文化由涓涓细流到波澜壮阔，不断吸纳、不断更新、不断壮大，奔流不息，汇入整个人类文明的汪洋大海。

三、借智借力，切实做好"创造性转化、创新性发展"

山西得天独厚的历史文化资源，是三晋儿女不断增强做中国人的志气、骨气、底气的自信之源。源远流长的法治文化、博大精深的廉政文化、光耀千秋的红色文化……成为浩浩历史长河中,表里山河厚重文化积淀与底蕴在时空概念上的鲜明代表。这些优秀的文化像空气一样无处不在,在潜移默化中滋润人们的心灵,给人以丰富的精神养分。在数字经济时代和国家文化数字化战略的大背景下,文化产业数字化发展将促进文化科技不断深度融合,数字技术在内容建设、展示方式、传播途径、交互手段等方面丰富了用户的文化体验,实现了对传统文化的创造性转化、创新性发展,推动了山西红色文化的发展。具体如下。

(一)借智借力,开展文物保护工作

山麓中,"凿石开山,因岩结构,真容巨壮,世法所希"。历经1500多年风雨,云冈石窟的五万余尊造像风采依旧。2020年年末,由云冈石窟研究院主办的"大美之颂·云冈石窟的千年记忆与对话"展览,于上海宝龙美术馆举办。120件云冈文物与世界首个3D打印的可移动石窟——云冈第12窟"音乐窟"惊艳亮相,让世人在千里之外也能零距离感受云冈石窟的前世今生。此外,多样的艺术表现形式也让云冈石窟从静到动——"活"了起来。在山西重点打造的原创舞蹈诗剧《天下大同》中,云冈石窟被赋予了灵动和神韵,"音乐窟"中的乐伎在舞台上破壁而出惊艳全场,生动地展现了各民族交往交流交融的场景,传递出构建人类命运共同体的美好愿景。不仅仅是云冈石窟,平遥古城、乔家大院、悬空寺、应县木塔等开展保护维修工程、启动防水保护工程、组建文物保护修复研究室等措施,借助数字化技术让文物保护从"粗犷"到"精准",实现了文物保护与文化研究的"齐头并进"。

文物保护要深入贯彻习近平总书记关于文物工作的重要论述和考察调研山西的重要指示精神,坚持"保护为主、抢救第一、合理利用、加强管理"的工作方针,采取有力举措推动文物事业高质量发展,要健全文物资源管理体制,进一步厘清文物安全职责,推进文物平安工程建设,严厉打击和防范文物犯罪,守牢文物安全底线;要构建符合山西省文物资源特点的文物修复、预防性保护和防震减灾理论体系,推动文物保护关键技术攻关,拓展考古和历史研究、大遗址保护,完善基本建设工程文物考古制度,提升考古工作能力和科技考古水平;要加强文物古迹和革命文物的保护利用,要推动尧舜德孝、关公忠义、能吏廉政、晋商诚信等优秀传统文化创造性转化、创新性发展，做优做强平遥古城、云冈石窟、五台山三大世界文化遗产品牌，开展应县木塔、佛光寺等国家级文物重大保护专项，统筹好旅游发展、特色经营、文物保护，做好革命文物密集片区整体保护利用工作。探索国宝级文物保护机制，加快文物数字化保护，加大对革命文物的保护、展示、研究和运用力度，丰富文物宣传手段，扩大文物对外交流合作，助推文物活化利用。挖掘红色文化遗址的价值内涵，传承红色基因。

（二）借智借力，优秀传统文化赋能产业发展

优秀传统文化是当代文化的基础和源头，当代文化是优秀传统文化的延续和创新。文化软实力是以中华优秀传统文化为基础的，其创造力、影响力与规制力的转换、辐射与约束离不开中华优秀传统文化的浸润与渗透。弘扬优秀传统文化就是要更好地构筑中国精神、中国价值，凝聚中国力量，夯实国家文化软实力的根基。同时，由于经济硬实力与文化软实力是彼此互为支撑、互为补充的关系，因而随着软实力的提升，优秀传统文化也必然会越来越成为推动经济社会发展的重要精神力量和精神支撑。[①] 正如习近平总书记指出的，"文化的力量最终可以转化为物质的力量，文化的软实力最终可以转化为经济的硬实力"[②]。同样，对于山西省而言，就是要把经济"硬实力"和文化"软实力"有机结合起来，综合推进文化建设和高质量发展，增强社会发展的"硬支撑"，不断提升地区综合竞争力和人民群众的幸福指数。

以最近比较热的"游山西"活动为例，无论是做"唱游三晋"系列活动，还是其他音乐创作和推广事业，应立足传统文化，深入挖掘我国和我省民族音乐中的瑰宝，同时与现代音乐元素进行大胆融合，努力创作和推广一批兼具民族性、地域性和时代先进性的作品，并将这些作品与我省文化旅游活动有机结合起来，为塑造山西美好形象贡献力量。加大优势资源整合力度，做大做强特色品牌，重视保护山西老字号，发扬光大传统文化产业，创新发

---

① 王小佳.用优秀传统文化赋能高质量发展［EB/OL］.山西戏剧网，2020-06-30.
② 习近平.干在实处走在前列：推进浙江新发展的思考和实践［M］.北京：中共中央党校出版社，2006：294-295.

展传统工艺,加快发展新型文化企业、文化业态、文化消费模式,不断迈出新步伐、取得新进步。山西群众文化传统深厚,基层文化日趋活跃,文化惠民方式更加丰富,群众对享受文化实惠提出的要求更高,这都为建设文化强省提供了肥沃土壤和内在动力。

努力实现在文化事业与文化产业的发展中树立和增强文化自信,是我们多年来孜孜以求的。"昔日等市场,如今闯市场",经过文化体制改革的洗礼,山西文化产业发展生机勃勃、活力倍增,以文化自为展示文化自信,文化产业正在成为经济发展的重要增长极,社会效益和经济效益实现了双丰收。

(三)借智借力,文旅产业融合发展

一方面,增强优秀传统文化的开发力度,助推文化产业高质量发展。文化是旅游的灵魂,旅游是文化的载体。文化和旅游融合发展,是推动经济结构优化升级、加快构建现代产业体系的有效途径,是满足人民日益增长的美好生活需要的内在要求。山西作为文化大省,要持续开发科学发展的价值。在山西深化转型发展和综改示范区建设的过程中,要聚焦"六新",发挥传统文化资源优势,增强对优秀传统文化的开发利用,加强对文化旅游产业和文化创意产业的开发力度,以文塑旅、以旅彰文,推动尧舜德孝、关公忠义、能吏廉政、晋商诚信等优秀传统文化的创造性转化、创新性发展,加快文化、旅游、康养等产业融合发展。在开发质量方面多下功夫,补齐发展短板,加快构建适应、反映、引领高质量发展文化产业体系。特别是积极发展文化创意产业,实现高质量融合发展。以建设文旅融合品牌为抓手,补回经济损失,创造山西经济发展新的增长点。例如,可以在文化产业示范园区下功夫:文化和旅游部印发的《关于推动国家级文化产业园区高质量发展的意见》(以下简称《意见》),明确提出到2025年,国家级文化产业示范园区达到50家左右,不断提高创建水平,形成高质量的创建梯队。在原有文化产业园区的基础上,再建设几个较大规模的文化产业示范园区,采取文化旅游一体化管理、一体化开发、一体化经营,同时做到把社会效益放在首位,实现社会效益和经济效益的双赢。

此外,在推动文旅深度融合中作好山西文章,推动业态融合、产品融合、市场融合，加快推进重点文旅项目建设，努力打造国际一流全域旅游目的地。文化发展应适应产业融合、多业融合的发展特点，把握发展时机，放宽思路，加强对山西优秀传统文化的时代价值更好地挖掘、弘扬和开发利用。

另一方面，深刻把握传统文化内涵，突出景区特色，突破同质化怪圈问题。在旅游业蓬勃发展的同时开始显现"千镇一面"的同质化现象，如规划设计相互模仿、"产业产品"如出一辙、开发项目重复建设等现象开始涌现，由此导致效益低下、产能过剩等现象，往往不能准确把握景区文化。在产业发展中要深入领悟优秀传统文化的真正内涵，突出特色，精准开发。例如，山西尧舜文化、关公文化和大槐树文化等优秀传统文化具有保民、生产、繁衍、壮大的朴素内涵，应积极加强与自然资源、历史文化资源的联动发展，在景区中充分体现中华文化朴素务实、民德归厚、和谐友善的特点，将舜帝陵、大槐树、云冈石窟等建设成为景观优美、文化深厚、体验独特的旅游观光区。

历史车轮滚滚向前，淳朴的三晋儿女，用兼容并蓄的博大胸襟、改革创新的拓荒精神、与时俱进的优良品质，与国家和民族同呼吸共命运、与时代脉搏共振动同进步。在实现中华民族伟大复兴中国梦的历史进程中，与全国人民一起将一切优秀的地域文化大力弘扬，为的就是要唤醒历史记忆，从中汲取力量，把信心重塑起来，把精气神鼓起来，唱响时代主旋律，实现提振信心、鼓舞斗志、推动发展的现实目的。

山西红色文化给我们增添了历史自信心和历史自豪感，回首昨天，红色基因铺就山西底色：山西红色文化作为中国革命文化的重要组成部分，是在中国共产党领导山西人民进行革命斗争的过程中凝聚而成的，作为山西宝贵的精神财富，蕴含着丰富的革命精神和厚重的历史文化底蕴，凝结着中国共产党的使命担当，充分显示了三晋儿女在面对强敌侵略时，坚决跟随中国共产党的领导，将国家利益摆在第一位，不畏强权、不畏牺牲的革命英雄主义精神。

展望明天，红色基因赓续革命根脉。保护、开发、利用革命遗址，铭记、缅怀、学习革命先烈，挖掘、梳理、研究革命精神，山西红色文化的繁荣发展,彰显了高度的文化自觉和文化自信,更彰显了我国文化话语权的建构,这是山西建设文化强省的重要一步,也是山西转型发展的关键一招。

凡是过去,皆为序章。拥有红色基因、遍布红色资源、绵延红色血脉的山西,在三晋儿女的努力下,击鼓催征,奋楫扬帆,有信心、有能力攻坚克难、再创辉煌。山西人民将在全方位推动高质量发展的新征程上再谱新篇,为山西红色文化基因赋予新的更为丰富的内涵。

第四篇 04
山西红色文化的形成和发展

新民主主义革命时期，是山西红色文化的形成阶段，形成了以爱国救亡为主要任务、以牺牲奉献为核心的精神内核，以奋斗担当为主题，以建立一个新中国为奋斗目标。社会主义革命与建设时期，是山西红色文化的发展时期。山西红色文化建设逐渐规范化、体系化、制度化，形成了很多开创性的建设新成就，为山西红色文化的发展打下了良好基础。改革开放和社会主义现代化建设新时期，山西红色文化逐步完善。山西红色文化经历了以阶级斗争为中心到以经济建设为中心的转型，形成了以改革创新为核心的时代精神。中国特色社会主义新时代，山西红色文化得以弘扬。山西深入持续推进国家资源型经济转型综合配套改革试验区的建设，促进山西经济的高质量健康发展，传承弘扬了光荣的山西红色文化。

第一章

爱国救亡：新民主主义革命时期山西红色文化的形成

本书认为山西红色文化的起始时间是中国共产党的成立，本章论述从1921年7月中国共产党的成立，到1949年10月中华人民共和国成立这一革命历史时期。

山西红色文化始终以爱国救亡为主要任务。这一时期，以爱国救亡为主要任务的山西红色文化逐步形成，山西红色文化是山西人民在中国共产党的领导下在进行革命的过程中形成的，并不断为山西人民所掌握。山西人民在中国共产党的领导下，发动、组织人民群众，坚持土地革命斗争，山西红色文化逐渐形成并不断传播。抗日战争期间，山西人民在党的号召下积极建立山西特有形式的抗日民族统一战线，抵抗日本帝国主义的侵略，形成了以太行精神、吕梁精神为中心的山西红色文化的发展。同时，在晋察冀、晋冀鲁豫和晋绥三大根据地的创建过程中形成了一系列的红色文化制度，为新民主主义社会的建设提供了重要的基础和雏形。解放战争时期，山西以支援全国解放战争的战略阵地为主要任务，山西红色文化日益深入人心，得到了广泛的传播和高度认同。

第一节 坚定信仰

马克思主义是山西红色文化形成的指导思想，没有马克思主义的指导，就不会有山西红色文化。"大革命"时期的山西红色文化是不断坚定马克思主义信仰的历史进程。

"大革命"时期，山西红色文化的形成和传播，一是五四运动在山西的影响，使得马克思主义在山西开始传播开来；二是早期山西共产党人从山西的实际情况出发，扩大马克思主义的宣传，以无产阶级革命教育和武装工人阶级，使得马克思主义从知识分子深入工人群众中去。

(一) 五四运动在山西

1. 五四运动对山西的影响

1919年爆发的五四运动，是中国历史上一个划时代的事件，五四运动在近代以来中华民族追求民族独立和国家进步的过程中具有里程碑的意义。五四运动孕育了以爱国主义为核心的五四精神。五四运动体现了中国人民自鸦片战争以来的第一次全面觉醒。

一幅《时局图》，把中日甲午战争之后中国面临的被帝国主义列强瓜分的严重危机，及时地、深刻地、形象地展示在人们面前，生动、形象地反映了封建中国已沦为半封建半殖民地国家的历史现实。自1840年鸦片战争开始，以英国为代表的西方列强用坚船利炮打开了中国的国门，自此中国开始沦为半殖民地半封建社会。这样的现状决定了近代中国革命和中国人民的斗争，主要是以挽救中华民族的危亡为出发点的。自此推翻帝国主义、封建主义争得民族独立和人民解放就成为中国革命的两大历史任务。表里山河的山西与近代中国的命运紧密相连，因而山西人民深入持久的爱国斗争也鲜明地体现了反帝反封建的革命诉求。

爱国救亡是近代以来中国的历史任务，也是近现代山西发展的主线。山西各个阶层的爱国人士、进步青年和革命骨干开展了各种各样的救亡运动，成为新民主主义革命时期山西红色文化形成的根本土壤。

1911年辛亥革命期间，全国的革命形势进一步高涨，特别是武昌起义掀起了辛亥革命的高潮，大江南北、长城内外，到处燃起革命的烈火，清政府在全国的统治迅速土崩瓦解。1911年10月29日，夜幕笼罩着大地，八十五标一、二营的一千多名士兵全副武装，在狄村北口第二营营盘内紧急集合。在山西同期留日的50多名学生中的山西河津人姚以价走马上任，以起义军总司令的身份下达起义命令："弟兄们，清家已经统治我们中国二百六十多年了，全中国的老百姓过着牛马不如的奴隶生活，已经受够了，我们现在要起来革命，革清家的命，推翻清朝皇帝。"接着，他又宣布了"不烧杀老百姓、不奸淫妇女等各项纪律二十多条，违犯纪律、扰害老百姓者杀头"。简短的动员和布置之后，第八十五标两营士兵即向太原城内进发，打响了山西辛亥革命起义的第一枪，最终巡抚被击毙，巡抚衙门被起义队伍占领。姚以价领导的山西"太原起义"在整个辛亥革命中，不仅时间较早，而且起到了极为重要的作用。它点燃了整个山西的革命烈火，使晋、陕两省的革命势力连成一片，影响了整个西北地区，还截断了反扑湖北武昌起义清军的退路。中国民主革命先驱者孙中山先生对此有过中肯的评价，"使非山西起义，断绝南北交通，天下事未可知也"。

面对"千年未有之大变局"，近代山西的先进分子从爱国主义出发，开展了轰轰烈烈的爱国救亡运动。虽然这些救亡运动在一定程度上打击了守旧势力，壮大了进步力量，但是并没能将中国从水深火热的悲惨状态中解救出来。这表明，如果没有科学理论作为指导，没有先进阶层的领导，革命是无法取得最终成功的。而这一状况根本性转变的起始，就是五四运动的爆发。

1918年11月，第一次世界大战以德、奥同盟失败告终，英、美、法、日等战胜国拟定于1919年1月在巴黎召开和平会议。由于在"一战"期间北洋政府对德国宣战，因此中国是以战胜国的身份参加巴黎和会的。当时，时任美国总统的威尔逊提出保护弱小国家的主权独立和领土完整的政治表态，使得国内不少人幻想通过巴黎和会收回被割让的领土，恢复国家主权。但是，在这次和会上，"中国以战胜国的资格参加会议，得到的却是战败国的待遇"，特别是和会将德国在山东青岛的权力转交给日本的决定，更是激起了国人的愤怒，同时也彻底打碎了国人对帝国主义心存的幻想，唤起了藏在中国人心中的爱国热情。

1919年爆发的五四运动，标志着中国新民主主义革命的伟大开端，在山西产生了巨大影响，促进了马克思主义在山西的传播。

青年学生的爱国热忱和斗争精神，很快在广大群众中产生了共鸣，许多市民、店员、工人举行了游行示威。在"五四"反帝爱国运动的推动下，广大山西人民掀起了抵制日货运动和要求矿权归公运动，沉重打击了帝国主义的经济侵略和不法奸商，提高了山西广大人民群众的爱国觉悟。

五四运动在北京爆发后,迅速波及全国。五四运动在全国引起极大的震动,山西是响应五四运动最早的省份之一。五四运动的消息传到山西之后,首先在进步的青年爱国知识分子中产生了强烈的反响。山西大学一群满怀爱国之心的青年学子积极响应,走出学校、走上街头,用抗争甚至是生命唤醒着民众,在山西这片红色大地上掀起了一场轰轰烈烈的爱国运动。

当北京青年学生反对帝国主义的侵略行径和卖国贼的妥协让步的爱国斗争遭到反动军阀政府镇压的消息传到太原时,山西大学的学生们义愤填膺,率先成立了学生会。紧接着,山西省立第一师范、山西省法政、工业、农业、商业等专门学校以及山西省立第一中学等学校也相继成立了学生会。在山西大学学生会的积极联络、组织下,以山西大学为骨干成立了"山西省中等以上学校学生联合会",学生联合会成立后,积极响应北京中等以上学校学生联合会的号召,并致电表示拥护和支持北京学生的爱国运动,将与他们采取统一行动。

5月7日,在山西省中等以上学校学生联合会的领导、组织下,太原各校学生3000余人,在海子边中山公园文瀛湖畔(今文瀛公园)集会,通电声援北京学生的爱国行动,山西大学等大中学校的爱国学生集会游行,抗议北洋政府的卖国外交。同时,学生们还积极组织了宣传队,在大街小巷进行演讲、张贴标语、散发传单,进行大规模的宣传活动。5月10日,山西大学和省城其他学校又联合致电北京市政府,电文写道:"天祸中华,内外交集,推厥祸源,日人不淑,首都学界,仗义歼奸。而田赋抵押,实速卖国,青岛不还,真同绝命。生等亦有血气,宁能缄默!"学生们的爱国情感,跃然纸上。

随着斗争规模的不断扩大和影响,5月中旬以后,天津学生联合会派代表来太原宣传爱国主张、商讨统一行动等有关事宜。北京中等以上学校学生联合会为了加强与山西学生运动的联系,也派高君宇回太原指导工作,于是各校学生召开联席会议商讨罢课事宜。5月26日,山西大学学生会发表宣言,召开全校学生大会,在省内率先宣布罢课。学生会的号召得到全校学生的积极响应,校园里贴满了标语。随后,省立第一师范、省立第一中学以及工业、农业、商业、法政专门学校等10多所大中学校的学生五六千人相继罢课。5月29日,山西中等以上学校学生联合会发表《山西学生罢课宣言》,呼吁各界行动起来支援学生的爱国运动。在省学联的号召和影响下，大同、运城等各地的学生也纷纷举行示威游行，爱国运动席卷全省各个地区。此时，高君宇受北京学联的委托，派山西大学学生赴上海参加了"全国学生代表会议"。

山西大学的学生会于1919年6月初成立了义勇团、讲演团。义勇团负责维持秩序，防止反动政府进行破坏；讲演团的同学们在团长王思贤的带领和组织下，天天出动，到中山公园、帽儿巷、钟楼街和其他大街小巷进行演讲，宣传取消卖国的"二十一条"，收回青岛，抵制日货，号召广大市民和社会各界积极行动起来，支持学生的爱国行动。6月6日，太原大中学校学生数千人再次走上街头，游行示威，市民、店员和工人都纷纷加入了游行的队伍，许多商店也开始响应学生的号召实行罢市。学生们的罢课请愿活动，一直持续到暑假。山西大学的很多学生还利用暑假坚持进行各种各样的活动，向群众进行爱国宣传。在全国人民的巨大压力下，6月28日出席巴黎和会的中国代表没有在和约上签字，"五四运动"取得了胜利。

在五四运动中，山西大学等太原各学校学生的爱国运动与全国各大城市的革命活动遥相呼应，在全国造成巨大的革命声势，对于迫使当时政府答应学生的爱国要求，对于"五四运动"取得最终胜利起到了积极的作用。

五四运动时期，山西的青年学生始终站在运动的前列，起到了先锋和骨干作用，学生运动也逐步发展成为各个阶级联合的反帝爱国运动，大力支援了其他地方的反帝爱国斗争，有力地冲击了封建军阀的反动统治，促进了山西人民的觉醒。这一时期，山西的青年学生们不畏强暴的爱国行动，在山西的青年运动史上留下辉煌的一笔。山西青年用实际行动诠释了爱国救亡的历史使命，同时，它使得山西较早地接触到了马克思主义，较早地建立起中国共产党的北方组织，使得山西奠定了其在新民主主义革命史上的重要地位。

2. 同反马克思主义的思想进行了坚决的斗争

李大钊指导高君宇对阎锡山抵制马克思主义革命思想的传播进行了坚决的斗争。1918年4月，阎锡山写了《用民政治》一文，大肆攻击"各尽所能、各取所需"的共产主义"是一面强人作圣贤，一面强人作禽兽，背乎人情，反乎人性，不适于生产，不利于人生"①。李大钊在1919年11月的《新生活》上发表文章，揭露了用民政治的反动性，指出："在'民治'的国家，有人出来要实行'用民政治'，这不但可以令人奇怪""并且觉得危险万分"。这使得山西人民认识到军阀统治的实质和危害，揭露阎锡山的反动统治，扩大了马克思主义和革命的正确主张，鼓舞了山西人民的革命斗志。

为有效开展工人群众的工作，早期山西共产党人开办学校，为红色文化的传播奠定了文化基础。1922年，在青年学会内部创办了平民小学；举办工人业余学校和成人夜校。吸收贫民子弟学习科学文化知识，积极联络组织工人来夜校上课，传播文化知识和革命思想。这些学校创办教育、发动和组织了工人，促进了知识分子同工人阶级的结合，与工人阶级打成了一片，是知识分子和工人相结合、不断联系的一个重要场所。

山西团组织和党组织对山西学生运动、工人运动等起到了至关重要的发动、组织和领导作用。1925年5月到8月，开展了由中共太原党、团组织领导，由各派反阎力量，包括地主和富人子弟参加的统一战线性质的群众运动——反房税斗争。阎锡山为了扩军备战，通过征收包括"牛马驴棚、猪羊圈和厕所"在内的"房屋估价税"扩充军备，再加之各地官员从中加码盘剥，引起全省人民群众的一致反对。彭真联络各校开会，以山西省学联名义公开举行反房税斗争。5月18日，彭真、纪廷梓等共产党员带领万余名学生和各界群众在督军府门前游行集会，通过与阎锡山进行谈判后，最后迫使阎锡山取消房税，并亲自写下："房屋估价补契办法，着即取消，关于此项税款，如有收起者，立即退还，以昭公允。"② 反房税斗争取得很大的胜利。

组织声援上海工人的斗争。1925年，上海发生五卅惨案后，根据中央指示，中共太原党、团组织负责人立即主持召开太原党、团联席会议，组建太原市民沪案后援会，在群众中开展了宣传活动，6月10日发动太原市学生罢课、商人罢市、工人罢工，并组织了有3万多人参加的五卅惨案死难烈士公祭大会和全市大游行。8月1日，该会正式改名为山西雪耻会。此后，在中共

---

① 中共中央党校《阎锡山评传》编写组. 阎锡山评传[M]. 北京：中共中央党校出版社，1991：115.

② 山西文史资料研究委员会. 阎锡山统治山西史实[M]. 太原：山西人民出版社，1984：95.

太原支部的领导下,山西雪耻会领导民众积极募款,抵制英、日货,反对帝国主义及媚外军阀,山西人民反帝爱国运动在大同、晋城、汾阳、柳林、榆次、五台等地普遍开展起来,山西的革命斗争掀起了新的高潮。8月19日,太原市职工联合总会成立,把反帝爱国斗争同反军阀政府的斗争结合在一起,表明这一时期山西工人积极的政治觉悟提高到一个新的水平。广大工人在这场声援五卅反帝爱国运动中,受到了教育,经受了考验,认清了只有在中国共产党的坚强领导下,才能谋得自身的解放。自此之后,很多工人加入中共山西党、团的组织,成立起中共太原正太铁路支部、大同铁路工人支部等。

此外,这一时期,山西各地还掀起了非基督教运动。1924年8月,在中共团地委的指导下,山西学生联合会发动了非基督教运动,成立了非基督教学生同盟,通过贴标语、发传单等形式揭露帝国主义利用宗教进行侵略的罪恶活动,很多学生认清了教会的侵略本质,纷纷从教会学校退学,一些教徒也退出了教会。

可以看出,山西早期先进的知识分子,正是在同各种非马克思主义的思想流派做了坚决的批判和斗争后,才使得马克思主义在山西逐步被广大人民群众所接受,为山西党组织的建立提供了思想上的准备。

(二)山西团组织和党组织的领导和推动,成为山西红色文化的领导阶级

山西是我国北方地区建立社会主义青年团和中国共产党组织比较早的省份之一。1921年和1924年山西团组织和党组织建立后,马克思主义的传播快速发展,同时山西红色文化的形成和传播,都离不开山西团组织和党组织的领导和推动。

1. 太原社会主义青年团组织的领导和推动

太原社会主义青年团,是全省第一个青年革命团体。高君宇是北京大学马克思主义的最早成员之一,1920年11月,高君宇在北京加入共产党小组,并成为北京社会主义青年团的第一任书记;1921年,高君宇根据北京共产党早期组织和社会主义青年团的指示回到山西,在省立一中召集进步青年王振翼、贺昌、李毓棠等座谈学习马克思主义,酝酿建立太原社会主义青年团。5月1日,正式成立了太原社会主义青年团组织,宗旨是:"唤醒劳工,改造社会。"5月15日,太原团组织召开会议,规定团的任务是:继承"五四"传

统,反对北洋军阀,反对帝国主义,学习马克思主义,分析讨论当前的形势。

1921年7月1日,中国共产党成立,这是中华民族发展史上开天辟地的大事,近代以后中国人民在反帝反封建的革命斗争中之所以屡遭挫折和失败,最重要的原因就是始终没有先进的、坚强的政党作为凝聚力量的领导核心。中国共产党的诞生,从根本上改变了这种局面,中国革命的面貌从此焕然一新,中国共产党指导各地的革命实践,山西红色文化从此有了坚强的领导阶级和主心骨。

1922年6月,成立了中国社会主义青年团太原地方执行委员会,把进一步研究和宣传马克思主义作为一项重要的工作。在山西党组织成立之前,山西各个地区的社会主义青年团组织对马克思主义在山西的传播,起到了非常重要的领导和推动作用。

太原社会主义青年团在广泛传播马克思列宁主义的基础上,积极投身到领导工人运动、学生运动中来。1922年5月、9月,在山西大地上先后爆发了太原大国民印刷厂和制革厂工人的罢工斗争,这两次斗争以手工业工人反对工头的压迫剥削为主要目标,这两次罢工斗争成为山西工人运动的开端。广大工人经过革命斗争的实践锻炼,政治觉悟和思想觉悟得到了进一步的提高,许多人加入了社会主义青年团,不断地壮大了团组织的力量。1922年10月和12月,京绥铁路和正太铁路的工人先后举行了大罢工运动,大同、太原、阳泉的铁路工人在张树珊、贺昌、梁永福的领导下积极参加了罢工斗争,最终取得了罢工斗争的胜利。

太原社会主义青年团创建后的一系列工作,促进了马克思主义与山西工人运动的结合,使山西工人阶级逐步觉醒,成为一支独立的政治力量登上了历史的舞台,为山西党组织的建立奠定了组织保障和基础。在1923年8月中国社会主义青年团第二次全国代表大会通过的《关于中央执行委员会报告的决议》中,称赞"太原是唯一的与中央有较密切关系的地方团,此点值得大家赞许,与工人运动亦颇努力"①。

---

① 中国社会主义青年团第二次全国代表大会文件 关于中央执行委员会报告的决议案[R/OL].中国共青团网站,2006-11-10.

2. 山西党组织的创建

山西早期工人运动的实践说明，山西的工人阶级已经日渐成熟，作为一支独立的政治力量，显示了马克思主义这个科学理论与工人运动实践结合的强大生命力。工人阶级在实践斗争中表现得彻底性、坚决性和大无畏的革命精神，鼓舞着山西人民群众在革命斗争中不断前进，可以说，在中国共产党的领导下，在马克思主义科学理论的指导下，山西的工人运动逐渐由自发的反抗转变为自觉的阶级斗争。山西工人运动的兴起，不断地提高了工人阶级的政治觉悟和组织程度。

中共一大、二大和三大的先后召开以及提出的党的最高纲领和最低纲领，同时确定了革命统一战线策略，加之中共北京区委对北方地区工作和山西工作的指导，对山西党组织的建立起到了很大的推动作用。1923 年 6 月，中国共产党第三次全国代表大会在广州召开，决定共产党员以个人的身份加入国民党；1924 年 1 月，在广州召开的国民党第一次全国代表大会上，确认了联俄、联共、扶助农工的三大革命政策，国共第一次合作的实现以及随后的国民革命运动的迅猛发展为山西党组织的建立提供了契机。在这种现实下，为尽快推动北方地区的国民革命运动，迫切需要在没有共产党组织的地方建立党组织。

1924 年，山西共产主义运动的先驱、"五四运动"的领袖高君宇回山西创建了中共太原支部，这是山西最早的党组织。

1924 年，在高君宇等的指导下，经中共北京区委批准，山西省第一个共产党组织——中共太原小组（后改为中国共产党太原支部）在省立一中正式成立，书记先后为李毓棠、张叔平、傅懋恭（彭真）。中共太原支部的建立，在山西历史上具有划时代的意义，中国共产党太原支部建立后，先后领导发动了一系列重大革命活动，有力地推动了全省反帝反封建运动的开展。山西是北方地区第 7 个建党的省份。1927 年 5 月，中国共产党太原支部的创建点燃了山西革命的星星之火，全省的党员人数达到了 1500 多人，成立了中国共产党山西省委。全省有 30 多个县建立了中国共产党的组织，党的力量不断发展、壮大，为之后山西的革命事业奠定了坚实基础，为山西人民的革命斗争指明了正确的前进方向，山西人民的革命斗争有了坚强的领导核心，揭开了山西红色历史和山西红色文化的崭新篇章。

(三) 创办报刊书社,研究宣传马克思主义,奠定了山西红色文化传播的思想基础

马克思主义是山西红色文化形成的思想基础,报刊书社是山西红色文化传播的重要载体和重要阵地,出版经销各种报刊是提高山西人民思想觉悟、传播红色文化的主渠道。为更好地宣传党在早期的各项政策,更好地开展工农运动,中国共产党在山西创办了许多有影响力的报刊。在中国共产党和中国社会主义青年团的领导下,太原社会主义青年团通过创办书社、出版刊物、组织进步团体、开办工人夜校,大力宣传马克思主义,同时发动、组织和领导学生运动和工人的罢工斗争。

1919年8月,山西省立一中进步青年王振翼等,在高君宇的帮助下,创办并主编《平民周刊》,编辑部设在省立一中。这是山西第一份传播马克思主义思想的进步刊物,被称为"晋民喉舌",对传播新思想、新文化,进行共产主义启蒙教育,引导山西人民走上革命道路起到了积极的作用。该刊"不断地以山西实况报告世人,代人民呼号,且不断地将世界思潮输入娘子关内,供给晋民以奋斗有效的途径"。太原社会主义青年团成立后,以《平民周刊》作为阵地,宣传马克思主义和无产阶级的革命主张,揭露阎锡山的反动统治,鼓舞山西人民群众的革命斗志。1923年11月,高君宇等在北京恢复了停刊的《平民周刊》,改名为《平民》。《平民》立足于山西,面向中国问题的解决,并且"将努力于此奋斗势力间沟通,使联合成一种人民的全国的不可侮的团结"[1]。自此之后,研究马克思主义思想、传播山西红色文化,成为山西知识分子的追求,宣传马列主义的报刊、书刊、学社和书社在山西如雨后春笋般出现。

1920年4月,山西大学学生以"交换知识,研究学术"为宗旨,组织了新共和学会,以"创造新人生、新社会、新共和",并创办了《新共和》杂志,宣传社会主义必将代替资本主义,谴责人剥削人的社会制度。1920年夏,山西进步知识分子在太原组织了山西学术研究会,创办了《新道路》书刊,

---

[1] 中共太原市委党史研究室编. 太原党史资料汇编:第一辑 [M]. 1986:91.

表达了对社会主义的追求和对马克思主义的信仰，创刊号介绍了广州、湖南等地劳动工农运动的情况。

太原社会主义青年团创办的晋华书社是宣传马克思列宁主义的重要阵地。1921年8月，高君宇帮助太原社会主义青年团集资创办了晋华书社，王振翼、贺昌均以股东身份参与了书社的创办，主要销售《共产党宣言》《新青年》等革命书刊，在宣传马克思列宁主义、引导山西青年进行革命斗争等方面发挥了重大作用，成为在山西第一个传播马克思主义和宣传新文化的重要阵地。

高君宇在担任《政治生活》《向导》的编辑期间，通过铁路工人把这些先进报刊秘密发往太原，为马克思主义在山西的传播做出了重大贡献，成为山西共产主义启蒙运动的先驱。

1921年8月，山西省立第一师范学生以"发展共进精神，研究有用学术"为宗旨，组织了共进学社，创办《共鸣》半月刊，宣传新思想、新文化。

1921年10月，太原社会主义青年团青年团员贺昌等发起、组织了青年学会，以"研究学术，服务社会"为宗旨，创办《青年》半月刊，订购了很多进步书籍和刊物，设置图书室，吸引了大批学生来这里读书，使得大批山西青年学生接触和了解了马克思主义，最终走上了革命的道路。

1922年2月，省立第一中学学生以"研究学术，开通民智"为宗旨，组织了见闻观摩会，创办了《见闻》半月刊。

1922年4月，为庆祝"五一"国际劳动节和太原社会主义青年团成立一周年，太原社会主义青年团编辑了《五一特刊》。在其《发刊的旨趣》中，说明出版这个刊物"一为庆祝世界无产阶级的胜利；一为唤醒内地无产阶级的同胞""一为庆祝本团一周年纪念"。同时，发出号召："无产阶级的同胞们！醒来吧！不要怕资本家和他们的走狗威吓我们、压迫我们，只要我们团结得坚坚固固、固固坚坚，为自己的利益奋斗、为新的社会奋斗，最后的胜利看谁得着！""无产阶级的同胞！醒来吧！组织起来！联合起来！同盟罢工，是达到我们目的的唯一方法！"此外，《五一特刊》上刊登的《五一纪念史略》和《五一的教训》等文章，明确指出，只有"消灭阶级，到了共产主义的社会，'各尽所能，各取所需'，全人类才是真正的解放"①。《五一特刊》的编辑出版，提高了山西工人群众的思想觉悟，是山西马克思主义深入宣传发展的一个重要标志。

此外，汾阳河汾中学学生创办了新文化书报互助团；山西省立一中的张叔平在离石创办了觉民书社，经销各种进步书刊。临汾县立第一高小教师创办了新愿书社；临汾省立第六中学学生创办了新新书社，出版《新声》《新镜》期刊。

这些书社、书刊的创办，为新思想、新文化和马克思主义在山西的传播提供了条件，开辟了阵地，对于启发山西人民的政治觉悟、思想觉悟，引导山西人民走上革命的道路起到了重要作用。

山西早期共产党人进行的这些活动，促进了马克思列宁主义的传播及其与山西工人运动的结合，山西红色文化在这一时期初步形成并开始广泛传播。

第二节 勇于斗争

1927年"大革命"失败后，山西党组织在严重的白色恐怖下，遭到了严重破坏。但是，山西的共产党人带领人民群众，坚持领导工人、农民和学生运动，开展武装斗争，创建了中国工农红军晋西游击队和第二十四军，同敌人进行了不屈不挠的英勇斗争。1936年，红军东征山西，党中央和北方局以民族矛盾上升为国内的主要矛盾这个主要任务为出发点，大力推进山西全省抗日救亡运动，使得山西出现了特殊形式的抗日民族统一战线，从而为全面抗战爆发后，八路军挺进山西，开展敌后游击战争创建抗日根据地，奠定了重要基础。这一时期，山西红色文化形成了不屈不挠、勇于斗争的精神。

---

① 中共山西省委党史办公室. 中国共产党山西历史：第一卷（1924—1949）（上册）[M]. 北京：中共党史出版社，2012：59.

一、山西党组织勇于斗争的精神

土地革命时期，由于"左"倾盲目错误的发展，使得山西党组织先后三次遭到重创。但山西共产党人，在极其险恶的环境下，对敌进行了不屈不挠的英勇斗争。

山西党组织遭受的第一次重创：1927年6月，阎锡山被蒋介石任命为北方国民革命军总司令。上任后，阎锡山"清党"反共，妄图消灭共产党。国民党在山西的疯狂镇压，使得白色恐怖笼罩着三晋大地，但是山西共产党人进行了坚定的斗争。山西共产党人积极恢复和重建党的组织，经过不懈努力，全省的党组织陆续得到恢复和发展。

山西党组织遭受的第二次重创：1928年2月、3月，由于一名共产党员被捕叛变，使得山西省委和全省各地的党组织遭受到又一次的大破坏，也是山西有史以来遭受的最为严重的一次破坏。在中共中央的指示下，改变斗争策略，进一步深入、发动和组织群众，建立乡村苏维埃，进行工农武装的建设，造成暴动的群众基础。由于山西共产党人贯彻党中央的指示，加强了反对军阀战争的宣传，经过艰苦的工作，深入群众运动，克服重重困难，恢复和重建了党的组织。

山西党组织遭受的第三次重创：1931年9月，国民党山西清党委员会派纠察队包围了山西特委所在地，抓捕了很多中共党员，在敌人的刑讯逼供下，意志不坚定的人投敌叛变，这一时期一大批党和团的组织遭受到破坏，一批党员被投入监狱。这次破坏，使得中国共产党山西党组织遭到巨大的损失，牺牲了很多优秀的党员。

很多被关押在监狱的共产党员和共青团员，在监狱中进行了不屈不挠的英勇斗争。他们把监狱当作战场，被监禁在这里的党员经过秘密串联，建立了狱中党支部，开展了数次绝食斗争，并矢志不渝、坚持斗争，表现了共产党人的崇高气节。

在整个中国的革命处于低潮、山西国民党政府实行白色恐怖的严酷环境下，山西省委在中共中央的领导下，仍然坚持斗争，开展革命活动，坚守山西这片红色热土，这种英勇不屈的斗争精神，是十分难能可贵的。

二、中国工农红军晋西游击队和红二十四军的创建

1930年10月，山西临时省委成立以后，按照中共北方局的指示，将开展工农武装斗争作为中心任务。省委书记刘天章秘密到汾阳等地调查，根据吕梁山脉的社会政治情况、地理环境和群众发动等实际条件，决定在吕梁山脉一带建立一支由省委直接领导的工农武装，开展游击战争，实行土地革命，创建吕梁山苏区。经过紧张的筹备，1931年5月，组建了中国工农红军晋西游击队，大队长是拓克宽，还建立了党的总支委员会，直属山西特委领导。晋西游击队是中国共产党在山西建立的第一支人民自己的红色革命武装。1931年10月20日，晋西游击队与刘志丹领导的游击队会合，创建陕北根据地。后来这支部队成为红军第二十六军，为创建陕北苏区做出了重要的贡献。

晋西游击队建立后，1931年7月，中共山西特委领导驻平定地区高桂滋部发动武装起义，部队改编为中国工农红军第二十四军，军长郝光，政治委员谷雄一，参谋长刘德铭。1931年9月，红二十四军加入了陕北红军。1933年8月，编为陕北红军第三支队，成为红二十七军一部。

晋西游击队是中国共产党在北方地区领导的最早的红色武装之一。晋西游击队和红二十四军的革命活动，扩大了中国共产党和红军在人民群众中的政治影响，在山西大地上播撒了革命的种子。

三、深入群众，发动群众运动

这一时期，在山西省委的领导下，工人运动和农民运动有了较好的发展。截至1928年，全省拥有的党员已经达到万人左右。在全省的很多地方普遍建立了农民协会组织，广泛开展反贪污、反土豪坏"村长"、反霸、反抗捐税、五抗运动、反土豪劣绅、反高利贷主的斗争，有力地冲击了山西农村数千年的封建统治，很多地区的农民协会掌握了农村政权。发动农民进行日常的斗争，深入开展土地革命，实行游击战争，积极创建山西苏区。

工人运动也开始发动起来。这一时期的工人运动，主要是加紧工人的经济斗争，建立赤色工会；同时，成立全省总工会，作为领导工人运动的指导

机关；另外，不断加强与城市中心，如太原、大同、阳泉等的铁路、矿山和兵工厂三大中心的工作，发动团结、组织广大工人，积极开展群众日常的争取经济上和政治上的罢工斗争，以反对国民党军阀。这一时期，太原市委先后领导、发动了四起罢工和两次怠工的斗争运动；中国共产党阳泉矿区支部领导了矿工大罢工运动；等等。

学生运动：1934 年，国民党政府为压制爱国学生的抗日救亡运动，决定将全国的各中学应届毕业生集中进行会考，并故意以难题刁难学生。为此，山西工委领导了太原市各中学学生发动的反会考大规模斗争，发展到 6 月 15 日，太原各学校的学生 2000 余人到省教育厅请愿，并进行了游行示威运动，造成多名学生受伤、被捕，此时，工人阶级和市民纷纷质问政府。在这样的压力下，被捕学生全部释放，同时省教育厅修改了会考试题，降低了考试难度，反会考斗争基本取得了胜利。

四、重视红色文化的宣传工作

山西省委也十分重视红色文化的宣传工作，不仅进一步创办各种刊物，如《太原红旗》，同时，在国民师范、成成中学、工人所在的工厂等支部创办了小报，各地的县委和党员深入农村和工人群众中去宣传演讲，发动工人、农民争取自己合法权益的革命斗争。

第三节 牺牲奉献

中国共产党领导的山西抗战，在中国人民抗日战争史上留下了具有浓重色彩的一笔，写下了辉煌壮丽的篇章。抗日战争时期，山西红色文化形成了以牺牲奉献为核心的精神内核。牺牲奉献是一种内化于心、外化于行的崇高精神境界，它是在抗日烽火中的积淀和凝练，是中国共产党领导山西人民展现出来的不懈奋斗、不怕牺牲和顾全大局、乐于奉献的意志品质和精神风貌，有机地组成了山西红色文化牺牲奉献的可贵精神品质。

抗日战争时期，山西在中国共产党的领导下，是八路军和人民群众英勇抗日的主战场之一，是华北敌后抗战的中心，是晋察冀、晋绥、晋冀鲁豫抗日根据地的发源地，山西人民付出了巨大的牺牲，山西在华北乃至全国抗战中处于十分重要的地位，发挥了特殊作用，做出了重大贡献。

一、抗日民族统一战线在山西的建立

自1931年"九一八"事变以后，日本变中国为它的殖民地的阶段由此开始。而国民党政府却采取了"攘外必先安内"的方针。为了将华北变为"第二个满洲国"，日本阴谋策划了"华北五省自治运动"。面对国内日益加深的民族危机，如何扩大红军的力量，团结抗日力量担负起救国救民的重任，就是摆在党和红军面前亟待解决的一个重大时代问题。

1935年12月，中共中央在瓦窑堡召开了中央政治局会议，会议上提出在新的历史条件下，转变党的策略方针的必要性，准备对日作战，扩大红军，提出建立广泛的抗日民族统一战线——"组织千千万万的民众，调动浩浩荡荡的革命军，是今天的革命向反革命进攻的需要。"

1936年2月，毛泽东、彭德怀率红军抗日先锋军东征山西。东征期间，中共中央政治局在东征前线孝义县（今孝义市）大麦郊、隰县石口和石楼县罗村、四江村连续召开了著名的晋西会议，讨论了政治、军事和外交三个问题，重点研究、讨论了军事战略方针问题。毛泽东指出："红军将来主要做山西的文章。"[①]"黄河流域以华北五省为战场，其他为后方。经营山西，是对日作战的重要步骤。"后来，毛泽东多次指出："在争取迅速对日作战方针下，第一时期以经营山西为基本战略方针。"[②]红军在山西创建比陕北更大的根据地，建立模范的人民政权，成为号召全国革命的中枢。"目前阶段战略基本方针，是在山西战胜敌人，形成抗日根据地，把山西与陕北联系起来""山西的经营是必不可少的，因为没有山西即不能设想同日帝进行大规模作战"。

1936年2月至5月，红军东征突破黄河天险，在晋西北和晋南地区长驱

[①] 中共中央文献研究室编. 毛泽东思想形成与发展大事记（马克思主义中国化90年）[M]. 北京：中央文献出版社，2011：120.

[②] 李捷. 毛泽东著作辞典[M]. 杭州：浙江人民出版社，2011：667.

直入，红军东征山西历时75天，转战山西50余县，击溃晋军30多个团，歼敌13000余人，俘敌4000余人，缴获各种枪支4000多支、火炮20余门，在红军东征期间，有8000多名山西工农子弟参加了红军，是红军当初进入山西时人数的一半以上，不断壮大了红军队伍。红军在山西筹款30余万银圆，连同筹集物资，合计50万元左右，为解决陕甘根据地的经济困难，同时增强红军的实力，发挥了重要作用。

1936年5月14日至15日，毛泽东在延川县召开的中共中央政治局扩大会议上对东征的意义做了高度概括，即打了胜仗，唤起了民众，筹备了财物，扩大了红军。红军东征，大力宣传了中国共产党的抗日主张，在三晋大地上广泛播撒了抗日的星星之火，进一步扩大了中国共产党在山西的政治影响，开展了群众工作并尝试建立抗日根据地，极大地推动了整个山西抗日救亡运动的发展，推动了抗日民族统一战线的开展，从而奠定了中国共产党及其领导的人民军队在全面抗战爆发后，创建以山西为中心的在华北抗日根据地的基础，创造了极为有利的条件，使得山西红色文化在这一过程中得到广泛的传播。

山西最早成功实践党的抗日民族统一战线，成立"牺盟会""战动总会"和组建山西新军——山西青年抗敌决死队，成为全国的创举和范例。牺盟会的成功改组，为之后山西各阶层广泛开展抗日救亡工作，对山西特殊形式的抗日民族统一战线的形成起到了至关重要的作用，为以后组建战动总会和山西新军——山西青年抗敌决死队奠定了重要的基础。"战动总会"是中国共产党与山西当局阎锡山合作的统一战线组织，共产党、八路军派出代表，以公开的身份参与领导，双方形成固定的组织、共同的纲领，这在当时全国还是第一例。党在山西运用统一战线组建了山西新军，山西新军——山西青年抗敌决死队，名义上属于阎锡山军队建制，实际上是由中国共产党领导的抗日武装。到1939年冬，山西新军发展成4个决死纵队、1个工人武装自卫纵队、3个政治保卫旅、3个保安司令部、1个暂编第一师，共计50个团，兵力最多时达7万人。1940年，山西新军归入八路军的战斗序列。

二、八路军开赴山西抗日前线

1937年全民族抗战伊始,中国共产党提出并坚持全面抗战路线,开辟敌后战场,是坚持抗战的中流砥柱。八路军115师、120师和129师东渡黄河,开赴山西抗日前线,山西成为八路军深入敌后开展独立自主的游击战争的最初立足之地。

八路军总部驻扎山西,山西成为党领导下的华北抗战的指挥中枢。根据国共两党达成的协议,中共中央军委于8月25日宣布命令:红军主力改为国民革命军第八路军(简称八路军),将红军前敌总指挥部改为第八路军总指挥部,总指挥朱德,副总指挥彭德怀,参谋长叶剑英,副参谋长左权;下辖第115、第120、第129师和八路军后方留守处。八路军总部率军挺进山西后,先后移驻山西省太原市、五台县南茹村、和顺县马坊、石拐镇,洪洞县高公、马牧,沁县小东岭,襄垣县苏村,屯留县故县镇,潞城县北村,武乡县砖壁村、王家峪和辽县(今左权县)武军寺、麻田地区,统领八路军各项斗争的展开。

中共中央北方局随即移驻山西,指导党在华北的工作,山西成为华北敌后抗战的战略支点。全国抗战八路军长驻山西,具体领导党在华北的工作,山西成为实施发动全民抗战的策源地。八路军总部和中共中央北方局对推动兴起全民抗战、创建敌后抗日根据地起到了重要的领导作用。

三、抗日根据地的各项建设

为争取在红色文化形成和传播过程中形成更加广泛的统一战线,促进以抗日救国为主要内容的红色文化更好地深入群众、动员群众,中国共产党创建了三大抗日根据地,为山西红色文化的形成提供了重要的物质基础。

山西作为华北敌后抗日根据地的中心,先后创建了三大抗日根据地。八路军在根据地党组织和地方武装及广大民兵的配合下,在人民群众的支持下,先后取得了一系列重大战役战斗的胜利,在挺进山西后不到一个半月的时间里,先后同日军进行了大小战斗20余次,毙敌近7000人,并缴获与摧毁了日军大量军用物资,打破了"日军不可战胜"的神话,挫败了日军"1个月侵吞山西"的企图。平型关大捷、雁门关伏击战、夜袭阳明堡、百团大战、黄崖洞保卫战、歼灭日军"战地观战团"……歼灭和牵制了大量日军,使山西成为华北敌后抗战的主战场之一。同时山西也是保卫陕甘宁边区、保卫党中央的坚固屏障和前卫阵地。

山西是创建晋察冀、晋绥、晋冀鲁豫三大抗日根据地的发源地,根据地全面建设构建了新中国的雏形。晋察冀抗日根据地是中国共产党领导创建的第一个敌后抗日根据地。1937年11月,晋察冀军区在五台县石咀村成立,标志着以五台山为中心开辟晋、冀、察三省边界地区抗日根据地初具规模。1938年1月,晋察冀边区军政民代表大会召开,成立了晋察冀边区政府。晋东北五台山地区一度成为晋察冀党政军领导机关所在地——晋察冀抗日根据地的腹心地。

在晋绥地区,全国抗战爆发初期创建了晋西北抗日根据地和晋西南抗日根据地,是八路军三大主力之一的第120师的主要活动区域,也是抗日战争时期中国共产党领导的八路军和敌后抗日军民创建的19个根据地之一。晋西北吕梁地区是晋绥抗日根据地的腹心地,兴县成为晋绥边区党政军领导机关长期所在地。抗战爆发后以山西省兴县为中心,由晋西北和大青山组成了晋绥抗日根据地。晋绥革命根据地是我党各地区抗日根据地中,条件最艰苦的根据地之一。以山西为中心的敌后抗日根据地,形成了阻敌西进的坚固屏障,是保卫陕甘宁边区、保卫在延安的党中央的前卫阵地。八路军从晋西北挺进绥远大青山,开辟了大青山抗日游击根据地。随后,三块相对独立的地区统一为晋绥边区。1940年2月成立的晋西北行署实行管辖晋绥边区的行政工作,后更名为晋绥边区行署。

八路军在中共地方组织、山西新军部队、统一战线组织配合下,以晋中、晋东南太行山区为中心,开辟了晋冀豫抗日根据地,1940年1月后分设为太行区、太岳区和晋豫区。1941年7月晋冀鲁豫边区临时参议会在辽县(1942年8月改名为左权县)桐峪镇召开,选举产生了晋冀鲁豫边区政府。

(一)敌后抗日民主根据地的政权制度建设

1940年3月,毛泽东在《抗日根据地的政权问题》中,第一次提出了抗日根据地政权建设的"三三制"原则。政权建设，直接关系到抗日根据地的建设、敌后游击战的展开、组织人民群众以及争取抗战的最后胜利等关键问题。

晋察冀抗日根据地在华北敌后最早创建了中国共产党领导下的抗日民族统一战线的民主政权，即边区行政委员会，给其他根据地的政权建设提供了建立抗日民族统一战线政权形式的典型和经验。1938年1月10日，晋察冀边区军政民代表大会在河北阜平召开，出席会议的代表有共产党员、国民党员、各抗日军队和抗日群众团体，工人、农民、开明绅士和资本家的代表，蒙、回、藏等少数民族的代表以及五台山寺庙的和尚、喇嘛等140余人，代表着边区30余县的广大人民群众。会议经过民主选举，成立了晋察冀边区行政委员会。从晋察冀抗日根据地开始，敌后抗日根据地如同星星之火迅速形成燎原之势，为抗战能够取得胜利做出了巨大的贡献。

晋察冀抗日根据地是中国新民主主义制度实施较早的地区，建立了敌后第一个共产党领导的各抗日革命阶级联合专政的民主政权，即新民主主义政权，让基层人民群众在政权中占了绝对优势，又团结了抗日的地主、富农以及各阶层的人士。把新民主主义中国的"模型"具体地、科学地呈现了出来，改造了旧社会，创造了一个全新的社会，使中国人民看到了新民主主义中国的光明前景，对于促进全国政治进步起到了巨大的推动作用。

1940年1月，晋绥边区抗日民主政权——晋西北行政公署在兴县蔡家崖成立。续范亭任行署主任。6月，成立了晋西北军区司令部，贺龙任司令员，军区下设四个军分区。晋绥抗日民主政权和军区的建立，表明晋绥抗日根据地成为陕甘宁边区的前卫阵地。晋绥边区的政权建设是以"三三制"原则作为建设的方向。1940年9月，林枫在晋西北第二次行政会议上指出："敌后政权的任务是抗日的、统一战线的、民主的、群众的，所以它既不是资产阶级的专政，也不是工农专政或无产阶级的专政，而是抗日民主专政。"因此，敌后政权应奉行"三三制"原则，即"敌后政权成分上，共产党员占三分之一，其他各党各派无党无派的占三分之二"[①]。在晋绥边区基层政权的建设过程

[①] 晋绥边区财政经济史编写组，山西省档案馆.晋绥边区财政经济史资料选编（总论编）[M]. 太原：山西人民出版社，1986：238-239.

中，一方面尽可能体现"三三制"原则；另一方面，通过探索普及和推进人民群众参加民主选举，直接改造基层的民主政权。

在晋冀鲁豫抗日根据地中，邓小平在1941年5月发表的《党与抗日民主政权》中指出了中国共产党关于建设民主政权的主张，论述了"三三制"政权的实质是团结一切抗日力量，实行民主政治，说明了共产党对政权的指导和监督作用。此后，晋冀鲁豫开展了民主选举边区参议员的工作。7月18日，确定成立晋冀鲁豫边区政府，之后通过了边区政府组织条例和施政纲领。在《晋冀鲁豫边区政府施政纲领》中提出了逐步建立各级民选政府，实行"三三制"政体，切实推行民主政治，以切实充分保障一切抗日党派、团体的政治自由与合法权益，所有抗日人民均享有选举、罢免、创制和复决四权等要求，巩固了根据地建设，对全民族抗战胜利起到了巨大的推动作用。

(二) 改革土地制度，实行减租减息政策

抗日战争时期，敌后抗日根据地积蓄了伟大的红色力量，红色文化之所以能够深入广大人民群众心中，根本原因就是中国共产党领导农民改革了土地制度，实行抗日的减租减息政策，争取了地主与中农群体共同抗日。为了服从于抗日战争的利益原则，中国共产党致力于建立最广泛的抗日民族统一战线的基本精神，团结一切愿意抗日的团体、组织和个人等，建立抗日统一战线的目的，中国共产党转变了打土豪、分田地的土地革命政策。1937年，洛川会议上决定转变抗日之前没收土地分配给农民的政策，将"减租减息"政策作为党在抗日战争时期土地问题上的基本政策。减租减息是正确处理阶级斗争、民族斗争关系的一个重要政策，把民族解放与民生问题结合起来。通过减租减息来争取民众，从而动员组织了最广大人民群众的深厚抗日力量。

抗日战争期间，中国共产党及其领导的八路军在山西创建了抗日根据地。经过几年的探索，各地党组织逐渐认识到减租减息是发动群众的中心环节，发动群众又可以加强根据地的建设。在实行减租减息的过程中，注意启发群众的阶级觉悟，建立群众组织，组织群众开展生产、支援抗日前线等工作。1942年以来，各抗日根据地集中力量，组织干部下乡，帮助群众开展减租减息运动；根据党中央指示，结合当地的实际情况，颁布了新的政策和法令，运用政策调动广大人民群众的积极性；让群众自己解放自己，充分发挥群众

131

的主观能动性；启发农民阶级的阶级觉悟，调动农民进行减租的积极性；各地普遍建立了农会、青救会、妇救会和民兵组织，普遍深入地开展了减租减息运动。各根据地开展了一次大规模的检查减租运动，即查减运动。通过各地查减运动的认真贯彻和深入开展，改善了农民的生活，为解决农民的土地问题创造了条件，调动了农民的积极性，促进了根据地建设各项事业的发展，激发了农民和其他抗日群体的抗日热情。

（三）党的建设：整风运动在山西

按照党中央的指示精神，从1942年开始，山西各抗日根据地开展了整风运动。山西处于抗日战争的前线，情况特殊，整风只能在战争的间隙进行，整风延续的时间较长，延续了四年左右。各根据地的党组织把整风运动作为党的建设的中心任务，大体按照：第一，学习和领会精神。学习《改造我们的学习》《整顿党的作风》《反对党八股》以及《在延安文艺座谈会上的讲话》等一系列的文件和时事形势，启发了参加整风的自觉性和积极性；第二，联系实际、开展"三风"检查。对照精神，联系自身的思想作风、工作作风等实际问题，开展认真的批评与自我批评，促进自我革命；第三，集中整风、系统反省。各根据地从党校整风班中，系统地清算思想，清算历史，确定努力的方向、信心和决心。同时，开展了审查干部的工作等。

山西各根据地党的整风运动，使得广大党员干部受到了一次普遍的马克思主义的思想理论教育，进一步站稳了马克思主义的人民立场。认识到只有在思想上入党，树立"全心全意为人民服务"的人生观；认识到人民群众是真正的英雄，是历史的创造者和社会发展变革的推动者；认识到革命的客观规律和抗日战争在中国必然胜利的历史趋势；认识到在实践中既要反对教条主义又要反对经验主义，只有坚持马克思主义实事求是的思想路线，才能正确地理解、执行党的路线、方针和政策，才能夺取抗日战争的最终胜利。整风运动在山西各根据地的胜利完成，加强了山西各抗日根据地党的建设，有力地促进了党组织的团结和其他方面的建设。

各抗日根据地在进行政权建设、土地政策、党的建设的同时，还进行精兵简政、文化艺术、制度、法律等各方面的建设。晋察冀边区被毛泽东誉为"抗日模范根据地"。毛泽东在1941年5月8日为中共中央起草的对党内指示中明确指出:"各抗日根据地的社会性质已经是新民主主义的""共产党领导的统一战线政权,便是新民主主义社会的主要标志""各根据地的模型推广到全国,那时全国就成了新民主主义的共和国"。

(四)抗战文化在山西

抗日战争时期,面对日本帝国主义的侵略,以"一切的力量为抗战服务"为宗旨,建立文化抗战统一战线,毛泽东指出:"我们做文章、画图画、演戏、唱歌,都要表现抗日民族统一战线。"① 广大文化界的爱国人士以纸笔为武器,投入抗日战争中,中国共产党领导的抗战文化成为凝聚全民族各方面力量共同反抗日本侵略者的强大精神动力和武器。根据中共中央的指示,为迅速扩大敌后抗日的局面,中国共产党和八路军始终把文化教育战线摆在极其重要的战略位置,重视文化抗战的威力。为适应全民族抗战的需要,中共中央在陕甘宁边区开办了中国人民抗日军政大学、鲁迅艺术文学院等20多所干部学校,培养出大批军事、文化等方面的人才,通过广泛开展小学教育、社会教育等方式提高民众的思想觉悟、发动人们积极抗日。在中国共产党的领导下,在山西各地通过开办学校,成立抗战社团,创作救亡歌曲、抗战戏剧、抗战文学、抗战诗歌、抗战美术、抗战电影等人民群众喜闻乐见的形式,进行抗战宣传,掀起了抗战文化的热潮,成为抗战文化最鲜明的组成部分;在硝烟中、战火中,敌后抗日根据地、国统区、沦陷区,到处激荡着全民抗日的呐喊与怒吼,回响着英勇杀敌的血性与豪情。

第一,抗日战争时期,在山西开办了山西民族革命大学、华北抗日军政干部学校、晋察冀边区军政干部学校、抗日军政大学第一分校、抗日军政大学第六分校、抗日军政大学第七分校、中国抗日军政大学太岳分校、中国抗日军政大学太行分校、晋东南鲁迅艺术学校、晋西北鲁迅艺术学院分校等多所学校,培养了大批政治、军事和文化等各个领域的抗日人才;毛主席在延安鲁迅艺术学院号召文艺工作者到革命斗争中去,到抗日前线去。延安鲁艺部分优秀干部学员,奔赴山西抗日前线。期间,在山西前线创办的鲁迅艺术

---

① 中共中央文献研究室,逄先知.毛泽东年谱(1893—1949):中卷[M].北京:人民出版社,中央文献出版社,1993:62.

学校，汇集了大量爱国热血文艺青年，培养了大批文艺人才，他们以纸笔为武器，以艺术为刀枪，积极投入抗日战争的民族救亡的洪流中，开辟了文艺新战场，激发了山西人民的爱国热情，凝聚了民族精神力量，有效地揭露了敌人，打击了敌人，为抗日战争的胜利做出了重要贡献。

山西各抗日根据地通过创办识字班、宣讲组、读报组、夜校、午校等冬学，提高了民众的文化水平。

第二，抗战期间，在敌后抗日根据地，抗战的烽火把广大作家融进抗日前线和广大民众中。他们投入了艰苦的战争生活，鼓励与启迪民众投入抗战中，创作出诗歌、小说、散文和报告等文学作品。这些作品是有力的战斗武器，像子弹，像为勇士吹起的号角，鼓舞着人们为国家的自由、为民族的解放而战！中国共产党领导文化工作者开展各种形式的抗日救亡创作、宣传等工作，将抗战文化和民族精神融入社会生活中，融入民众的生活习惯和思想观念中，成为民众的日常信仰和精神滋养。1942年5月，毛泽东《在延安文艺座谈会上的讲话》这部具有中国特点的马克思主义文艺纲领发表后，山西各个抗日民主根据地的文艺工作者逐步统一认识，明确文艺工作的"二为"方向，深入工农兵群众当中，创作出了一批喜闻乐见，以抗日斗争、阶级斗争和生产劳动为题材，反映新时代、新政权、新生活的深入人民群众的大众化文学作品，出现了以赵树理、马峰等为代表的文化大师。如1943年，赵树理的小说《小二黑结婚》发表了，中共北方局从事抗日宣传工作的赵树理在奉命深入辽县（今山西左权县）农村搞调研时，听到了一对青年男女在追求自由恋爱的过程中，由于受到双方父母等的阻挠，以致被人打死的悲剧故事。有着深厚生活积淀的赵树理以此为原型，创作出了一部同封建思想做斗争、赞扬婚姻自主的小说《小二黑结婚》。赵树理的小说大多以华北农村为背景，用现实主义方法反映了农村社会的变迁、发展过程中存在的矛盾和斗争，塑造了普通大众人物的形象；坚持本土化、大众化的创作思想，使自己的创作与普通大众的审美思想和欣赏相一致。在赵树理的影响下，马峰等山西籍作家形成了一个"山药蛋派"的作家群体。

第三，抗日战争时期，抗战的烽火激发了根据地音乐工作者的创作热情，在山西这片红色的热土上创作出了广为流传的红色文艺作品。抗战音乐在中华民族的危亡关头发挥了极其重要的作用,并传唱至今,成为经典。

光未然、冼星海在壶口瀑布的轰鸣声中谱写出了振奋人心的《黄河大合唱》。

1937年抗日战争全面爆发,中国人民掀起团结一致抗击日本侵略者的热潮。以国共合作为主要内容的抗日民族统一战线建立起来。在这一背景下,大型合唱声乐套曲《黄河大合唱》在1939年初的延安诞生了。郭沫若曾经说:"《黄河大合唱》是抗战中产生的最成功的新型歌曲。音节的雄壮而多变化,使原有富于情感的词句,就像风暴中的浪涛一样震撼人心。"《黄河大合唱》这样一部不朽的音乐作品背后,有着一段激动人心的创作过程。1938年11月,武汉沦陷后,诗人光未然率领抗敌演剧队三队赴吕梁山地区工作,在陕西宜川县壶口附近东渡黄河。黄河的惊涛骇浪和船工们搏风击浪的精神,以及深沉有力的船夫号子,激起了他的创作灵感和热情。1939年初回到延安不久,他就顺利完成了长诗《黄河吟》的创作。

这部壮美的诗篇深深打动了冼星海,他决定全力为这首长诗配乐,并满怀信心地说:"我有把握把它写好!"由于身体有伤,光未然口授《黄河大合唱》歌词,请抗敌演剧队的队员记录整理。5天后,光未然创作完成了《黄河大合唱》的全部歌词。

1939年4月13日,《黄河大合唱》在延安陕北公学大礼堂首演。由邬析零指挥抗敌演剧三队演出。光未然亲自登台朗诵了《黄河之水天上来》。所有队员都深深投入演出中,当他们放声高唱第七乐章《保卫黄河》的时候,几乎忘了自己是站在舞台上表演。直到演出结束,全场响起热烈的掌声,队员们才意识到自己在表演。5月11日,《黄河大合唱》的第二次演出举行。这次由作曲家冼星海亲自指挥。冼星海在当天的日记中记录说,毛泽东、刘少奇等领导人前来观看了演出。乐曲结束后,毛泽东大喊了三声"好"。时至今日,《黄河大合唱》的歌声蕴含的精神鼓舞着一代又一代的中华儿女。一个真正的红色文艺的价值,在于奉献人民,并留存在人民心中的真正的精神财富。

《在太行山上》的创作。桂涛声、冼星海在太行之巅王莽岭、佛子山上创作了传唱至今的《在太行山上》。1938年4月初,日军调集重兵,分九路围攻晋东南抗日根据地。到了4月下旬,日军的九路围攻都被击破。在一个月的反围攻作战中,我军共歼敌4000余人,收复县城18座,极大地打击了日军的嚣张气焰，巩固和扩大了晋冀豫根据地，谱写了"浴血太行"的不朽篇章。1938年夏，从山西抗日前线回到武汉的桂涛声得知八路军在山西的太行山上取得了重大的胜利，他回忆起自己在山西抗日前线亲眼看见的抗日场面，谱写了这首《在太行山上》。冼星海看到这首歌的歌词后，兴奋不已，一口气便将它谱写成了一首二部合唱曲。《在太行山上》这首抗日名歌热情地讴歌和赞扬了中国共产党领导下的将士无所畏惧、勇往直前、牺牲奉献的战斗精神，充分表达出了抗日军民的必胜信心。

1937年，贺绿汀在洪洞县白石村的晋西南临汾八路军办事处一夜之间就连词带曲创作出了鼓舞人心的《游击队之歌》。1938年春，在山西洪洞县召开的八路军司令部高级干部会议上，上海戏剧界救亡演剧队第一队为会议第一次演唱。5月，《游击队之歌》刊登于《自由中国》第2号。这首歌曲以鲜明的音乐特点反映了抗日游击队的战斗生活，表现了游击队员在敌后极其艰苦的环境中蔑视敌人、战胜困难的革命乐观主义精神。歌曲发表后，很快在全国各抗日根据地军民中传唱开来，深受广大人民群众的喜爱，鼓舞了游击队员和人民群众奋勇消灭日本侵略者的斗志。《游击队之歌》是进行红色革命传统教育的生动教材。

与此同时，抗日根据地的群众戏剧运动也蓬勃发展起来，大批反映抗日战争的话剧、秧歌剧以及京剧、豫剧、河北梆子等传统戏剧风行一时，涌现出了大批优秀的剧作家。这些戏剧为光明而舞蹈，为自由而歌唱，它们贴近民众、鼓舞士气、宣传抗战，是中国戏剧史上极为重要的一章。在抗日文化统一战线的推动下，身处国统区的许多进步作家创作了大量戏剧，对鼓舞广大人民的抗战意志发挥了重要作用。

第四，抗日战争期间，抗日救亡成为美术创作压倒一切的主题。抗日根据地还利用美术、画报等对人民群众来说通俗易懂的方式进行红色文化的传播。广大的美术工作者在创作作品的同时，也向世人昭示了"我愿我的每一笔都为了抗战"的信念。在延安等抗日根据地，美术创作活动非常活跃，以"鲁迅艺术文学院工作团"为代表的美术工作者，深入敌后，一面作战，一面利用战斗间隙完成作品的创作，在艰苦的敌后抗战生活中创作出了很多优秀的作品。这些作品揭露了日军的暴行，表现了八路军、新四军的英勇抗敌，反映了广大民众开展的人民战争，描绘了抗日根据地的战斗生活，发挥了教育人民、团结人民、打击敌人、消灭敌人的重要作用，具有鲜明的时代特征，在中国美术史上占有重要地位。

1942年5月1日，晋察冀画报社正式成立。同年7月1日，第一本《晋察冀画报》创刊号正式装订出来，主要贡献一是把摄影、美术和诗歌这些通俗易通的形式结合起来；二是画报社的编辑、记者，由乡村到城市，用摄影、美术、诗歌等形式向全世界和全国报道了八路军真实的抗战情况；三是以《晋察冀画报》社为中心，为我国培养、建立了一支红色的摄影美术队伍和照相制版技术力量；四是为党和国家拍摄、保存了一整套反映我国以晋察冀为首的华北人民抗日战争和解放战争历史进程的珍贵资料底片，为新中国的革命文化和红色文化树立了新的风尚，留下了宝贵的财富。毛泽东主席称赞说："你们把战争年代的底片、珍贵的文物资料保存下来是一大贡献。"

第五，中国的电影是伴随着日本军队入侵中国而出现的，尤其是在全民族抗战爆发之后，中国的影像以其独特的方式，记录着中华民族血淋淋的抗争，尝试着表达个体民众的内心世界和精神创伤。无论在什么地区，影视界的人们都力图发挥电影特有的魅力，始终鼓舞着民众深入抗日救亡的洪流之中。特别是根据地的抗战影像，比如，1938年10月1日，延安电影团为摄制影片《延安与八路军》，电影团成员东渡黄河，进入晋绥抗日根据地、平西游击区、晋东南八路军总部进行拍摄。电影团还深入晋东南的太行山区，在八路军总部拍摄了朱德、彭德怀等八路军总部高级将领，以及八路军129师师长刘伯承、政委邓小平等在前线指挥作战和日常生活的资料。摄制组还深入晋察冀根据地，报道白求恩大夫的模范事迹，跟随白求恩从冀西转战冀中。这些拍摄不仅宣传了中国共产党领导的八路军的抗战，同时还体现了一个民族不可屈服的精神、意志和深层的情感，给人鼓励，催人奋进，发人深省。

在山西各抗日根据地的音乐、美术、新闻、出版和群众文化等文化领域都出现了空前的创作热潮，广大文化战线的工作者以笔为戈，记录民族苦难、唱出民众心声，创作了无数富有战斗性的文学、文艺作品，涌现出众多传世经典。同时，中国共产党还通过广泛宣传抗日英雄事迹，举行各种纪念抗战的活动，促进抗战精神的弘扬和爱国主义情怀的培育。伟大的抗战精神，是中国人民弥足珍贵的精神财富,永远是激励中国人民克服一切艰难险阻、为实现中华民族伟大复兴而奋斗的强大精神动力。随着抗日根据地文艺的深入发展,人民大众的思想境界在得到提升的同时,也激发了他们的抗战热情,广大军民同仇敌忾、万众一心,直到打败日本侵略者。这些创新的形式都为抗战时期山西红色文化的发展进行新鲜、生动的传播起到了十分重要的作用。

五、山西红色文化的精神实质

(一) 太行精神

波澜壮阔的山西抗战孕育出伟大的太行精神、吕梁精神,为山西红色文化留下了极为宝贵的精神财富。

从1938年2月起直到1945年抗战胜利,八路军总部转战太行山区,先后在26个县市沁县、屯留、潞城、武乡、辽县驻扎过。日军对太行山根据地先后进行"三路围攻""八路围攻""九路围攻",实施"囚笼政策""蚕食政策""三光政策",面对日军的疯狂进攻和残酷杀戮,八路军发动"百团大战""铁壁合围"等"工农兵学商,一起来救亡",成千上万的群众加入抗日队伍。太行山上的人民群众将多年不用的长矛、大刀、土枪、土炮找出来武装自己,组织自卫队,打击日军。在此期间,八路军开展敌后游击战争,创建抗日根据地,反"扫荡""蚕食",打退国民党顽固派的频繁进攻,带领广大军民开展大生产运动。华北军民浴血奋战,共产党人、八路军将士和太行儿女,开展了艰苦卓绝的抗日战争,为抗日战争的最终胜利,做出了不可磨灭的巨大贡献,用鲜血和生命孕育和铸就了伟大的太行精神。

2004年8月15日,李长春在视察八路军太行纪念馆时的讲话中进行了阐述:抗日战争爆发后,在国家和民族处于危亡的关键时刻,中国共产党领导太行儿女展现的不怕牺牲、不畏艰险的革命英雄主义精神,是在极其艰苦的条件下展现的百折不挠、艰苦奋斗的精神,是为民族的解放展现的万众一心、敢于胜利的精神,是为人民利益展现的英勇奋斗、无私奉献的精神。2009年5月25日,习近平同志在视察八路军太行纪念馆时,对太行精神做出了最新的诠释和解读:"结合新的实际与时俱进地大力弘扬太行精神,坚定正确的理想信念，始终保持对党对人民对事业的忠诚；坚持执政为民的政治立场，始终保持同人民群众的密切联系；锤炼坚忍不拔、百折不挠的品格，始终保持知难而进、奋发有为的精神状态；坚守党的政治本色，始终保持艰苦奋斗的优良作风，为推动经济社会又好又快发展提供强大精神动力。"① "不怕牺牲、不畏艰险，百折不挠、艰苦奋斗，万众一心、敢于胜利，英勇奋斗、无私奉献"是太行精神的深刻内涵。②

（二）吕梁精神

共产党人、八路军将士和吕梁儿女浴血奋战，抗击着日本侵略者，谱写了革命英雄主义气概的吕梁精神。习近平总书记指出："革命战争年代，吕梁儿女用鲜血和生命铸就了伟大的吕梁精神。我们要把这种精神用在当今时代，继续为老百姓过上幸福生活、为中华民族伟大复兴而奋斗。"③ 抗战年代，共产党人、八路军将士和吕梁人民用鲜血和生命铸就了伟大的吕梁精神，展现出了不怕牺牲、血战到底的英雄气概，顾全大局、倾力奉献的家国情怀，艰苦奋斗、战胜万难的坚韧毅力，对党忠诚、信念坚定的远大追求④。太行精神、吕梁精神是中华民族伟大抗战精神的象征，是以爱国主义、牺牲奉献为核心的中华民族伟大精神在抗日战争年代的升华发展。太行精神、吕梁精神是抗战历史留给我们的极为宝贵的精神财富。精神的力量是无穷的、永恒的，无论在过去、现在还是将来，都对历史的前进和发展起着巨大的推动作用。

在全民族抗战中，山西战场战役战斗之频繁、战争区域之广大、敌我斗争之残酷，都是十分罕见的。据1937年7月至1944年7月的统计，在晋察冀、晋冀鲁豫、晋绥三大抗日根据地，党领导的抗日军队共进行大小战斗6万余次，毙伤俘日伪军合计约38万人。仅据在山西境内八路军主力部队和地方兵团进行的70次著名战役、战斗的统计，歼灭日军近7万人，占侵略华北日军总数22万人的31.8%；同时牵制了日军重兵在山西的战场，有力支撑了华北抗日根据地的对日作战。

---

① 刘晓哲，魏巍. 光耀千秋的太行精神 [EB/OL]. 旗帜网，2021-05-26.
② 常乾. 太行精神的内涵与由来 [EB/OL]. 中国军网，2017-12-25.
③ 习近平. 请乡亲们同党中央一起，撸起袖子加油干！[EB/OL]. 人民网，2017-06-22.
④ 解德辉. 黄河文化内涵与吕梁精神探源 [EB/OL]. 吕梁新闻网，2022-07-17.

抗战中，山西各地60余万名热血青年参加八路军。左权县有7万人口，就有1万人牺牲、1万人参军、1万人支前。武乡县14.3万人口，参加各种抗日组织的有9万人，抗日战争、解放战争时期参军1.46万人。山西人民在极端困难的条件下，出兵、出粮、出财物，支援抗战、支援八路军，为夺取抗战胜利做出了巨大牺牲和突出贡献。巍巍太行，莽莽吕梁，矗立着山西抗战历史伟业的丰碑。历史充分表明，中国共产党是领导山西抗战、夺取全民族抗战胜利的中流砥柱。

应该说，抗日战争时期，中国共产党领导人民群众在揭露日本帝国主义罪行的同时，宣传人民群众在抗日战争中的贡献，不断组织人民起来抗日，推动了山西红色文化的大众化传播。

第四节 奋斗担当

1945年4月23日，毛泽东在中国共产党第七次全国代表大会上的开幕词中指出："在中国人民面前摆着两条路，光明的路和黑暗的路。有两种中国之命运，光明的中国之命运和黑暗的中国之命运。""即使把日本帝国主义打败了，也还是有这样两个前途。或者是一个独立、自由、民主、统一、富强的中国，就是说，光明的中国，中国人民得到解放的新中国；或者是另一个中国，半殖民地半封建的、分裂的、贫弱的中国，就是说，一个老中国。一个新中国还是一个老中国，两个前途，仍然存在于中国人民的面前，存在于中国共产党的面前。""我们应当用全力去争取光明的前途和光明的命运，反对另外一种黑暗的前途和黑暗的命运。"①

抗日战争胜利后，经历了长期战乱的人民渴望和平、民主，渴望建立一个和平和民主的新中国。总的说来，战后的形势是有利于和平的，中国人民已经被组织起来了，觉悟程度也空前提高了。人民军队发展到约132万人，解放区的人口约1亿。中国共产党积极同国民党进行谈判，争取国内和平，

---

① 毛泽东. 毛泽东选集：第3卷［M］. 北京：人民出版社，1991：1026.

但是国民党却维持蒋介石的独裁统治,继续推行反共、反人民的政策,公然撕毁停战协定与政治协议,与美帝国主义勾结发动内战。毛泽东明确提出,必须建设一个"广大有力的革命文化事业,为战胜敌人克服困难之共同目标而奋斗,为独立、民主、和平的新民主主义中国而奋斗"①。

解放战争时期,山西红色文化以奋斗担当为主题,中国共产党带领山西人民为建立一个新中国而努力奋斗。

一、在人民解放战争中推进红色文化

毛泽东在中国共产党第七次全国代表大会上发表《两个中国之命运》的开幕词中指出:"要放手发动群众,壮大人民的力量,在我们党的领导之下,打败侵略者,建设新中国。"② 山西红色文化之所以能够在解放战争时期被广大人民群众接受,同时在战争中转化为强大的精神力量,根本原因在于中国共产党重视广大农民的切身利益,最重要的是解决了农民的土地问题,从而获取了广大人民群众的支持,为实现中国共产党红色文化领导权奠定了基础;形成反对国民党的第二条战线,为红色文化传播争取了最广泛的支持;开展党内整风运动,保障了红色文化组织领导主体的纯洁性。中国共产党带领山西人民为建立一个新中国而努力奋斗。

(一)山西为全国解放战争做出的贡献

抗日战争胜利后不久,中共中央提出了"向北发展,向南防御"的战略方针。为了控制东北,集中力量建立东北根据地,中共中央和中央军委在1945年8月20日后连续发出重要指示,要求各地派出组建100个团所需要的干部及主力部队陆续进入东北。根据中央的指示精神,晋绥分局率领晋绥军区部队3个团及可组建10个团的连级以上干部400余人开赴东北。同时,太岳区抽调1200名干部组成太岳区东北支队,开赴东北。

山西是中央机关在转战陕北和人民解放军向全国进军时的重要物资保障

---

① 中共中央文献研究室.毛泽东年谱(1893—1949):下卷[M].北京:中央文献出版社,2013:186.
② 毛泽东.毛泽东选集:第3卷[M].北京:人民出版社,1991:1027.

基地。解放战争期间，山西各解放区担负了繁重而浩大的战勤任务，成为人民解放军在进行攻势作战的坚强后盾，动员、组织大量民工、民兵支前参战，同时保障了战略物资的充分供应。

山西是支援全国新区开辟和建设的干部输出基地。随着解放战争的胜利和新区的不断扩大，为了适应解放战争形势的需要，山西抽调了大批干部去新区进行开辟和建设工作。据不完全统计，从1948年11月到1949年6月，山西各解放区外调的干部近2万人。连同随军南下西进的干部和后来由部队转业到地方的干部，山西支援全国各地的干部达到了数万名。

山西解放区的巩固和发展，成为党领导人民军队实施战略进攻的可靠的后方基地和出兵基地。1947年3月，中共中央后方工作委员会由陕北进驻山西晋西北临县，统筹解放战争的后方工作。而留在山西解放区的各部队，在党中央和毛泽东的指示部署下，先后发起和举行了运城、临汾、晋中、太原等重大战役，在解放山西全境的同时，配合和支持了全国解放战争的展开和推进。抗战胜利后，山西解放区在中国革命进行两种命运、两个前途决战的进程中，发挥了极其重要的战略基地的作用。

（二）山西土改运动的开展

抗战胜利后，广大农民迫切要求消灭封建土地剥削制度，获得土地。为了适应新的斗争形势，满足农民的土地要求，以更好调动农民革命和生产的积极性，1946年5月4日，中共中央发出《关于土地问题的指示》（"五四"指示），"各地党委必须明确认识，解决解放区的土地问题是我党目前最基本的历史任务，是目前一切工作的最基本的环节"。决定把抗日战争时期的减租减息政策，改为"耕者有其田"的政策；指示规定通过有偿转移的方式使农民获得土地；指示进一步规定不可侵犯中农土地，要保护工商业，对富农和地主，地主中的大中小、恶霸非恶霸要有所区别，对开明绅士等应适当照顾，允许中小地主、富农、开明绅士保留多于农民的土地。

"五四指示"指出：在山西、河北、山东、华中各解放区，在反奸清算、减租减息的斗争中，直接从地主手中取得土地，广大人民群众的情绪很高。为了切实贯彻好"五四指示"，山西各地根据各自的实际情况，积极部署了土地制度改革运动。1946年5月，晋冀鲁豫中央局传达了"五四指示"的精神。决定继续放手发动群众，使贫苦农民从地主手中夺回土地，实现耕者有其田；同时发动了大规模的群众运动；坚决打击"还乡团"，把汉奸、恶霸、"还乡团"的土地分给无地和少地的农民；要注意团结中农，不侵犯地主和富农的工商业。随后，太行区、太岳区、晋绥边区、冀晋区以及其他各地都积极贯彻执行了"五四指示"的精神。经过贯彻执行"五四指示"，山西各解放区逐步实现了"耕者有其田"，封建土地剥削制度在山西这片土地上已经或者正在消灭。贫雇农因为获得了土地逐渐上升为中农，中农在增加，而地主在不断地减少。这些成就的取得说明在山西广大农村地区阶级关系已经发生了很大的改变，土改运动取得了重大的胜利。在这场贯彻"五四指示"的土地制度改革运动中，调动了山西广大农民的积极性，对解放战争的胜利起到了非常重要的作用，同时也为实现中国共产党红色文化领导权奠定了基础。

在贯彻"五四指示"的土改运动中，山西大部分地区已经基本上解决了土地问题。但是仍有一部分地方的土改不彻底，对那里的人民群众还没有充分发动起来，不能完全满足农民对土地的要求。因此，1946年，晋绥等解放区根据中共中央的部署，抽调了一些干部组成工作团，开赴并深入农村发动农民，分期分批地进行了土地改革运动的深入开展。

1947年，中国共产党在河北西柏坡召开土地会议，通过了《中国土地法大纲》，明确规定彻底废除封建性及半封建性剥削的土地制度；实行"耕者有其田"的土地制度；在土地数量上实行"抽多补少""抽肥减瘦"等。山西各地对《中国土地法》精神的贯彻执行，出现了不同程度的绝对平均主义的思想，存在着侵犯中农利益等"左"倾倾向的因素。解放军在土改中发生的"左"倾错误，引起了党中央的高度重视。毛泽东和周恩来、任弼时率领中央前委机关东渡黄河，向河北平山县西柏坡行进，途经山西兴县的蔡家崖时，对晋绥土改运动中出现的"左"倾错误进行了纠偏工作，至1950年，山西全省全面实现了土地改革，对山西经济社会的发展起到了重要的作用。山西农村从根本上消灭了延续几千年的封建土地剥削制度，实现了"耕者有其田"；极大地解放了生产力，保证了革命战争的胜利进行；广大贫苦农民在土改运动中纷纷加入了农会组织，并纷纷参军，由于土地改革普遍深入进行，广大翻身农民的政治热情非常高，在解放战争胜利发展的形势下，各地的参军高潮迭起。晋绥解放区扩兵参军人数在1946年7月至1949年6月仅三年时间，共计9.67万人，太行解放区也掀起多次参军高潮，参军人数达14.43万人，太岳解放区参军人数达7万人。整个解放战争期间，太岳解放区的地方武装多次升编，先后编成3个纵队，共11个旅，以这3个纵队为骨干，扩大组建了人民解放军的5个军，西进南下，参加了全国的解放战争，在人民解放军战略进攻中，山西作为战略后方，保证了人民军队兵源的补充；农村基层政权和各种群众组织相继建立和不断健全，广大农民真心拥护中国共产党的领导，为中国共产党实现文化领导权奠定了群众基础，为新民主主义政治、经济和文化各项事业的发展奠定了坚实的基础。

二、红色制度文化

（一）人民民主政权的建设

抗日战争胜利后，山西各解放区开始巩固和完善民主政权建设。1945年6月，晋西地区各县进行了广泛的村级选举，通过此项运动，在各老解放区普遍建立了村民代表会议或者村民代表团，不断健全和巩固了村级民主政权；与此同时，在新解放区也相继建立了民主代表制度，开展了选举县议员和边区参议员的民主选举运动，在民主选举的基础上，决定召开并成立县议会，召开各县的人民代表会议，进而选举产生政权机关。1946年3月，太行行署发出进行普遍选举、成立县参议会的指示。自此以后，太行区各级政权的民主选举制度普遍建立起来了。太行区先后有21万人通过普遍的民主选举，进入村、区、县等各级政权组织。

随着解放战争的不断推进，至1949年2月，山西各地的民主政权建设不断得以巩固和完善。山西各个解放区在不断完善民主政权建设的过程中形成了新民主主义的政治体制。一是，确立了中国共产党的领导地位。在各解放区的各级人民政权之中，都是党团或者党组起着核心的领导作用。这就保证了实现中国共产党对各级政权工作的领导。二是，进一步确立了新民主主义政权的构成形式。解放战争时期山西各解放区实行的已经是人民代表会议了，是实行人民民主的有效载体，代表的是人民的意志。因为，人民代表会议的代表都是人民自己推选出来的，都是人民意志的代表，是人民群众的代言人，各地的参选率一般达到了80%～90%，充分表明了人民民主的普遍性；参议会和政府机构的组织条例，都是在人民民主集中制的情况下产生的，都是经过了民主讨论、民主表决，以少数服从多数的办法确定下来的，与国民党的一党专政和西方的多党制都有本质的区别，充分体现了人民民主政治的实质；建立了新民主主义的法制体系。对帝国主义、封建主义和官僚资本主义实行斗争和专政，各解放区加强了司法机关的建设，同时各级公安机关和司法机关的建立为对敌人施行专政提供了有效的工具，形成了新民主主义的法制体系。

人民民主政权制度在山西的不断巩固和完善为山西红色文化的形成和发展提供了制度上的根本保障。

（二）新民主主义经济体制在山西的初步形成

各地党组织在努力纠正土地建设过程中的各种错误倾向时，为促进各个解放区经济恢复，在实践中摸索出一套办法，使得经济建设逐步走上了新民主主义经济的道路，山西各解放区的经济逐步形成了新民主主义的经济体制。

从经济结构来说，公营经济、合作经济、私营经济和资本主义经济都逐步形成了较大的规模。

公营经济主要由政府对于关系国计民生的重要经济部门进行投资，对于巩固、完善和发展社会经济起着领导作用。山西各解放区的公营经济主要是以抗战建立起来的军工企业为主的经济部门，还包括抗战胜利后由政府投资建立的公营工厂、商业和银行等，同时人民政权还接收了一些阎锡山政权和国民党政权的工矿企业。这些企业的迅速发展，成为新民主主义经济的重要力量。

合作经济，是由人民群众自筹资金，在自愿结合的原则下组织起来的集体经济，包括农业合作经济、生产合作社、运销合作社、信用合作社和综合性合作社。这些合作社的组织形式，能够克服个体经营的困难，提高劳动生产率。

私营经济，是指农村个体农民和私营工业、手工业和私营商店，在整体经济中的比重较大。在当时的条件下，提倡劳动致富，允许发展新式富农和私人资本主义,对整个经济的发展和生产力的发展是有利的。

在经济政策上,党的基本原则是允许以公营经济为主体的多种经济成分的存在,大力发展公营经济,鼓励合作经济,同时保护个体私营经济的存在,允许在农村中存在富农经济,允许有利于国家和人民发展的私人资本主义经济的存在和发展,以更好地推动解放区的经济建设,为新民主主义经济向社会主义经济发展创造了基础。

(三)新民主主义文化体制在山西的形成

在山西各解放区,随着文化、教育、卫生等各项事业的不断发展,新民主主义的文化体制逐渐形成。

第一,新民主主义文化领导机制的建立。这一时期,建立了领导文学艺术、教育、卫生工作的专门机构,制定了相对应的具体的政策施政纲领,对文化工作的性质、任务、目的等做了明确的规定;通过表彰先进模范人物事迹,推广先进的经验做法,从而为新民主主义文化工作的方向提供了基础和保障。与此同时,高举马克思主义和毛泽东思想的旗帜,深入群众,组织群众进行民主政权建设,深入开展土地改革运动,发展解放区的各项建设,使得文化工作成为中国共产党领导广大人民群众进行革命斗争的有效武器,成为"整个无产阶级革命事业的一部分",成为无产阶级领导的新民主主义革命机器的"齿轮和螺丝钉"①。

第二,文化结合解决群众的实际问题开展。如在教育方面,从人民群众迫切需要解决的识字、打算盘、算数、自然常识等扫盲教育进行;在文化方面,各地从学习唱当地的民歌、梆子、话剧等人民群众乐于接受的文化活动形式入手;在卫生方面,从生活中的洗手、改造厕所、讲究卫生、防病治病这些每天每时每刻都要接触的习惯入手;等等。文化结合解决群众的实际问题开展,为提高新民主主义文化打下了广泛而深厚的基础。

第三,培养了一大批文化工作者。为了更好地贯彻为人民大众服务的方针,组织他们深入群众,结合革命实践、日常生活和生产斗争,与人民群众打成一片,体验人民大众的真实生活,为工农兵服务。这些文化工作者成为

---

① 列宁全集:第19卷[M].北京:人民出版社,1987:93.

新民主主义文化的一支重要力量，极大地推动了新民主主义事业的进步和发展。

三、红色精神文化

中国共产党是红色文化的领导阶级，坚持思想建党是党的建设的主要任务，从而保证红色文化始终保持旺盛的生命力。只有思想上清醒，政治上才能坚定，红色文化的发展必须建立在持续强化马克思主义理论武装、加强党的思想建设的基础之上。

由于解放战争的胜利和贯彻执行"五四指示"中的土地改革运动，农民的土地问题得到了解决，越来越多的人民群众拥护中国共产党，大量的积极分子涌入党的队伍中。一方面党员人数增加，另一方面党内在某种程度上出现了成分不纯、思想不纯、动机不纯和作风不纯等现实问题。为了纯洁党的组织，密切党同人民群众的联系，巩固解放战争的后方，保障土地改革运动的顺利进行，各地结合自身土地改革的实际开展了整党运动。

为解决党内出现的部分党员思想动机不纯的问题，1947年，山西开始整编党的队伍，通过自查和批评与自我批评，克服地主富农思想的影响，对少数在反封建斗争中立场不坚定、动摇犹豫的党员干部，进行了严肃的批评，对极个别堕落分子进行了纪律制裁。从1948年开始，开展了"三查三整"，即查阶级、查立场、查工作和整顿思想、整顿组织、整顿作风为基本内容的整党运动，山西各地认真检查，开展了批评与自我批评。同时，各解放区从1947年开始陆续开始了对基层党组织的整顿，山西在这次整党运动中，采用了党员与党外群众相结合的整党方法，积累了良好的经验。经过这一系列的运动，使得广大党员干部在思想上澄清了很多模糊不清的观念，深刻认识到"左"倾错误思想的危害和根源，提高了思想理论认识水平，纠正了工作中出现的官僚主义、主观主义以及无组织、无纪律的不良作风，树立了为人民服务的思想。总之，在土地改革运动中进行的整党运动，使得党内不纯的问题基本得到了解决；集中解决了侵犯人民群众切身利益的问题，密切了党群和干群关系，极大地提高了中国共产党在人民群众中的威信。

第二章

探索调整：社会主义革命和建设时期山西红色文化的发展

从1949年10月中华人民共和国成立到1978年12月党的十一届三中全会召开，是我们党在社会主义革命与社会主义建设时期的历史。

1949年中华人民共和国成立后，中国共产党带领中国人民进行了社会主义改造，我国社会进入了社会主义革命与建设时期。这一时期，进行社会主义革命和社会主义基本制度的确立，为山西红色文化的发展提供了根本的政治前提。在此基础上，山西红色文化开启了国家制度化建设的新起点，山西红色文化的建设逐渐规范化、体系化、制度化，形成了很多开创性的山西红色文化建设新成就，为红色文化的发展打下了良好基础。

第一节 自力更生

一、社会主义改造的完成

在社会主义改造过程中，中国共产党根据中国特点，自力更生，创造性地完成了深刻的社会变革，为山西红色文化的发展提供了牢固的物质基础。

1949年5月1日，大同和平解放，至此山西全境解放。这是山西历史上的一个重要转折点，标志着中国共产党领导的新民主主义革命在山西取得了基本的胜利。新中国成立以后，中国共产党成为在全国范围执掌政权的党，中共山西省委成为山西进行社会主义革命和建设事业的领导核心。中共中央于1953年正式提出了党在过渡时期的总路线："从中华人民共和国成立，到社会主义改造基本完成,这是一个过渡时期。党在这个过渡时期的总路线和总任务,是要在一个相当长的时期内,逐步实现国家的社会主义工业化,并逐步实现国家对农业、手工业和资本主义工商业的社会主义改造。"① 过渡时期总路线公布后,中共山西省委向全省各级党组织和各界人民群众进行了广泛深入的宣传教育,动员全省人民为实现总路线而奋斗。随后,在全省内部掀起了过渡时期总路线的学习和宣传教育运动的高潮,经过学习、宣传,使得全省广大党员干部和人民群众树立起社会主义的思想观念;激发了人民群众投身社会主义革命和建设事业的积极性和凝聚力;人民群众的思想觉悟进一步提高,山西全省的面貌大为改观,焕然一新。

在实现过渡时期总路线的过程中,中共中央制定并实施了发展国民经济的第一个五年计划。山西的第一个五年计划,是其中的组成部分。根据山西的现实状况,确定"把山西逐步建设成为围绕包头钢铁基地的一个重工业区,将太原、大同两市建设成为新兴的工业城市。按照国家'一五'计划的要求,山西省'一五'计划明确提出全省发展国民经济的基本任务,即集中力量发展重工业,相应地发展交通运输业、轻工业和商业,相应地发展教育、文化、科技事业,培养建设人才,有步骤地实行对农业、手工业和对资本主义工商业的社会主义改造,保证国民经济中社会主义成分的比重稳步增长,保证在发展生产的基础上逐步提高人民文化生活水平"②。第一个国民经济发展的五年计划开始执行后,中共山西省委领导全省人民以集中实现社会主义工业化建设为主要任务,优先发展基础工业和国防工业,集中进行基本建设,新建和扩建了一批煤炭、机械、电力、化工、冶金等重工业,奠定了山西全省建设重工业的基础。随着大规模山西经济建设的开展,需要大量的工业人才,山西省委和省人民政府从全省各级、各部门抽调了大批干部进行工业建设的一线工作。据统计,1953年,山西省人事厅直接调配的干部达到了6037人,其中90%进入工矿企业、基本建设等部门。此外,山西省委强调大量培养和提拔工农干部等各种举措,逐步提高职工的科学文化水平,积极培养了一大

---

① 毛泽东. 毛泽东选集:第6卷[M]. 人民出版社,1999:316.
② 中共山西省委党史办公室. 中国共产党山西历史:第二卷(1949—1978)上册[M]. 北京:中共党史出版社,2012:149.

批工业建设人才。从1953年到1956年，山西的工业化建设在全省人民的奋发努力下取得了重大的成就，在这期间，全省工矿企业超额完成国家计划，劳动生产率、主要技术经济指标都大幅度提高；在支援国家重点建设、支援农业生产、满足人民生活需要方面成效显著；全省不同规模工业项目的相继兴建和投产，成为山西工业发展的重要基石。山西逐步走上了一条从实际出发，建设煤炭、冶金、电力、机械、化工的重工业发展的道路。

山西在积极推进工业发展的同时，还大力发展农业。积极增加了对农业的投入；提高了部分农副产品的收购价格；农业合作化开始后，全省实行了以农业社为单位统一征收与减免农业税的办法；农民积极垦荒造田，扩大耕地，推广新式农具，推广先进技术；从试办国营机械农场到拖拉机站起步，发展农业机械化；引导农民依靠组织起来的优势，开展农业爱国增产运动；制定《山西省十二年农业发展规划》，积极开展山西水利建设、水利科技研究；开展治理山区水土流失、改善生态环境等农业基本建设；实施粮食等主要农产品的统购统销。

与此同时，山西省开展了对农业、手工业和资本主义工商业的社会主义改造。

从1953年开始，山西开展了对农业的社会主义改造。山西的农业合作化运动是以个别试办、典型示范的形式展开的。经过几年的发展，"到1956年底，山西农业生产合作社发展为1.99万个，参加农业生产合作社的农户进一步扩大到99.6%；全省共建成1.89万个高级社，加入高级社的农户占全省农户总数的98%"[①]。其间，在农业互助合作化发展过程中，山西广大农民的积极性很高，积累了许多丰富的经验，涌现出了一大批农业生产领域的先进典型和劳动模范。比如，李顺达领导的平顺县西沟乡的农林牧生产合作社、郭玉恩领导的农业生产合作社包工包产的先进典型等。1952年，农业部（现为农业农村部）授予李顺达爱国丰产金星奖章。山西的农业合作化运动，从开始创办初级社，到基本实现高级社，经历了5年左右的时间，农业合作化的

[①] 中共山西省委党史办公室. 中国共产党山西历史：第二卷（1949—1978）上册 [M]. 北京：中共党史出版社，2012：180.

完成实现了土地的公有化,使得广大农民彻底摆脱了土地私有制,走上了农业合作经济的发展道路,在农村第一次建立了社会主义集体所有制,办成了许多个体农民无法办成的事情,为之后农业甚至整个国民经济的发展提供了重要的物质条件,具有重大而深远的历史意义。

从1951年8月山西省召开全省第一次手工业者代表会议,确定了"对原有合作社较多的地区以整顿改造为主,其他地区组织发展合作社"的方针开始,1953年全省的手工业社会主义改造进入一个新的阶段,对工商业采取"积极领导,稳步前进"的方针,步骤采取了由小到大、由低级到高级循序地进行。1954年1月,在中共山西省委的直接领导下,稳步地由小到大、由低到高地发展手工业生产和生产小组,通过三种形式,即手工业生产小组、手工业供销合作社、手工业生产合作社进行。1956年,山西各地学习北京的经验,采取按行业将手工业组织起来的方式进行。到1956年年底,全省共有手工业生产合作社(组)3201个,入社手工业者达14.3万人,占可组织起来的手工业者总人数的95.5%。[①]山西手工业基本上实现了从个体经济到集体手工业经济的转变,调动了手工业者的劳动热情,受到了人民群众的拥护和欢迎。

在农业和手工业进行合作化运动发展期间,中共山西省委逐步对资本主义工商业进行了社会主义的改造运动。对于资本主义工商业的改造,根据马克思、恩格斯以及列宁的相关论述和设想,采取和平赎买的方针,通过加工订货、统购包销、公私合营等由初级到高级的国家资本主义形式,使得私有制经济逐步改造成公有制经济。到1956年7月,私营工业有59.78%的企业(资金占88.31%,产值占83.97%)实行了公私合营,有38.49%的企业(资金占10.8%,产值占14.3%)被手工业合作社改造,还有1.73%的企业(资金占0.89%,产值占1.65%)被淘汰或转业。在私营商业方面,89.63%的商户、96.59%的资金实行了各种形式的社会主义改造。以资本额计,其中公私合营的占75.37%,经销代销的占49.1%,合作商店占7.12%,直接过渡为国

---

① 白清才. 山西四十年(1949—1989)[M]. 北京:中国统计出版社,1989:1-2.

营商业和供销合作社商业的占 12.6%。① 经过几年的时间，随着山西全行业公私合营的完成，山西企业的生产关系发生了根本的变化，山西成功地完成了对资本主义工商业的改造，壮大了社会主义经济，在整个国民经济中的地位发生了巨大的变化。对资本主义工商业的社会主义改造的实现，促进了整个社会主义生产力的发展。1956 年，全省私营工业及各类国家资本主义工业总产值，由 1949 年的 3302 万元增长为 8991 万元。1957 年，全省公私合营企业平均每人劳动生产率的增长幅度是 1949 年的 1.78 倍。② 到 1956 年，山西基本上完成了对农业、手工业和资本主义工商业的社会主义改造，社会主义公有制经济在山西国民经济中居于绝对的地位。这一根本的变化，标志着山西在经济制度上社会主义改造任务的完成和社会主义经济基本制度在山西的确立。这是中华人民共和国建立后山西发展的一个里程碑的事件，是党领导山西人民进行社会主义革命取得的伟大胜利。应该说，在山西进行社会主义革命以及社会主义基本制度的确立，为山西红色文化的发展提供了根本的政治保障。

二、加强学校教育，培养红色文化接班人

开展扫盲教育，为山西红色文化的发展和传播奠定了基础。新中国成立时，山西的文盲率占到了 90% 以上。在全国性扫盲运动的背景下，山西各地以时事教育为主，开办速成小学、速成中学、各类干部文化补习学校，在全省掀起了扫盲运动的热潮。扫盲运动的过程也是增强广大人民群众的政治参与热情的过程。通过广泛发动群众进行政治参与，将红色文化的教育延伸到社会的各个领域，人民群众对党和红色文化的价值达到了前所未有的认可。

高校是培养红色文化接班人的主阵地，在高校开设思想政治教育课程，培养红色文化的接班人。1950 年 6 月，教育部召开第一次全国高等教育会议，

---

① 卫恒. 关于社会主义改造工作的总结报告，1956-7-25.
② 杨小池，孙寿珠. 中国资本主义工商业的社会主义改造（山西卷）[M]. 北京：中共党史出版社，1992：41.

会上提出,"废除政治上的反动课程,开设新民主主义的革命的政治课程"①,1952年10月,教育部进一步规定根据不同年级的特点开设马克思主义基础课、中国革命史等革命文化理论基础课程。② 1954年,山西各高校成立了马列主义教研室和教学研究指导组,并制定了教研组工作条例,加强了对各科教学的领导和研究。③ 根据教育部的规定,山西的高校逐步形成了思想政治课程体系,通过课堂这一主渠道,让学生了解时事,关心国家形势,突出政治教育,加强对学生进行思想政治品德教育,为革命文化的发展与传承培养了接班人。

第二节 确立制度

一、人民代表大会制度在山西的正式建立

人民代表大会的根本政治制度、中国共产党领导的多党合作和政治协商制度的建立以及"双百"文化建设方针的贯彻,为山西红色文化的完善提供了重要的政治保障。

新中国建立初期,山西的行政村基层政权为行政村的人民代表会议和村人民政府。全省划乡工作的完成,统一了基层行政组织,提高了工作效率,同时为基层的民主选举奠定了基础,提供了前提条件。为适应社会主义改造和建设的形势,保证广大人民群众行使国家权力,不断健全人民民主主义制度,根据中央的有关精神,1953年在全省召开了由人民用普选方法产生的乡、县、省(市)各级人民代表大会,在此基础上召开全国人民代表大会。1954年4月,全省的普选工作全部结束,普遍建立了人民代表大会的基层政权。

---

① 关于实施高等学校课程改革的决定[J]. 人民教育,1950(5):67-68.
② 石云霞. 新中国成立以来中国共产党思想理论教育历史研究(上)[M]. 北京:中国社会科学出版社,2007:106.
③ 中共山西省委党史办公室. 中国共产党山西历史:第二卷(1949—1978)上册[M]. 北京:中共党史出版社,2012:228.

经过乡、镇、县、市各级人民代表大会的选举工作,1954年8月3日,山西省第一届人民代表大会第一次会议在太原举行。这次大会的召开,代表着人民民主主义的政治制度在山西已经进入了一个新的发展阶段。山西正式开始实行人民代表大会制度,进一步巩固了人民民主专政制度,是山西民主政治发展的重要标志,从此,山西人民民主政权建设进入了新的发展阶段。

二、多党合作和政治协商制度在山西的不断完善

1955年2月25日,中国人民政治协商会议山西省第一届委员会成立并召开了第一次会议,选举陶鲁笳为政协山西省第一届委员会主席。政协山西省第一届委员会的成立和第一届一次会议的召开,标志着中国共产党领导的多党合作和政治协商这一基本制度在山西的建立,同时也标志着山西人民民主统一战线在山西的形成。与此同时,中共山西省委根据中央的有关精神,不断巩固和发展同各民主党派之间的合作关系。山西省委统一战线工作部成立,各地的统战工作机构也相继健全,不断发展壮大各民主党派,邀请各民主党派参加省人民政府和各级人民政权的工作,与中国共产党一起协商、参政议政,坚持与各民主党派"长期共存、互相监督",加强对人民团体的领导,如加强对山西省总工会的领导,对团的基层组织进行整顿,团支部普遍建立学习辅导员制度;增强对山西省民主妇女联合会的领导,不断提高妇女的政治觉悟和文化水平;团结带领山西省民主青年联合会的领导,团结带领广大青年,响应党的号召。中国共产党领导各团体一起肩负起了建设新山西的重要任务。

三、贯彻"双百"文化建设方针

毛泽东同志在1956年中共中央政治局扩大会议上的总结讲话中指出:"艺术问题上的百花齐放,学术问题上的百家争鸣,我看应该成为我们的方针。"[①] 1956年5月2日,在最高国务会议上正式宣布将"百花齐放、百家争

---

① 中共中央文献研究室.毛泽东文集:第7卷[M].北京:人民出版社,1999:54.

鸣"作为党发展科学、繁荣文学艺术的指导方针。"双百"方针是中国共产党在新中国成立以后提出的第一个文化建设方针,是根据中国的实际状况提出来的,满足了社会主义文化建设的需要,推动了社会主义文化建设的发展。按照党中央的要求,山西省委积极贯彻执行党中央所主张的"百花齐放、百家争鸣"方针,提倡在文学艺术、科学研究工作中有独立思考和辩论的自由,有发表自己意见、坚持自己意见和保留自己意见的自由,提倡建立在科学基础上的学术论争。与此同时,文化艺术工作者、科学工作者要深入学习马克思列宁主义,以马克思列宁主义作为科学和文化事业的长期指导,这是一个基本的、长期的方针。

与此同时,中国共产党进一步明确了"取其精华、去其糟粕""古为今用、洋为中用"的文化态度,这也成为社会主义文化发展繁荣的重要指导方针。毛泽东同志提出我们要尊重历史,而决不能割断历史,要吸收传统文化的精华;倡导创造性地借鉴外国文化,增强民族自信。"应该学习外国的长处,来整理中国的,创造出中国自己的、有独特的民族风格的东西。这样道理才能讲通,也才不会丧失民族信心。"① 中国共产党客观理性的文化态度和文化主张,是社会主义文化观的重要内容。

第三节 发奋图强

一、指导思想是马克思列宁主义

在马克思列宁主义的指导下,山西人民在中国共产党的领导下,艰苦奋斗、发奋图强,形成了"右玉精神",开创了山西红色文化发展的新局面。

毛泽东在第一届全国人民代表大会第一次会议开幕词中明确表达,强调社会主义文化建设的领导力量是中国共产党,指导思想是马克思列宁主义这一基本观点,这是社会主义文化建设的根本前提和基本要求。山西不论是在

---

① 中共中央文献研究室.毛泽东文集:第7卷[M].北京:人民出版社,1999:83.

社会主义改造、经济建设、人民民主政权建设还是在社会主义文化建设中，都遵循着中共中央的有关精神。比如，这一时期，山西各级党组织积极贯彻执行了关于团结、不断改造知识分子的相关政策，充分发挥知识分子的才能，把他们提高为马克思主义的知识分子，为社会主义建设服务，同时加强了在知识分子中间发展新党员的工作，在山西形成了"向科学进军"的热潮，有力地推动了红色文化人才建设，为山西红色文化的发展提供了可靠的传播者。党还利用各种机会对非马克思主义、反马克思主义思想进行了批判。

二、形成了"右玉精神"

"右玉精神"发源于山西省西北部的右玉县，是山西、内蒙古交界的风口地带。新中国成立时，全县林木覆盖率仅有 0.3%，当时被一些专家列为"最不适宜人类生存的地区"，建议全县搬迁。从新中国成立到今天的 70 多年时间里，右玉历届县委、县政府带领当地干部群众，坚持植树造林，改善生态环境，一任接着一任干，林木覆盖率由 0.3% 提高到了 54% 以上，创造了"不毛之地"变"塞外绿洲"、贫困山区步入全面小康的人间奇迹，同时也铸就了"功成不必在我"的崇高境界和对党、对历史、对人民高度负责的时代精神。习近平总书记多次对"右玉精神"做出重要指示批示。2011 年 3 月 1 日，习近平同志在中央党校开学典礼上首次专门提到"右玉精神"。

2012 年 9 月 28 日，习近平同志对右玉精神做了高度概括。他在中共山西省委上报的《关于我省学习弘扬右玉精神情况的报告》的批示中指出："右玉精神体现的是全心全意为人民服务，是迎难而上、艰苦奋斗，是久久为功、利在长远。"

2015 年 1 月 12 日，习近平总书记在人民大会堂主持召开座谈会，同"中央党校第一期县委书记研修班"200 余名学员畅谈。座谈中，习近平总书记再次讲到了右玉历届县委带领人民群众治沙造林的故事，他要求大家要有"功成不必在我任期"的境界，像接力赛一样，一棒一棒接着干下去。2017 年 6 月 21 日至 23 日，习近平总书记在山西考察时，再次强调并高度评价右玉精神。2017 年 12 月 18 日，习近平总书记在中央经济工作会议讲话中指出："从塞罕坝林场、右玉沙地造林、延安退耕还林、阿克苏荒漠绿化这些案例来看,只要朝着正确方向,一年接着一年干,一代接着一代干,生态系统是可以修复的。"习近平总书记在上述重要指示批示中高度概括了右玉精神的科学内涵,充分肯定和高度评价右玉精神的时代价值和历史意义。①

2020年5月12日,中共中央总书记、国家主席、中央军委主席习近平在山西考察时强调,"要牢固树立绿水青山就是金山银山的理念,发扬'右玉精神'"②。

右玉的实践创造升华了"右玉精神",同时"右玉精神"形成后又推动右玉实践的不断深入,体现了"全心全意为人民服务"的价值追求。在右玉干部带领人民群众70多年的不懈斗争中,"右玉精神"的深厚价值意义,已不仅是一部防风固沙、改善生态的绿化史,更是一部遵循党的初心使命、践行党的群众路线和带领人民群众为生存、求发展、谋幸福的奋斗史。因此,"右玉精神"不仅仅属于右玉,更是山西红色文化的重要部分,它已成为当前山西高质量发展的精神动力,同时也是新时代开创全面建设社会主义现代化国家新局面所不可缺少的宝贵精神财富。

三、开创了山西红色文艺发展的新局面

文艺战线是山西红色文化宣传的重要战线。新中国成立后,毛泽东提出了文化建设的"双百"方针,提升了文艺战线"以人民为中心进行创作"的文化自觉,激发了他们的创作热情。这一时期,对于山西红色革命题材的文艺作品创作得到了初步的繁荣和进步,涌现出了大批脍炙人口的山西红色文艺作品,很多文艺作品成为经典,成为人民群众塑造红色价值观的主要文艺作品的来源。

(一)山西红色文艺发展开创了新局面,留下了很多的红色经典作品

红色经典作品是红色文化的主要形式,具有培根铸魂的重要作用。习近平总书记指出:"任何一个时代的经典文艺作品,只有同国家和民族紧紧维

---

① 邓志慧,宋子节.习近平一再强调的"右玉精神"魅力何在?[EB/OL].人民网,2020-05-14.
② 习近平.习近平在山西考察时强调:全面建成小康社会 乘势而上书写新时代中国特色社会主义新篇章[N].人民日报,2020-05-13(01).

系、休戚与共，才能发出振聋发聩的声音。"① 在这一时期，山西红色文艺发展开创了新局面，出现了小说、诗歌、话剧、歌曲、美术等新的文艺作品，文艺事业初步繁荣。首先，在小说方面，山西迎来了黄金季节。为人民所熟知的山西作家有赵树理、马烽、西戎、李束为、孙谦等。他们创作的作品在全国的影响是比较大的。如赵树理的《三里湾》，马烽的《三年早知道》《我的第一个上级》，西戎的《纠纷》《麦收》，李束为的《春秋图》《初升的太阳》等。其中《三里湾》是中国当代文学史上反映农村合作化的一部长篇小说。主要内容围绕着三里湾农业合作社秋收、扩社、整党、开渠四项工作，描写了四户人家错综复杂的矛盾和纠葛，反映了农村中先进与落后力量的冲突，展现了处于进行社会革命大变革时期农村生活的风貌。马烽的《三年早知道》讲述了一个勉强入社的中农在农业合作社不断发展过程中提高觉悟转变思想的故事。

（二）加快了山西红色文化的大众化传播

山西省文学艺术界联合会（简称山西省文联），成立于1949年12月，是繁荣山西文学艺术、传播和发展山西红色文化的重要力量。电影剧本的创作也出现了新的发展。如孙谦的《陕北牧歌》等，马烽和西戎合作的《吕梁英雄传》等，具有浓厚的山西地方特色，反映了新中国建立后，在社会主义条件下农村和农民的历史性变迁，受到广大人民群众的欢迎和喜爱。

---

① 习近平. 习近平谈治国理政：第二卷［M］. 北京：外文出版社，2017：350.

第三章

改革创新：改革开放和社会主义现代化建设新时期山西红色文化的完善

从1978年12月党的十一届三中全会的召开到2012年11月党的十八大的召开，是我们党在改革开放和社会主义现代化建设新时期的历史。

改革开放和社会主义现代化建设新时期，在解放思想、实事求是思想路线的指导下，中国共产党带领中国人民百折不挠、锐意进取，把中国特色社会主义事业推向前进。十一届三中全会的胜利召开，实现了新中国成立后党的历史上最深刻的伟大转折，标志着党重新确立了马克思主义的指导思想，中国社会重新站在"解放思想、实事求是"这一新的历史起点上。邓小平同志多次提出要恢复和培养"文化大革命"之前的好传统、好作风。

红色文化经历了"以阶级斗争为中心"到"以经济建设为中心"的转型，党在这一时期的主要任务是不断探索中国特色社会主义道路，实现从"站起来"到"富起来"的伟大飞跃。中国特色社会主义文化观是党为完成这一历史任务的文化观，发挥了文化的先进性，提高了文化的开放性。在社会主义精神文明建设、中国特色社会主义文化发展建设中开启了新的传承、弘扬和发展历程。

第一节　改革进取

一、以山西能源基地为中心的转型

山西人民在中国共产党的领导下，改革进取，不断创新，开展了以山西能源基地为中心的转型,为山西红色文化的发展提供了经济保障。

粉碎"四人帮"后,党中央部署恢复党和国家的正常秩序,消除"文化大革命"在政治、经济、思想、文化上造成的严重混乱。党的十一届三中全会的召开,确定从1979年1月起把全党的工作重点转移到社会主义现代化建设上来、实行改革开放,提出了"实现四个现代化是一场广泛的、深刻的革命"。中国共产党带领人民群众开启了以经济建设为中心的红色文化转型的新时期。

中共山西省委召开会议,传达、学习和贯彻十一届三中全会精神,全省工作的重点转移到社会主义现代化建设,对煤炭、电力的需求越来越大。邓小平明确指出:"长远规划的第一个问题是能源。"① 山西是我国的能源资源大省,能源藏量丰富。1979年12月,山西省人大五届二次会议做出建设山西能源基地的战略决策,在抓紧制订具体规划的同时,全省拉开了规模宏大、持续多年、对山西的经济发展产生了深刻影响的能源基地建设的序幕。② 1980年5月20日,《人民日报》发表《尽快把山西建成强大的能源基地》的社论,在文章中指出,山西拥有丰富的煤炭资源,又有比较好的重工业基础,具有大规模发展能源工业的条件,尽快把山西建成一个强大的能源基地,不仅对山西而且对全国实现四个现代化都有重大意义。③ 1982年4月,国务院同意开展对山西能源基地建设的综合研究,随后,国务院成立了"山西能源基地建设办公室",制定与实施山西能源基地建设规划,加速推进以能源重化工基地为重点的经济建设,大规模的能源重化工基地建设全面展开。山西能源基地经过多年大规模的建设和积累,取得了很大的成就,初步确立了山西在全国能源基地的地位。在以山西能源基地为中心建设的前提下,山西红色文化的主题逐渐从以阶级斗争为主题转换为"改革"这场新的革命。社会主义建设的成就越大,越能体现出社会主义制度的优越性,人民对坚定中国特色社

---

① 中共山西省委党史办公室. 中国共产党山西历史:第三卷(1978—2011)上册[M]. 北京:中共党史出版社,2012:62.
② 中共山西省委党史办公室. 中国共产党山西历史:第三卷(1978—2011)上册[M]. 北京:中共党史出版社,2012:61.
③ 中共山西省委党史办公室. 中国共产党山西历史:第三卷(1978—2011)上册[M]. 北京:中共党史出版社,2012:60.

会主义的信念和共产主义的理想就越坚定,人民群众在根本利益和物质文化需要得到满足之后,对红色文化就会有更强的认同感。

第二节 体制创新

一、实行家庭联产承包责任制

山西人民在中国共产党的领导下,实行了家庭联产承包责任制,建立了社会主义市场经济体制,为山西红色文化的发展提供了体制的保证。

党的十一届三中全会后,中共山西省委在放宽农村经济政策的基础上,试行了多种形式的责任制。山西建立和健全了农村生产责任制。在这个过程中,多数社队开始实行包工到队责任制,后来发展成为包工到组,联产计酬、包产到组的责任制。从1979年开始,山西一些地方开始实行包产到劳、包产到户的责任制,后来发展成为包干到户。到1980年年底,全省实行包产到组、包产到户和包干到户的生产队,达到了全省农村生产队总数的40.7%。在对全省干部进行培训的基础上,以及山西省各级干部思想观念和认识提高的基础上,不断推进和发展以"双包"为主体的各种形式的责任制。包产到劳、包产到户和包干到户,使得全省的农村生产面貌和景象发生了巨大变化。

1981年6月,党的十一届六中全会通过的《关于建国以来党的若干历史问题的决议》,充分肯定了农村各种联产责任制,更加坚定了全省推进和发展包产到户、包干到户责任制的信心和决心。

此后,山西省各地组织20万名基层干部学习相关政策,提高了对生产责任制的认识。广大干部群众深入农村调查研究,开展典型示范,促进了责任制在山西的建立和不断完善。

到1981年年底,全省有12.6万多个核算单位实行了各种形式的联产责任制,占到了总数的85.5%;其中实行双包责任制的占到36.9%。仅1982年春，仅包干到户的就发展到69%，其他形式占31%。① 这种形势的发展标志着，以包干到户为主要形势的家庭联产承包责任制在全省普遍建立了。同时，全省积极推行林区农民承包管护责任制，划分了责任山；积极建设多种形式的水利责任制；农村集体畜牧业、集体工副业全部实现了以户经营和个人承包。

1982年，中国共产党出台了历史上第一个关于农业农村工作的一号文件，确立了家庭联产承包责任制，极大地解放了农村生产力，同时也为城市经济体制的改革提供了重要的基础和保障。

山西农村普遍实行了以家庭联产承包责任制为主的农业生产责任制，广大农村地区的面貌发生了翻天覆地的变化。革命精神与红色文化的传承、弘扬和发展要建立在人民从社会发展的获得感得到满足的基础上，没有物质文明的发展和经济利益的保障，就不会调动人民群众建设社会主义的参与性和积极性，经济的发展增强了广大人民心中对山西红色文化的认可度。可以说，中国共产党的工作重心转向以经济建设为中心，符合历史发展的趋势，符合人民群众的根本利益，促进了红色文化从以革命为中心向以经济建设为中心的成功转型。

二、建立社会主义市场经济体制

1992年，邓小平南方谈话发表之后，山西省委几次集中学习并讨论精神实质。之后于10月召开的十四大，确定了建立社会主义市场经济体制的目标。中共山西省委召开会议传达贯彻了党的十四大精神。通过学习，广大党员、干部和群众进一步加深了我国经济体制改革的根本目标是建立社会主义市场经济体制这一闪耀着马克思主义实事求是的最新认识。

按照中央的精神，1994年1月，山西省委召开六届七次全体会议，通过了《中共山西省委、山西省人民政府贯彻〈中共中央关于建立社会主义市场经济体制若干问题的决定〉的实施意见》（以下简称"《实施意见》"）。这

---

① 中共山西省委党史办公室. 中国共产党山西历史：第三卷（1978—2011）上册 [M]. 北京：中共党史出版社，2012：37.

是山西建立社会主义市场经济体制的纲领性文件。根据《实施意见》，山西在财税体制、计划管理体制、金融体制、价格管理体制等方面进行了一系列的改革，使得山西的经济体制逐步同发展社会主义市场经济相适应。同时，山西在干部人事制度、分配制度、用工制度、股份制和现代企业制度、农村经济体制、科技制度、教育体制、社会保障制度、对外开放等方面进行了全方位的改革，经过几年的发展，逐步在山西建立了社会主义市场经济体制。

第三节　解放思想

在改革开放和社会主义现代化建设新时期，山西人民在中国共产党的领导下，解放思想，以"文艺为人民服务，为社会主义服务"为主题开启了文化建设的新方针。山西红色文化的宣传内容不再以革命、阶级斗争为主题，而是转换为以改革创新、积极进取、艰苦奋斗等精神为主题。

一、恢复马克思主义的思想路线

真理标准问题，是关系到如何正确理解和运用马克思主义、毛泽东思想的根本问题，是关系到党的十一届三中全会的路线、方针、政策能否得到彻底贯彻、执行的大问题。如果思想路线的问题不能及时解决，就不能坚决地执行党的十一届三中全会确定的政治路线和精神实质，就不能及时顺利地实现党的工作重点的转移。思想路线问题，是党的思想建设的根本问题，必须当作重要的任务来抓，山西省委决定在全省深入开展真理标准问题讨论的补课。

从1979年1月开始，山西省委多次召开专题会议、发表专文，明确指出，全省工作的重心转移到现代化建设上来，使思想适应新形势的需要和要求，紧密联系历史和现实工作中正反两方面的经验，关键在于抓好各级党委的领导干部，在各级领导班子带头补课，把讨论推向基层，带动干部、党员端正思想路线，把全党全民的思想统一到党的十一届三中全会精神上来，一心一意搞经济建设，开展关于真理标准问题的讨论，搞好补课，真正解决思想僵化半僵化问题，端正思想路线。

为了进一步推进真理标准讨论补课，山西省委于1979年8月23日再次召开常委扩大会议，省委第一书记王谦发表讲话，指出：真理标准讨论"这一课非补上不行，而且一定要补好"。从全省来看，哪里对真理标准的讨论搞得好，哪里的思想就活跃，各项工作就有起色；反之，哪里思想混乱，各项工作就无起色。

随后，关于真理标准的补课工作在全省各地普遍展开了。山西省委要求，全省各地的补课要补到实处，学习和讨论要解决问题，要紧密联系思想和工作实际，破除种种思想阻力，把补课同调查研究、解决问题和总结正反两方面的经验结合起来，推动各项工作的开展和前进。

随着真理标准问题讨论的补课逐渐深入，全省广大干部和人民群众的思想得到了进一步的解放，恢复了马克思主义实事求是的思想路线；山西省委带领广大干部、群众认真落实了党的各项政策，广大干部和群众的社会主义积极性被充分调动起来了；全省广大党员干部、群众进一步认清了我国社会主要矛盾的根本变化，坚定了"一心一意搞四化建设"的决心和信心。

二、加强党的建设

（一）夯实思想建设

思想建设是党的基础性建设。邓小平同志曾深刻指出："我们共产党有一条，就是要把工作做好，必须先从思想上解决问题。"[①] 这一时期，按照中央的有关精神，根据发展阶段的历史任务，中共山西省委开展了多次学习，不断夯实党的思想建设。如1981年7月，山西省委召开全省的宣传工作会议，学习《关于建国以来党的若干历史问题的决议》，清查"文化大革命"中的遗留问题，坚持十一届三中全会提出的思想路线，统一认识，增强团结，为当前的经济建设服务。1990年，山西省委深入开展了马克思主义群众观点、党的群众路线的再教育，全党进行了"做合格共产党员"的教育；为提高领

---

① 邓小平. 邓小平文选：第一卷 [M]. 北京：人民出版社，1994：184.

导干部的马克思主义理论素质,要建立健全后备干部的培训制度,坚持领导干部在职学习支部,健全中心学习组的相关制度,使得县级以上领导干部的思想理论学习经常化、制度化。1992年,邓小平南方谈话、党的十四大召开后,山西省委要求各级党委认真学习,深刻领会,强调要用"建设有中国特色社会主义"的理论统一全省党员干部和群众的思想,深化理论学习,真正搞清楚到底什么是社会主义、怎样建设社会主义这个基本理论问题,在专题学习上不断提高,通过举办研讨会、培训班和"讲政治"的专题学习,全省学习邓小平建设有中国特色社会主义理论掀起了热潮。

通过不断学习,各级领导干部和群众的思想能够始终同党的历史任务相结合,在重大的问题上能够保持清醒的头脑,从而不断增强中国特色社会主义建设的自觉性和积极性。

(二)加强党风建设

改革开放后,党的建设面临的首要任务就是健全党的民主集中制这个根本原则,恢复党的优良作风。1980年3月,根据中共中央纪律检查委员会相关会议精神,中共山西省委对全体党员干部进行了一次普遍而深入的思想政治教育,坚持理论联系实际,运用和风细雨的方法,对脱离实际、脱离群众、官僚主义、无政府主义、自由化思潮、极端个人主义的错误倾向,开展了认真的批评和自我批评。根据中央的有关部署,省委还开展了端正党风的运动,打击经济领域的犯罪活动,加强纪检工作,整顿农村基层党组织。1989年,山西省委在开展党风建设中要求,各级领导干部必须经常进入基层,深入群众,切实加强党的领导作风,加强社会主义民主和法治建设,拓宽党同人民群众的联系通道,持续抓廉政,坚决打击腐败现象,同时要求党要密切联系群众,宣传群众,组织群众,发挥基层党组织的先锋模范作用,对群众反映强烈的突出问题,逐项兑现。

三、加强社会主义精神文明建设

(一)物质文明和精神文明两手抓

改革开放之初,邓小平同志提出了中国特色社会主义要建设高度的物质文明，同时物质文明和精神文明两手抓、两手都要硬的思想。邓小平指出："不加强精神文明的建设，物质文明的建设也要受破坏，走弯路。光靠物质条件，我们的革命和建设都不可能胜利。"① 在此基础上，党中央进一步强调了社会主义精神文明建设的极端重要性。按照党中央的统一部署，山西的精神文明建设广泛地开展起来了。比如，山西全省开展了"五讲四美三热爱"和全民文明礼貌月等活动，在全省城乡开展了"让有理想的人讲理想"的活动，召开劳模大会宣传和表彰先进模范人物，组织收看解放军英模报告团、全国系统先进人物报告团的报告，举行迎泽湖救人英雄群体事迹报告会，组织"好儿女志在四方"汇报团等，面向全省广大干部、人民群众和青少年团体做了报告演讲，使得思想教育和理想教育更丰富、更生动、更形象，具有新时期山西红色文化的感染力和说服力，取得了良好的效果。之后，全省各地掀起了"学英模、树理想、做贡献"的热潮，同时，还带动了全省的职业道德教育。

物质文明和精神文明必须同时进行建设，才能有利于中国特色社会主义发展。全省上下成立了精神文明建设指导委员会，制订了精神文明建设规划；各个行业出现了一大批的先进模范，成为全省干部群众学习的榜样。比如，全国劳动模范李双良，承包了治理太原钢铁公司废弃渣山的任务。他带领职工创出了一条"以渣治渣、综合利用、自我积累、自我发展"的新举措，从根本上解决了太钢倒渣难的问题，治理了污染。1987年，李双良荣获全国五一劳动奖章。这一时期的先进模范还有，交城县地方志办公室主任燕居谦、舍身救人的农民女英雄马牡丹、乡干部郝玉珠、农民企业家张如山等。通过表彰和宣传先进人物事迹，极大地推进了全省物质文明和精神文明的建设热情，推进了两个文明同步发展。

（二）培育"四有"山西青年，传承红色精神

针对实行改革开放后，西方政治、经济、文化等社会思潮的涌入带来的各方面问题，个人主义、拜金主义、自由主义等资产阶级的思想在青年人中逐渐流行，青年人盲目崇拜西方，资产阶级自由化思想泛滥，带来了思想混

---

① 邓小平.邓小平文选：第三卷［M］.北京：人民出版社，1993：144.

乱。发展到1989年，北京发生的政治风波波及山西省，冲击了中国共产党主流红色文化。

1982年5月4日，《人民日报》发表的社论《当代青年的历史使命》中指出："培养青年成为有理想、有道德、有文化、有纪律、有强健体魄的新一代。"① 江泽民指出："建设有中国特色社会主义的文化，就是以马克思主义为指导，以培育有理想、有道德、有文化、有纪律的公民为目标，发展面向现代化、面向世界、面向未来的、民族的科学的大众的社会主义文化。"②

青年的思想状况对一个社会的思想发展方向会产生重要的影响，中国共产党十分重视对青年一代的思想引领教育。

一是加强公民道德建设。改革开放后，整个社会道德风尚有了长足的进步。但是，我国公民道德建设中尤其在部分青年中出现了道德失范、是非善恶美丑的界限混淆，盲目追求西方资本主义所谓自由、民主思想，拜金主义、享乐主义和极端个人主义。要在全社会旗帜鲜明地反对资产阶级自由化，以保证青年的思想不被各种错误与西化的社会思潮污染。为改变这样的状况，山西省开展了"三个创新、六大主题活动、九件实事"公民建设活动。

二是用红色精神教育青年。中国共产党在革命、建设的实践过程中形成的红色精神是中华民族的伟大精神财富，为中国社会的进步和发展提供了精神动力与智力支持。邓小平多次强调："一定要宣传、恢复和发扬延安精神。"③ "井冈山精神是宝贵的，应当发扬，传统丢不得。"④ 提倡精神文明，教育后代做四有新人，首先要发扬我们自己的红色传统，"我们国家的每个人包括娃娃都要有爱国精神，有民族自尊心，这与实现四个现代化是密切相连的"。⑤ 山西省举办青少年读书活动，在全社会提倡爱读书、爱科技、多奉献

---

① 中共中央党史研究室宣传教育局. 中国共产党历史知识问答 [M]. 北京：学习出版社，2016：95.
② 中共中央文献研究室编. 十五大以来重要文献选编（上册）[M]. 北京：人民出版社，2000：35.
③ 邓小平. 邓小平文选：第二卷 [M]. 北京：人民出版社，1994：369.
④ 中共中央文献研究室编. 回忆邓小平 下 [M]. 北京：中央文献出版社，1998：199.
⑤ 中共中央文献研究室编. 邓小平思想年编1975—1997 [M]. 北京：中央文献出版社，2011：405.

的活动，取得了良好的效果。

培育"有理想、有道德、有文化、有纪律""四有新人"不仅是社会主义精神文明建设的重要内容，同时也是对红色文化的一种传承。中国共产党自建党以来，多少代仁人志士努力奋斗，不怕流血牺牲，就是为了实现共产主义这一远大的社会理想信念。邓小平同志曾经指出，"我们在最困难的时期，共产主义的理想是我们的精神支柱，多少人牺牲就是为了实现这个理想"①。

只有培养合格的社会主义接班人，拥有坚定的理想信念，红色共和国的颜色才不会被淡化，红色文化才能随着改革开放的深入逐渐完善和发展。

（三）实施文化强省战略

党的十六大报告指出："全面建设小康社会，必须大力发展社会主义文化，建设社会主义精神文明。文化与经济和政治相互交融，在综合国力竞争中的地位和作用越来越突出。文化的力量，深深熔铸在民族的生命力、创造力和凝聚力之中。全党同志要深刻认识文化建设的战略意义，推动社会主义文化的发展繁荣。"2002年12月，中共山西省委决定，在山西推进文化强省战略；2003年8月，颁布了《山西省建设文化强省发展规划纲要（2003—2010年）》，山西积极实施文化强省战略。在《山西省建设文化强省发展规划纲要》中指出："大力推进文化体制改革。"文化体制改革支持推进集团化发展；在劳动、人事、分配等方面进行改革；通过市场配置资源；鼓励民间资本进入文化领域；提倡民间自办文化。同时，大力发展山西文化大省的传统和优势，大力发展文化产业，积极打造优秀文化产品，比如，拍摄了《赵树理》《八路军》《吕梁英雄传》等电视作品；大型纪录片《晋商》也获得了较大的成功；话剧、舞剧和交响乐创作也产生了一批精品，《立秋》《一把酸枣》等剧目在全国产生了强烈的反响。最后，开展重大文化活动。《山西省建设文化强省发展规划纲要》中进一步指出，要有计划地策划和开展重大文化活动，塑造山西良好的文化形象，扩大山西在全国乃至国际上的文化影响。影响较大的文化活动有："华夏文明看山西"活动、中国大同云冈恒山国际旅

---

① 邓小平. 邓小平文选：第三卷［M］. 北京：人民出版社，1993：137.

游节、中国平遥国际摄影大展、五台山国际佛教文化节等。

通过文化体制改革以及优秀作品的推出,使山西获得了文化自信,同时为山西文化产业的发展提供了重要的经验,不断提升了山西文化的影响力。更为重要的是,文化强省始终遵循着为中国特色社会主义现代化建设服务、为人民服务的思想理念,山西文化强省的建设依然需要红色先进文化的引领,是红色文化的发展。

第四章

转型跨越：中国特色社会主义新时代山西红色文化的弘扬

从 2012 年 11 月党的十八大召开至今，是我们党在中国特色社会主义新时代的历史。党的十八大以来，习近平总书记多次考察红色革命圣地，对传承红色文化高度重视，提出了一系列关于传承红色基因的重要论述，形成了红色基因传承的重要思想体系。习近平总书记的重要讲话、重要指示，进一步指明了新时代山西红色文化的前进方向，具有极强的政治性、思想性和指导性。

第一节 转型发展

一、推进国家资源型经济转型综合配套改革试验区的建设

党的十八大以来，山西深入持续推进国家资源型经济转型综合配套改革试验区的建设，促进山西经济的高质量健康发展，是弘扬山西红色文化的重要基石。

山西作为全国重要的能源基地，为全国经济社会的可持续发展做出了重大贡献。但是长期的资源开发，导致产业单一、生态环境受到破坏、资源利用率偏低、资源型经济发展问题凸显，严重地制约了山西省经济的可持续发展。

2010 年 12 月 1 日，经国务院同意，国家发改委正式批复设立"山西省国家资源型经济综合配套改革试验区"，这是我国第一个全省域、全方位、系统性的国家级综合配套改革试验区。根据中央要求，要先行先试，率先突破，实行资源型地区的可持续发展。主要任务是：着力调整优化产业结构，推进

工业化和信息化的深度融合；推动技术创新，形成完善的有利于自主创新的体制机制；着力深化改革；推进资源节约型、环境友好型社会建设；构建城乡统筹发展机制。高质量建设山西转型综改示范区，实现动能转换，实现创新转型，实现协同跨越发展，发挥其排头兵的作用，持续强化推进山西全方位的高质量发展。

新时代，山西打出转型综改"组合拳"，不断推进转型综改示范区建设，批准新设15个省级开发区，"三化三制"改革取得突破性进展；确立国企国资改革"1+N"政策体系，省属国有企业公司制改革全面完成；打造"六最"营商环境，率先实施企业投资项目承诺制改革试点，开展"1+9"专项行动；农村集体经营性建设用地入市、电力体制、金融、财税、高速公路管理体制等改革取得了重大进展；等等。山西将坚持把深化供给侧结构性改革与深化转型综改试验区建设结合起来，作为经济工作的主线，发挥转型综改试验区建设的战略牵引作用，促进了山西经济的高质量健康发展。

二、脱贫攻坚如期实现

党的十八大以来，全省深入学习贯彻习近平总书记视察山西重要讲话的重要指示和关于扶贫工作的重要论述，持续加强普惠性基础性兜底性的民生建设。山西省通过产业扶贫、企业带动、就业帮扶、消费扶贫、产业带贫益贫，大力发展"特""优"现代农业，打造农产品深加工、精加工十大产业集群等精准措施，实现了全省58个贫困县全部摘帽、7933个贫困村全部退出，329万贫困人口全部脱贫，脱贫攻坚取得了全面胜利。习近平总书记在陕西考察时强调："脱贫摘帽不是终点，而是新生活、新奋斗的起点。接下来要做好乡村振兴这篇大文章，推动乡村产业、人才、文化、生态、组织等全面振兴。"① 脱贫是一个新的起点，山西省委不断将推动脱贫攻坚、全面小康和乡村振兴有机结合起来，加快推进产业振兴、人才振兴、文化振兴，努力让农业更强、农村更美、农民更富。

---

① 王乐文，龚仕建，张丹华，高炳，原韬雄. 奋力谱写三秦大地高质量发展新篇章[N]. 人民日报，2022-6-23（1）.

第二节 守正创新

一、推进山西治理现代化实施方案

党的十九届四中全会对中国特色社会主义制度进行了系统建构，守正创新，为新时代中国特色社会主义建设和山西红色文化的弘扬提供了深厚的文化支撑和坚强的制度保障。党的十九届四中全会系统阐释了中国特色社会主义制度、推进国家治理体系和治理能力现代化的各项制度体系。

坚持和完善党的领导制度体系，提高党科学执政、民主执政、依法执政水平；坚持和完善人民当家做主制度体系，发展社会主义民主政治；坚持和完善中国特色社会主义法治体系，提高党依法治国、依法执政能力；坚持和完善中国特色社会主义行政体制，构建职责明确、依法行政的政府治理体系；坚持和完善社会主义基本经济制度，推动经济高质量发展；坚持和完善繁荣发展社会主义先进文化的制度，巩固全体人民团结奋斗的共同思想基础；坚持和完善统筹城乡的民生保障制度，满足人民日益增长的美好生活需要；坚持和完善共建共治共享的社会治理制度，保持社会稳定、维护国家安全；坚持和完善生态文明制度体系，促进人与自然和谐共生；坚持和完善党对人民军队的绝对领导制度，确保人民军队忠实履行新时代使命任务；坚持和完善"一国两制"制度体系，推进祖国和平统一；坚持和完善独立自主的和平外交政策，推动构建人类命运共同体；坚持和完善党和国家监督体系，强化对权力运行的制约和监督；加强党对坚持和完善中国特色社会主义制度、推进国家治理体系和治理能力现代化的领导。我国国家制度和国家治理体系具有多方面的显著优势，这些显著优势，是我们坚定中国特色社会主义道路自信、理论自信、制度自信、文化自信的基本依据，也是解析中国经济快速发展、社会长期稳定奇迹背后的制度之基、治理之道。

对于山西而言，为了贯彻十九届四中全会精神，山西省紧密结合山西实际，制定《关于深入贯彻落实党的十九届四中全会精神 推进山西治理现代化的实施方案》,明确了总体要求、阶段目标和制度体系建设任务。具体而言,要坚持以习近平新时代中国特色社会主义思想为指导,着力固根基、扬优势、补短板、强弱项,围绕加强党的全面领导、建设法治山西平安山西、推进高质量发展、实现高水平崛起、坚持高标准保护、创造高品质生活等,构建系统完备、科学规范、运行高效、保障有力的制度体系,全面推进省域治理体系和治理能力现代化,努力在能源革命和解决资源型地区经济转型难题等方面做出山西实践,为治晋兴晋强晋提供有力的制度支撑。①

2021年12月,山西出台全国首个省级政府治理能力现代化规划《山西省"十四五"政府治理能力现代化规划》(以下简称"《规划》"),从发展现状、总体要求、主要内容、组织保障四方面进行分析。《规划》不仅明确了我省政府治理能力现代化的总体目标,而且分阶段提出了到2025年的奋斗目标,也明确了"五个政府"建设的具体目标,还展望了2035年的远景目标,以增强规划的目标统领性、指导性。

二、加快健全生态文明制度体系

2013年5月24日,习近平总书记在中共中央政治局第六次集体学习时强调,生态环境保护是功在当代、利在千秋的事业。要清醒地认识到保护生态环境、治理环境污染的紧迫性和艰巨性,清醒地认识到加强生态文明建设的重要性和必要性,以对人民群众、对子孙后代高度负责的态度,真正下决心把环境污染治理好、把生态环境建设好,努力走向社会主义生态文明新时代,为人民创造良好的生产生活环境。② 2017年6月,习近平总书记在视察山西时强调,坚持绿色发展是发展观的一场深刻革命。要从转变经济发展方式、环境污染综合治理、自然生态保护修复、资源节约集约利用、完善生态文明制度体系等方面采取超常举措,全方位、全地域、全过程开展生态环境保

---

① 麻潞. 审议《关于深入贯彻落实党的十九届四中全会精神 推进山西治理现代化的实施方案》研究党的建设、政党协商、目标责任考核、爱国主义教育等工作[N]. 山西日报, 2020-03-14(1).

② 习近平. 生态环境保护是功在当代、利在千秋的事业[EB/OL]. 人民网, 2015-08-05.

护。① 2018年5月18日至19日，习近平总书记在出席全国生态环境保护大会并发表重要讲话中指出，绿水青山就是金山银山，要贯彻创新、协调、绿色、开放、共享的新发展理念，加快形成节约资源和保护环境的空间格局、产业结构、生产方式、生活方式，给自然生态留下休养生息的时间和空间。② 2020年5月12日，习近平总书记在山西考察时强调，要牢固树立绿水青山就是金山银山的理念，发扬"右玉精神"，统筹推进山水林田湖草系统治理，抓好"两山七河一流域"生态修复治理，扎实实施黄河流域生态保护和高质量发展国家战略。③

山西经过长期的资源开发，生态环境遭到严重破坏。面对环境污染严重、生态退化的严峻形势，十八大以来，山西省把生态文明建设摆在突出的位置，践行"绿水青山就是金山银山"的发展理念，全面谋划实施山水林田湖草的系统综合治理，启动实施"两山"生态修复，加强绿色治理，全力打赢蓝天、碧水、净土三大保卫战等一系列举措。在2021年10月召开的中国共产党山西省第十二次代表大会中指出，要完善党委领导、政府主导、企业主体、社会组织和公众五方共同参与的生态文明治理体系；完善资源总量管理、科学配置、全面节约和循环利用的制度体系建设；健全生态产品价值实现机制；完善绿色发展法律和政策保障机制；强化系统监督和全过程监管机制建设。

第三节 自信自强

一、以习近平新时代中国特色社会主义思想为指导

党的十九届六中全会指出："习近平新时代中国特色社会主义思想是当代

---

① 张旭. 生态文明建设绘就美丽山西[N]. 山西日报, 2020-5-12 (1).
② 习近平. 坚决打好污染防治攻坚战 推动生态文明建设迈上新台阶[EB/OL]. 新华网, 2018-05-19.
③ 习近平. 全面建成小康社会 乘势而上书写新时代中国特色社会主义新篇章[N]. 人民日报, 2020-5-13 (1).

中国马克思主义、二十一世纪马克思主义,是中华文化和中国精神的时代精华,实现了马克思主义中国化新的飞跃。"党第一次从文化维度概括了马克思主义中国化最新理论成果的科学内涵,表明了党以充分的文化自信和文化自觉彰显了马克思主义中国化和中国特色社会主义的蓬勃生机。

党的十八大以来,山西在经济、政治、文化、社会和生态文明建设方面能够取得辉煌的成就,在于坚决维护党中央权威和集中统一领导,始终以习近平新时代中国特色社会主义思想为指导,不断推进党的建设、从严治党,展现出前所未有的自信自强。当前,我们要深入贯彻习近平总书记视察山西重要讲话的重要指示精神,传承和弘扬伟大的建党精神、太行精神、吕梁精神、刘胡兰精神和右玉精神等红色精神,传承红色基因、赓续红色血脉,全方位推动全省各方面、各领域的高质量发展,奋力谱写山西新篇章,开启全面建设社会主义现代化强国的新征程,取得更大的成就。

二、推进党的建设

(一) 加强思想建设

建党一百年来,党高度重视从思想上建党,保持党在思想上的先进性和纯洁性,是党的建设的一条重要经验,也是显著特点和优势。学习教育的重要目标就是要深刻理解把握中国共产党是什么要干什么这个根本问题,从而使得教育对象产生情感的共鸣,增强使命感和责任感。党的十八大以来,党史学习教育不再局限于传统教育的方式,而是通过加强革命传统教育、红色文化教育,用好中国共产党历史的各种展览馆,充分运用革命遗址、纪念馆、博物馆等红色资源,发挥革命先烈、时代楷模的示范引领和榜样作用。习近平总书记多次到各个地方考察,瞻仰革命圣地、红色旧址、革命历史纪念场馆,他曾深情感慨:"每到一地,重温那一段段峥嵘岁月,回顾党一路走过的艰难历程,灵魂都受到一次震撼,精神都受到一次洗礼。每次都是怀着崇敬之心去,带着许多感悟回。"[1] 在党的各类学习教育活动中,全党开展重新瞻

---

[1] 习近平. 用好红色资源 赓续红色血脉 努力创造无愧于历史和人民的新业绩 [J]. 求是, 2021 (19): 4-9.

仰革命遗址、重温红色革命故事等活动，更加坚定了党员干部的初心和使命，广大群众对党的感情更加深厚、对党的历史和红色文化更加认同。通过设立中国人民抗日战争胜利纪念日、南京大屠杀死难者国家公祭日等类型的纪念日，营造全党全社会形成知史爱党、知史爱国的浓厚氛围。通过重温入党誓词，举行迎接志愿军烈士遗骸回国仪式，颁发抗战胜利70周年纪念章、光荣在党50年纪念章等一系列仪式性活动，确立以"五章一簿"为主干的统一、规范、权威的功勋荣誉表彰制度体系，唤醒广大党员干部的责任意识和宗旨意识，真正做到坚守初心、践行使命。通过"我为群众办实事"等实践活动，始终践行以人民为中心的发展思想，用心用情着力解决与人民群众切身利益相关的大事小情，使得党群关系、干群关系更加牢固。

党的十八大以来，山西全省坚持把学习贯彻习近平新时代中国特色社会主义思想作为首要的政治任务，在党史学习教育中形成了多次热潮，先后开展了党的群众路线教育实践活动、"三严三实"专题教育、"两学一做"学习教育、"不忘初心、牢记使命"主题教育、建党100周年党史学习教育等学习教育，全面系统地学、深入思考地学、联系实际地学，学习教育对象涵盖各级领导干部和广大人民群众，在社会和学校营造了浓厚的学习党史的氛围，党史学习教育的广度和深度达到前所未有的境界，提高了全省干部群众的理论素质、政治素质和提高解决实际问题的能力。通过一系列的学习教育，从党的辉煌成就和艰辛历程中，深刻领悟中国共产党为什么能、马克思主义为什么行、中国特色社会主义为什么好，进一步坚定了马克思主义信仰和中国特色社会主义信念。

（二）坚持全面从严治党

党的十八大以来，山西省委认真贯彻落实习近平总书记关于严肃党内政治生活的指示精神，在构建山西的良好政治生态上不断用力，深刻把握十九大关于新时代全面从严治党的战略部署，坚定做好管党治党的主体责任，全面构建良好的政治生态，不断规范党内政治生活、正风肃纪反腐、激励干部改革创新，以党的政治建设为统领，全面推进党的各项建设，进而推动全面从严治党向纵深发展，努力实现山西政治生态的风清气正。

山西省委始终以习近平总书记视察山西重要讲话为根本遵循，结合政府职能转变实际,解决山西发展过程中的突出问题,持续推动政府的党风廉政建设和反腐败斗争取得实效。经过大力加强党风廉政建设和反腐败斗争,促进了全省政治生态由"乱"转"治"、发展由"疲"转"兴"。习近平总书记在视察山西时指出,山西政治生态已经由乱转治,山西发展已经由疲转兴。经过几年的努力,山西摆脱了"乱""疲",实现了"浴火重生"。

(三)坚持党对意识形态工作的领导

坚持党对意识形态工作的领导,巩固全体人民团结奋斗的共同思想基础,是新时代推进党和国家事业发展的一项重大战略任务。习近平总书记强调:"我们必须把意识形态工作的领导权、管理权、话语权牢牢掌握在手中,任何时候都不能旁落,否则就要犯无可挽回的历史性错误。"[1] 牢牢掌握意识形态工作领导权,在思想理论建设和哲学社会科学发展以及教育教学各方面,都要坚持以马克思主义为指导。要坚持正确的舆论导向,以正确的舆论引导人,唱响主旋律,传播正能量;要建设好网络空间,加强网络内容建设,把握好网络舆论引导的时、度、效,依法构建良好的网络秩序,提高网络治理体系和治理能力现代化,维护网络意识形态安全;要落实好意识形态工作责任制,守好阵地,坚决抵制各种错误思潮。

二、运用红色基因　培养共产主义接班人

2014 年 5 月,五四青年节前夕,习近平总书记来到北京大学同北大师生座谈时对全国的青年提出了四点希望。一是要爱国,忠于祖国,忠于人民。二是要励志,立鸿鹄志,做奋斗者。三是要求真,求真学问,练真本领。四是要力行,知行合一,做实干家。这既是对广大青年的具体要求,也为青年的成长进步指明了方向。

(一)开展红色活动

新时代,山西运用各地红色基因,为建设社会主义现代化强国,培养共产主义接班人,开展了一系列的红色活动,以更好地了解山西红色历史,传

---

[1] 习近平. 论党的宣传思想工作 [M]. 北京:中央文献出版社,2020:21.

承红色基因。2015年8月,共青团山西省委、山西省高校工委、山西省教育厅主办的"红色耀三晋 青年永传承"红色传递爱国主义教育活动拉开了序幕。本次活动充分利用遍布全省各地的珍贵的红色资源,为青少年展示了山西抗战全貌,采用线下线上相结合等喜闻乐见、更好参与的形式,组织引导广大青少年学习山西红色历史,讲述山西红色故事,体验山西红色历程,传承山西红色精神。

(二)红色文学艺术的发展

必须重视对中华优秀传统文化时代价值的深入挖掘,为培育和弘扬社会主义核心价值观提供滋养,使社会主义核心价值观成为人们自觉遵守的价值标准和行为规范。

新时代,山西的文学艺术始终以社会主义核心价值观为价值导向。价值观是一个国家的重要稳定器,关乎文化的发展方向。社会主义核心价值观从国家层面回答了要建设什么样的国家;从社会层面回答了要建设什么样的社会;从公民层面回答了要培育什么样的公民。社会主义核心价值观是社会主义的本质要求,是中国精神的集中体现。

在网络上,"山西青年英雄谱""红色故事会""青春诵读会之红色经典""重唱红色歌曲""红色后代忆抗战""红色印记——抗战老兵图片故事展""重读革命遗址"等新媒体特色专题,以图文、音视频等形式吸引着广大青少年开展网络传递,学习革命历史知识,深刻领会山西在中国革命历程中的重要贡献和作用。广大青少年通过微博话题、网页传递以及线上红色留言等,积极抒发爱国情怀。

山西在庆祝建党百年之际开展了一系列的红色活动。如由山西省关心下一代工作委员会和山西广播电视台联合出品,山西广播电视台纪录片中心承制的《红色风华——讲给青少年的山西故事》,精心选取了山西党史上40个重大事件和人物,通过艺术化的影像表达,诠释了中国共产党人的初心和使命。《红色风华》已被列入国家广播电视总局86部重点纪录片名录,是山西庆祝建党百年13项重点活动之一。同时,舞蹈诗剧《天下大同》、舞剧《刘胡兰》入选中宣部"庆祝中国共产党成立100周年优秀舞台艺术作品展演"。晋剧《傅山进京》、京剧《文明太后》、音乐《表里山河》等6部作品入选文旅部"庆祝中国共产党成立100周年舞台艺术精品创作工程"。京剧戏歌《表里山河》被中国音协评为"庆祝中国共产党成立100周年'百年百首'全国优秀新创歌曲",唱响海内外,新媒体阅读量突破亿次。①

"抗战红色文献展"在山西省图书馆进行展览,其搜集、整理的与晋察冀、晋冀鲁豫、晋绥三大红色根据地相关的书籍、文献,使广大人民能系统了解山西的红色历史。

中国特色社会主义新时代,山西红色文化闪耀着中国共产党人的革命精神光芒,是当前建设社会主义现代化国家的精神力量和精神财富。

---

① 刘晓哲,刘依尘,胡羽.传承三晋红色基因 激发山西奋进伟力[N].山西日报,2022-02-28(9).

第五篇 05
山西红色文化弘扬和发展的路径研究

新时代，面对百年未有之大变局，中华民族的伟大复兴不断前进，我们更需要大力传承红色基因、弘扬红色文化。红色文化和资源是中国共产党艰苦卓绝、不断奋斗的历史见证，忠实记录着中国社会深处的历史足迹，是最宝贵的精神财富，凝结着我们党百余年奋斗不断传承的红色基因。传承和运用好红色资源，是赓续党的红色血脉的重大时代课题。

传承、弘扬和发展山西红色文化是一项系统工程，本书从勇于自我革命、发扬斗争精神，科学保护、顶层设计，系统研究、加强教育，传播山西红色文化、传承红色精神四位一体的红色文化建设发展体系进行阐述，进一步加大对山西全省红色革命遗址连片的保护和开发力度，推进红色革命遗址提升工程，开展全面系统深入的研究，传承山西红色文化，不断加强社会、学校和家庭红色教育，把山西建设成国家级红色文化保护示范区。

第一章

勇于自我革命　发扬斗争精神

第一节　勇于自我革命

办好中国的事情，关键在党。红色文化的永续发展，发挥其价值，关键在于保持党的先进性，坚持以马克思主义为指导，不断进行自我革命。这是山西红色文化能够不断弘扬和发展的前提和基础。山西红色文化的传承和发展也是如此。中国共产党之所以能够永葆生机活力的深刻根源就在于百余年来中国共产党以巨大的勇气进行自我革命。"勇于自我革命是我们党最鲜明的特征。"[1] 同时它也是百年来党领导人民群众进行伟大斗争的宝贵历史经验。勇于自我革命，是我们党最鲜明的品格，是我们党的优良传统，中国共产党之所以能在近现代中国各种政治力量的较量中成为全国执政党，中国共产党之所以能够成为世界上最大的政党，其根本原因在于中国共产党始终坚持传承、弘扬和发展红色基因，推进自我革命。在进行社会革命、建设、改革实践的过程中以刀刃向内的勇气和气魄，将自我革命进行到底的精神和决心，这就是中国共产党区别于世界上其他政党的显著标志之一，也是保持中国共产党红色基因永不褪色的根本要求。

中国共产党召开第七届中央委员会第二次全体会议时，毛泽东同志曾经告诫全党："中国革命是伟大的，但革命以后的路程更长，工作更伟大，

---

[1] 习近平. 论坚持全面深化改革 [M]. 北京：中央文献出版社，2018：325.

更艰苦。这一点必须向党内讲明白，务必使同志们继续地保持谦虚、谨慎、不骄、不躁的作风，务必使同志们继续地保持艰苦奋斗的作风。"① "两个务必"是毛泽东同志在中国共产党即将成为执政党前夕向全党发出的警示，中国共产党要实现长期执政，只有勇于自我革命，始终牢记红色政权是从哪里来的，才能传承好红色文化和红色基因，才能确保红色革命江山代代相传。

　　中国特色社会主义进入新时代，习近平总书记强调，"光荣传统不能丢，丢了就丢了魂；红色基因不能变，变了就变了质"；② 习近平总书记进一步指出："我们是革命者，不要丧失了革命精神。昨天的成功并不能代表今后能够永远成功，过去的辉煌并不意味着未来可以永远辉煌。"③ 习近平总书记对红色文化、红色基因之所以如此重视，将红色文化、红色基因放在如此重要的位置，在于红色文化和红色基因是革命精神的实质和核心，蕴含着党的初心使命、凝结着党的奋斗经验，蕴藏着将中国共产党自我革命进行到底的勇气和意志。将红色文化和红色基因融入中国共产党人的血脉，坚持以党的自我革命推动社会革命，是保证红色基因永不褪色的新时代要求。要始终保持共产党人的先进性，必须"牢记初心使命，推进自我革命"，必须深入挖掘、更好传承弘扬红色基因蕴含的理想信念、勇气力量、经验方法等优良传统，把自我革命不断推向深入，把我们党建设成为始终走在时代前列、人民衷心拥护、经得起各种风浪考验、富有蓬勃生命力的马克思主义执政党。

　　以习近平同志为核心的党中央面对世界百年未有之大变局，针对党内存在的"四风"等突出问题尚未得到完全彻底解决的现实，始终坚持用红色基因中的理想信念、初心使命等思想，深入学习，持续推进自我革命，从严治党始终在路上。党的十九大报告，首次把党的政治建设纳入党的建设的整体布局，要求不断加强党员干部队伍建设。一是加强党员教育学习

---

① 毛泽东.毛泽东选集［M］.北京：人民出版社，1991：1438-1439.
② 习近平.论中国共产党历史［M］.北京：中央文献出版社，2021：109.
③ 秋石.一以贯之坚持和发展中国特色社会主义［EB/OL］.求是网，2018-02-28.

工作的常态化，保持党员队伍的纯洁性与先进性。开展"不忘初心、牢记使命"主题教育，推动党内教育从集中性教育向经常性教育延伸，从"关键少数"向绝大多数和广大人民群众拓展，切实增强"四个意识"、坚定"四个自信"；二是始终坚持全面从严治党。在全面从严治党的过程中既丰富了红色文化和红色基因中自我革命精神的内容，又夯实了红色基因永不褪色的党内基础。

第二节 发扬斗争精神

习近平总书记强调，要培养斗争精神，始终保持共产党人敢于斗争的风骨、气节、操守、胆魄。中国共产党人的斗争就是直指矛盾、问题、风险挑战去的，这既考验我们的斗争精神，也考验我们的斗争本领。必须看到，百年未有之大变局中当前和今后一个时期，我国发展进入各种风险挑战的时期，广大党员干部要锤炼斗争意志，增强斗争本领，主动担当作为、攻坚克难，维护广大人民群众的根本利益，维护社会发展稳定的大局。新时代，在社会主义现代化建设历史进程中，要大力弘扬红色文化，用红色文化培养斗争精神，始终保持斗争精神是中国共产党人在革命、建设、改革实践发展中取得一个又一个胜利的重要历史经验。与此同时，红色文化的弘扬和发展需要党不断发扬自我斗争精神，增强党的斗争本领，才能保证红色文化领导阶级的先进性。

中国共产党从小到大，由弱变强，每一步前进和发展都经历了艰辛的斗争历程。革命先烈、英模人物是优良传统的人格化身，是红色基因的鲜活体现，从他们身上我们能够感受到催人奋进的力量。要大力弘扬红色文化，广泛开展革命传统教育，用我们党领导人民进行革命斗争的光荣历史和伟大功绩感召人，用革命先烈的英勇事迹和崇高精神激励人，引导人们坚定理想信念、继承革命事业，在新时代新征程上始终保持艰苦奋斗、顽强奋斗、永远奋斗的精神状态。充分利用重大革命历史事件发生和革命先烈诞辰等重要时间节点，开展红色文化主题宣传。深挖各类红色基因教育资源，丰富教育内容，创新载体手段，不断为革命传统教育注入新的时代内涵，切实把红色资源利用好，把红色基因传承好。

第二章

科学保护　顶层设计

加强科学保护，深入开展红色资源专项调查，加强红色遗址、革命文物保护工作。2021年3月30日，习近平总书记对革命文物工作做出重要指示，加强革命文物保护利用，弘扬革命文化，传承红色基因，是全党全社会的共同责任。各级党委和政府要把革命文物保护利用工作列入重要议事日程，加大工作力度，切实把革命文物保护好、管理好、运用好，发挥好革命文物在党史学习教育、革命传统教育、爱国主义教育等方面的重要作用，激发广大干部群众的精神力量，信心百倍地为全面建设社会主义现代化国家、实现中华民族伟大复兴中国梦而奋斗。①

第一节　科学保护

一、立法保护

作为革命老区，山西红色文化遗址数量多、分布广，全省现存不同时期红色机构旧址、重要革命人物故居、重大战役遗址和重大纪念设施等有3400余处。抗战时期，山西是华北敌后抗日根据地的中心，基本上每个县市都有红色文化遗址，分布非常广。山西的红色文化资源丰富，山西红色遗址除了数量多，形式也很多样，比如有战斗、战役遗址，党和国家领导人的故居，

---

① 李洪兴. 保护好管理好运用好革命文物[N]. 人民日报，2021-04-09（7）.

还有指挥部、医院、兵工厂、纪念设施等，未被发掘、保护的红色文化遗址不在少数。抗战时期，我们党艰苦朴素因陋就简，所以红色文化遗址的建造材质和建造工艺大多较为朴素简单，并不像古建筑等历史遗迹得到充分保护，尤其在"文革"时期更是损毁严重，即使是那些形制保存较为完整的红色文物，由于保护失当，很多也未能免于拆除的命运。革命文物承载了中国共产党和全体中国人民英勇奋战、不屈不挠的光辉历史，记载了中国革命的艰辛历程和动人故事。正如习近平总书记对革命文物工作给予的重要指示精神，"要求各级党委和政府要把革命文物保护利用工作列入重要议事日程，加大工作力度，切实把革命文物保护好、管理好、运用好"①。

为推动我省红色文化遗址的保护利用，促进红色文化遗址的合理利用，开展爱国主义和革命传统教育，山西省人大常委会于2019年10月，率先颁布实施《山西省红色文化遗址保护利用条例》，这是全国首部该领域的省级地方性法规。因此，应充分落实《山西省"十三五"红色文化传承保护与发展规划》《山西省革命文物保护利用工程实施方案》《山西省社会力量参与文物保护利用办法》。如何进一步把革命文物传承好、保护好、运用好，不仅是严守中央精神的重要指示，更是对革命文化传承发展的责任与担当。通过法治方式破解保护与利用革命文物的难题，是传承红色精神、赓续红色基因的重要方式，更是实现中华民族伟大复兴之路的共同课题。本书认为，要进一步从法律保护方面下功夫。

一是制定一系列详尽的红色文化保护法律法规。通过法律，对红色文化进行整体、全面的保护；二是从城市规划着手，进行"整体保护"。城市建设与文化古迹保护并举，人与自然和谐并存；三是出台山西省各地区的地方红色文化传承保护与发展的相关法律条例以及具体实施办法，对山西红色文化遗址不仅要分类保护，同时对不同类型的红色遗址进行不同的科学维护、深入保护。

---

① 习近平.切实把革命文物保护好管理好运用好 激发广大干部群众的精神力量[N].人民日报，2021-03-31（01）.

二、分类分级保护

深入开展山西红色资源专题调研，不仅要系统化研究，准确把握在党的发展历程中贯穿历史全过程的这条主题主线、主流本质，对全省的红色资源进行分类的归纳、整理和保护。

山西是著名的革命老区之一。2022年年初，全省第一批革命文物名录正式公布，我省所属的各级文物保护单位687处，遴选并确立珍贵文物4478件（套）入选名录。2021年，全国"建党百年红色旅游百条精品线路"设计推出后，我省"烽火太行·抗战脊梁"等精心打造的3条旅游线路入选全国精品线路，包括长治市屯留区抗大一分校旧址、长治市潞城区神头岭伏击战遗址公园、黎城县黄崖洞兵工厂旧址、武乡县八路军太行纪念馆等涵盖全省的24个红色景点。这些红色遗迹见证了党的光辉历史发展的历程，红色遗址类型多样且丰富、数量众多且分布广泛，我们有责任保护好利用好。

（一）分类保护

如前所述，按照文化的结构划分，山西红色文化分为三部分：物质文化、制度文化和精神文化三大类。

物质文化包括革命战争遗址、革命文物文献、革命纪念场馆，同时还有反映革命历史和革命精神的文字、图片、舞蹈、词曲、标语、口号等红色文化的物质产品和物质载体。这些物质载体详细地记载了中国共产党领导广大人民群众抗争和奋斗的经历，内在地体现着中国特色社会主义先进文化的起源和发展的历史过程，凝聚着红色文化精神的物质载体已经成为中华民族优秀历史文化资源的重要组成部分。山西革命遗址遗迹遍布太行、吕梁等山区，分类保护传承工作任重道远。制度文化包括中国共产党在革命、建设和改革实践发展中形成的一系列政治、经济、文化等制度体系。中国共产党领导的无产阶级的、具有中国特色的红色文化制度是我国社会主义文化制度的重要组成部分。有形的红色文化制度蕴含着深厚的红色文化精神，并从根本和整体上阐释和保障着红色文化的精神要义，红色文化精神通过有形的红色文化制度载体得以体现。精神文化包括中国共产党领导中国人民在革命、建设和改革实践发展过程中创造出的精神产品,比如,政治理论、文学、艺术、戏剧、歌曲和乐曲等。本书认为,对红色文化的分类保护可以从以下几方面着手:

一是对于山西红色文化的物质载体进行"有保护范围、有保护标志、有保护档案、有文物保护员、有群众参与保护"的"五有"保护措施,明确归属责任,对于归属不明晰的红色文物,建议纳入政府统一规划,经过充分协商,可以采取有偿收购的原则,鼓励人民群众捐赠政府等。二是对于山西红色制度文化和精神文化,这两类形态的文化的保护,更好地传承就是对它们最好的保护。因此,要坚持传承优先的思想对红色制度文化和精神文化进行保护、利用和传承。

(二)分级保护

《山西省红色文化遗址保护利用条例》(以下简称"《条例》")共 6 章 38 条,其核心内容是对红色文化遗址的保护。为突出保护重点、增强保护实效,《条例》明确规定,红色文化遗址实行分级保护,在全省保护名录范围内,确定省级、市级、县级红色文化遗址保护名录,分别由省、设区的市、县(市、区)人民政府核定公布。《条例》还明确对列入各级保护名录的红色文化遗址,要求划定保护范围和建设控制地带,明确保护范围内禁止的行为,并规定建设控制地带内进行工程建设的,应当符合红色文化遗址保护规划的要求;规定红色文化遗址实行保护责任人制度,确定了保护责任人的产生办法,明确了保护责任人应当履行的职责。《条例》明确,以歪曲、贬损、丑化等方式利用红色文化遗址的,由公安机关依法给予处罚;构成犯罪的,将依法追究刑事责任。本书认为,应从以下几方面进行分级保护。

一是根据分类,采用数字化管理手段,逐步建立起从县市省到中央逐级汇总的红色文化遗产名录,包括照片、图表、文字、录音等珍贵资料。这是实现文物分级保护的首要前提;二是设立文物监督机制。设立专业的文物监督人对红色文化进行专门的保护;设立专门的文物保护机构统一、直接管理,进行逐级管理。

赓续红色血脉,精神代代相传。大力提升红色资源保护和利用力度,还要通过互联网产品制作等多元化方式深入挖掘革命文物价值并活化利用。用心用情用力保护好、管理好、运用好红色文化资源,只有不断坚守才能把伟大建党精神和党的一系列精神谱系继续谱写好、传承好、发扬好,持续走好新的赶考路,聚势而强迈向第二个百年征程,奋力实现"十四五"转型出雏形;为开好局、起好步,凝聚起为党和人民争取更大奋进力量的磅礴生命力。

三、数字保护

运用新技术,发展山西红色文化遗存的数字化保护工程。数字化保护理念已成为国际文化遗产保护的共识。信息手段和新技术革命引发了全球性的文化遗产数字化浪潮。如何运用现代技术和信息手段加强对山西红色文化遗产的保护和利用是新时代红色文化发展的重要课题。

将现代新技术、数字媒体手段用于山西红色文化遗产的保护,可以使红色遗址获得全新的储存和传播方式,也为大众零距离接触文化遗产提供了方便。这种新技术手段可以让山西红色文化在更大的范围内"活"起来,让更多的人看到山西这片红色热土上的历史文化、为中华民族伟大复兴所做的不懈奋斗和努力,进而带动山西文化事业的发展、增强山西人民的文化自信。

在中国共产党领导山西人民进行革命斗争和革命实践的过程中,留下了大量的红色文物,这些红色文物是中华民族的宝贵财富,是形成强有力的国家和民族凝聚力、向心力的实物见证,是一种不可再生的历史文化资源。在大数据时代,数字化是驱动经济社会发展变革的核心力量,也为加强保护利用红色资源提供了新的机遇。因此,探索数字化文物保护模式显得十分重要。

习近平总书记在山西考察调研时指出:"历史文化遗产承载着中华民族的基因和血脉,不仅属于我们这一代人,也属于子孙万代。要敬畏历史、敬畏文化、敬畏生态,全面保护好历史文化遗产,统筹好旅游发展、特色经营、古城保护，筑牢文物安全底线，守护好前人留给我们的宝贵财富。"① 要切实把革命文物保护好、管理好、运用好。红色资源是不可再生、不可替代的珍贵资源，保护是首要任务。党的十八大以来，省委、省政府两办印发了《山西省革命文物保护利用工程实施方案》，对全省新时代革命文物工作做出了总体部署。

第一，把握数字机遇，增强红色文物数字化保护的意识。革命文物保护利用工作是一个系统工程，不能闭门造车孤芳自赏，而是应该广而告之群策群力，吸引社会各界的关注与兴趣、知晓与支持。既不能放弃传统的行之有效的宣传方式，又不能漠视现代的日新月异的传播渠道，全方位多层面立体式地开展宣传工作，推动传统与现代、平面与立体、纸质与网络、网上与网下、线上与线下的齐头并进。一方面，要积极开展革命史料的抢救、征集和研究，加强革命历史研究，深入挖掘红色资源背后的思想内涵，以此提升群众对红色资源保护利用的黏性和获得感。例如，整合时间点、地点、历史事件等相关信息，将中国共产党领导山西人民创造的红色文化以文物数字化手段永久保存。以"点、线、面"的方式，逐步将山西特色的红色文物联系起来，形成一张具有科技属性的红色文物网，启发不同兴趣爱好、不同年龄阶段的民众加入红色文物数字化保护的浪潮，增强文物保护意识；开展资源普查，建设红色资源数据库，分批增加红色文物信息名录，对红色资源进行采集、存储、处理、展示、传播。

另一方面，结合科技手段分层次构建数字保护、利用场景。根据红色资源的不同特点，有针对性地采取保护措施，利用人工智能、3D影像、虚拟现实等技术，统筹好抢救性保护和预防性保护、本体保护和周边保护、单点保护和集群保护，确保红色资源的历史真实性、风貌完整性和文化延续性。② 在贯彻落实《山西省红色文化遗址保护利用条例》时，开启红色文化遗址调查、认定、保护、管理和利用工作。例如，建立革命文物的网上博物馆、手机博物馆等。

---

① 秦平. 保护历史文化遗产，守护民族精神根脉［EB/OL］. 环球网，2022-03-21.
② 马吉芬. 保护好管理好运用好红色资源［N］. 人民日报，2022-03-30.（09）.

第二，运用数字技术，多元素结合，增强山西红色文化的生命力。红色文化资源的数字化进程要从简单的数字化复刻，转变为动态的、交互的"穿越"，每个展览、每部作品都能线上留痕，甚至实现数字展品的永久收藏。例如，迎泽区打造的"红动迎泽"云展厅加载了600余件作品，通过挖掘背后故事，诠释革命精神、展示革命风貌。展厅运用"5G+超高清+VR"技术，突破传统展览的时空地域限制，以3D立体场景为观众献上了一场场精彩的视觉盛宴。

第三，鼓励红色文物资源数字化保护利用与乡村振兴、文旅产业、民生福利改善相结合，不断增强红色文化的表现力、传播力和影响力。一方面，推动红色资源品牌化、产业化发展，推动城乡发展。依托太行、吕梁等红色资源富集区，重点打造以武乡—黎城—左权为主体的太行山红色文化旅游带，以兴县—临县—柳林为主体的吕梁山红色文化旅游带，坚持红色与绿色、文化与生态、科技+相结合，打造科技红色文化旅游新体验。培育发展数字化红色旅游小镇和红色旅游乡村。凭借"革命胜地"标志性特色，形成有影响力的红色文化游览地，使山西各城市功能品质进一步提升。另一方面，以"太行精神""吕梁精神""右玉精神"等红色精神为依托，以特色红色遗址为依托，打造数字化红色教育基地。例如，以中共太原支部旧址、太原文瀛湖辛亥革命活动旧址、孙中山纪念馆、双塔革命烈士陵园、郑村烈士陵园、山西国民师范革命活动旧址、赵树理旧居、牺盟会太原市委旧址、八路军驻晋办事处旧址、太原市黄坡革命烈士陵园、清太县抗日民主政府旧址、洛池渠村烈士纪念碑、西庄烈士陵园、高君宇故居、刘少奇故居、晋西北根据地会议旧址等有代表性的红色资源为主要载体，形成有代表性的红色文化教育基地。

第四，红色文化内容数字化。遍布山西省及周边的各个区、县、乡等地，有已经定级的和还未定级的，有可移动的也有不可移动的红色资源，有已经申报获批的还有未申报或者等待审批的，借助实地普查+数字化保护，将文物资源状态记录、上传、调研、整合，表现具有不同文化特色的新农村、新景象。数字之城是城市生命体和有机体的总和，红色文化内容数字化应是其中最重要的组成。要加强山西红色文物资源与周边城市功能的有机整合，使红色文化资源与城市交通空间、景观环境等各空间要素融合，加强红色文物资源与公共空间有机结合，传播红色城市记忆，实现红色基因的继代传承，促进红色文化的发展。此外，要坚持改革创新，以革命文物保护利用片区为抓手，以山西红色文物保护利用示范区创建为引领，健全红色资源保护工作机制。

红色文化数字化可以创新传播红色文化，满足群众的多样化精神文化需求，同时还可以增强群众弘扬红色文化的自觉性、主动性。传承红色文化、保护革命文物需要多方努力，统一规划。

第二节　顶层设计

持续深化、加强全省红色文化遗址保护、利用等方面，实现全省"一盘棋"，做好顶层设计，以省内整体规划为出发点和落脚点，加强省际整体规划。通过统筹规划，建立领导机制、保障机制、协同机制等方面工作，破除体制机制障碍，构建省内与省外二者有机衔接、相互补充的一体化格局。

一、统筹规划

（一）省内整体规划

1. 做好保护利用规划

新时代，深入贯彻习近平总书记关于红色文化的重要讲话精神以及对红色革命遗址的重要指示批示，做好革命遗址的修缮保护工作是红色文化传承发展的重要内容。

第一，做好保护规划。当务之急是山西各地方要出台具有针对性且有约束力的革命遗址保护条例的具体实施办法，对山西不同地域具有重要意义的革命遗址等红色文化划定保护范围，明确保护标准，对占用革命遗址或损坏纪念设施等行为形成书面形式的保护条例和具体实施办法，使得实施办法更具操作性。山西省政府组织相关职责部门共同编制《山西省革命遗址保护利用规划》，进一步加强红色文化遗址保护规划，多渠道多方式筹措资金，按照"政府主导、民间参与"的方针，采取政府拨一点、集体筹一点、社会各界捐一点相结合的方式，多渠道多方式共同参与到红色遗址保护和维修工作中；建立多元化融资、多思路管理的责任共同体，确保红色革命遗址得到更好的修缮保护和合理有效的开发利用。

第二，对革命遗址，不但要保护好更要利用好。这些珍贵的革命遗址，镌刻着山西革命老区党组织和人民群众为民族独立和人民解放而英勇奋斗的光辉历程和革命精神，对于加强和弘扬爱国主义和革命精神教育，践行和培育社会主义核心价值体系建设，推动新时代中国特色社会主义文化大发展大繁荣具有重要意义。在此，建议相关部门加大对红色革命遗址保护与发展的宣传力度，创新宣传形式，深入挖掘革命遗址的红色文化内涵和精髓。凡遇到中国革命史上的重要纪念日，各级党政机关事业单位要带头积极开展弘扬爱国精神、缅怀革命先烈的党史学习教育。做好革命遗址的修缮保护，既为红色旅游开展提供展示平台，助力山西旅游经济，同时，也为广大干部、群众进行爱国主义和革命传统教育提供了生动的课堂。充分发挥红色革命遗址的"资政育人"功能，不仅让青少年接受红色传统教育、常学常新，而且增强了青少年振兴中华的责任感和使命感。

2. 健全维护管理机制

健全的管理机制是红色革命意志得以有效保护和利用的前提和重要保障。红色文化遗址的可持续发展重在保护，保护的关键是解决革命遗址保护中存在的问题，也就是管理机制不科学、不健全。

因此，要有效推进红色遗址的保护与利用，必须维护好管理体制，不断健全完善管理机制。由于红色革命遗址保护利用涉及诸多方面的工作，同时由于各地发展情况不同，因此，红色遗址保护不能同质化发展、千篇一律，相互照搬照抄。应遵循习近平总书记多次在各地考察时调研当地特色文化和历史古迹所强调的文化和自然遗产保护工作的重要指示，按照有利于促进红色文化遗产保护及开发利用这一根本原则，采取红色文化遗产资源、资金、管理制度，建全山西文物资源大数据库，加强红色文化遗址资源普查、名录申请等统筹管理机制，多种经营管理模式参与其中，推动红色文化遗址保护机制跨地区、跨行业、跨省域发展，进一步提高山西红色文化遗址规模化、集约化、专业化水平。

3. 建立协同联动机制

之所以存在红色文化遗址保护与利用的发展矛盾问题，主要原因仍然是管理机制存在问题。当前，对于山西红色文化遗址的保护和利用，需要建立各方协同联动的体制、机制。本书建议，应成立专业部门，对山西红色文化进行统筹规划、协调等相关问题，同时做好将明确列为革命遗址的文物进行统一维护、修葺、管理等工作，所需经费列入所属市县政府本级财政预算。对一些损毁且程度较为严重的重要革命遗址，其所在市县地方政府应根据自身财力状况逐步按原址原貌重建，在技术不具备的情况下求助上层技术部门援助，切勿胡建乱造；同时，建立红色革命遗址博物馆、陈列室或展示墙，多角度呈现说明红色文化遗址的发展轨迹，推动红色文化发展。最终形成统一规划、分工负责的协同联动机制，推动红色文化保护、利用和发展的专业化发展水平。

（二）省际整体规划

地缘相近地区的红色革命遗址保护与协作具有成本优势和便利性，只有突破省际的传统限制与地域限制，构造一个功能互补、资源优化组合的新的省际整体规划模式，才能实现红色革命遗址的优势聚焦效应。可通过建立组织动力机制、市场协调机制、扶持互助机制等方面工作破除省际体制障碍，构建相邻省域、地域的互助合作，共谋发展力度。

1. 建立组织动力机制

组织动力机制是指在组织管理系统内，在以红色革命遗址为导向的目标下，省与省之间积极从事文物保护与利用等活动，以加强省际组织系统的内在联系、功能及运行原理，是红色文化遗址跨省域发展的重要环节。在省际整体规划发展中，红色文化遗址可持续发展最为重要，必须保证省际协同区域之间的相互协作、配合、共建，使省际整体规划进入一个良性合作的循环发展过程。而在这个合作过程中，调动区域内红色文化资源，尽最大努力排除区域发展中各要素之间配合不协调的现象，特别是要克服各省域内的地方保护主义、利己主义等的干扰，使各区域在经济发展中充分实现合作与协调，促进省际地区经济的繁荣和发展。省际整体规划的动力主要来源于彼此间红色革命文化优势互补，在省际协同发展中首要问题是树立红色文化协同发展的意识，走毗邻地区文化协同发展的道路，这有利于省际各自优势的充分发挥，能够解决省际文化发展中面临的资金、人才、技术、管理等方面的问题，是红色革命遗址可持续健康发展的需要所在。

2. 建立市场协调机制

市场协调机制是市场运行的实现机制，是省际文化市场经济机体内供求、价格、竞争、风险等要素之间的有机联系及功能。省际的协调发展需靠市场机制来实现，要从根本上改变中部省份发展的不平衡问题，必须建立完善的市场运行机制，为此应从以下几方面宏观把握：一是不断完善省际旅游产业市场运行体制。就是要建立健全统一、开放、竞争、有序的现代省际旅游市场体系，同时必须加快宏观调控方面的改革，积极转变政府职能，尽快完善省际旅游市场评价体系，整顿和规范旅游产业运行秩序。二是继续强化省际红色旅游资源市场化配置。通过市场配置资源，依据市场需要有效衔接产业需求，增强红色旅游产品生产经营能力。三是不断优化省际红色旅游产业环境，打破省内封锁，建立省际统一市场。实现红色旅游产业要素在省际自由流动和红色旅游产业规模化，顺利实现省际红色旅游产业结构整体优化和协调发展。

3. 建立扶持互助机制

扶持互助机制指省际组织和运行变化的规律。省际扶持互助机制的建立是通过与之相应的体制和制度的建立在彼此协调发展实践中得到体现。省际建立扶持互助机制是实现省际毗邻地区红色革命遗址协调发展的重要手段。省际地区红色文化协同发展，可以打破行政界线的封闭状态，通过省际统一布局区域内的红色旅游市场，发挥跨省域的互助合作作用。为此需做到：一是省政府根据省际形势与情况的变化，因地因时、因事而异，提高省际合作政策的针对性和灵活性，促进红色文化协调发展；二是从战略角度出发，不同省政府加强引导，发挥好各省优势，提供更多的红色产业服务项目。省际扶持互助机制是对省际红色文化产业协调发展的重要补充，通过相互带动实现共同致富；通过互利互惠的合作机制实现资源共享，排除省际无序竞争，在评定等互助协作中实现省际文化产业互补。通过打破省级行政区划界限，实现毗邻地区相似因素的自由组合，优化资源配置，合理利用资源，协调省域间红色文化发展的步调。

第三章

系统研究　加强教育

第一节　系统研究

开展全面系统深入的研究，深入挖掘红色资源背后的思想内涵，准确把握党的历史发展的主题主线、主流本质、规律，旗帜鲜明地反对和抵制历史虚无主义，加强系统的理论研究。在弘扬红色文化助力文化强国建设的具体实践中，必须对红色文化进行更加系统深入的研究，针对社会上对红色文化理解认知存在的"抽象化""碎片化"等问题，全面揭示红色文化的丰富内涵、价值意蕴、功能作用、表现形式、内在机理等方面的内容，彰显红色文化的独特魅力。

山西红色文化丰富、厚重，但目前相关的研究还远远不够，不仅宏观整体性的研究成果较少，而且专题或者山西特定区域性的研究成果也不多。建议尽快组织相关学者、专家合力攻关，成立山西革命文化、精神研究中心，编著学术性、可读性兼具的《山西红色文化历史》《山西红色历史人物》等系列丛书，为传承、弘扬和发展山西红色文化提供基本的遵循和指导。

同时，系统研究红色文化和旅游在融合发展过程中亟待解决的问题，研究在旅游中如何体现红色文化的本真，本书认为应在"以文促旅、以旅彰文"的思想指导下，在文旅融合发展过程中，积极探索红色和时代发展之间的转换，在红色精神、语言表达、宣传形式等方面下功夫，重视旅游文创产品作为红色文化传承传播载体的意义和价值，使得红色文化真正入脑入心。

第二节　加强教育

开展全面系统的教育同样也需要社会、学校和家庭齐心协力、共同配合。习近平总书记多次指出:"革命传统教育要从娃娃抓起,既注重知识灌输,又加强情感培育,使红色基因渗进血液、浸入心扉,引导广大青少年树立正确的世界观、人生观、价值观。"①

一、社会教育

要强化山西红色文化的社会教育功能,研究确定一批重要标识地,讲好党的故事、革命的故事、英雄的故事、有突出特点的山西故事,设计符合青少年认知特点的教育活动,可以通过红色歌曲、红色影视和红色绘本等方式,引导青少年从小在心里树立红色理想。

理论与实践相统一是运用马克思主义方法论来分析和解决红色文化教育发展问题的一大法宝。红色文化教育要坚持线上与线下、课内与课外、知识与实践相结合的模式,尤其是普及与创新红色文化实践教学,才能真正运用和践行好红色文化的思想指导和精神引领作用。

山西红色文化资源丰富且具有鲜活的生命力,山西各级政府通过建立博物馆、烈士陵园、纪念馆、革命旧址等红色场馆,建设了一大批文化内涵独特、软件和硬件设施齐备的爱国主义红色教育基地。山西省应充分利用当地的红色文化资源,与地缘相近的爱国主义教育基地形成联动共建关系,建立一些满足实践课堂需求、贴合教育需要的红色文化实践教学基地。在此基础上,有计划地组织广大党员、干部和人民群众进行实地考察、调研,通过写感想、交流经验,亲身体验革命先辈的优良传统和时代精神,理论联系实际,真正理解和掌握红色文化的精髓,成为红色文化的践行者和接班人。

同时,要切实加强红色文化宣传教育,更新观念和手段,鼓励红色创作,

---

① 习近平. 论中国共产党历史 [M]. 北京:中央文献出版社,2021:108.

创新红色表达，整合电视、报纸、杂志、网络、微博、微信等多种媒体，开展全景、立体、延伸展示和宣传，从而达到见人见物见精神。特别是要把弘扬红色文化与理想信念教育、社会主义核心价值观教育结合起来，突出鲜明主题，深入企业、校园、社区、农村文化建设，讲好生动真实的红色故事，占领文化高地。

二、学校教育

近年来，山西在"思政课"教学中，充分发挥"活教材"的作用，引导学生"扣好人生的第一粒扣子"。近年来，山西省在全省开展了一次"一堂大思政课"活动，以"学习贯彻习近平总书记视察山西的重要指示""抗疫""四史""奥运"为主题，组织了多场"大思政课"，突出了思政教育的针对性和实效性。"三团巡讲"是学习习近平新时代中国特色社会主义思想的重要活动之一。以"三团巡讲"方式学习习近平新时代中国特色社会主义思想，巡讲团包括：高校思想政治教育的骨干教师、专职辅导员宣讲团、优秀大学生宣讲团。近年来，山西坚持以"三团巡讲"的形式，不断推进高校在网上和线下的联合宣传，取得了良好的效果。

红色文化的传承、弘扬和发展，需要发挥学校教育这个主战场的主要作用和功能。红色文化是在中国共产党领导下在长期斗争中创造的具有革命精神和文化遗产的宝贵财富，是实现中华民族伟大复兴、建设社会主义强国的精神力量。把红色文化融入学校思想政治教育，把红色文化融入教材、课堂、感官，融入青年学生的身份认同，增强红色文化的情感认同和理性认同，对培养合格的社会主义建设者和共产主义的接班人具有重要作用。

第一，要尽快把山西红色文化纳入学校教育中，并且在学校教育中贯彻落实"大中小幼"红色思政课一体化，使之进教材、进课堂、进头脑、进日常，成为广大青少年树立正确的世界观、人生观和价值观，做共产主义合格建设者和接班人的精神食粮、思想滋养和指导思想。新时代的青年，认知中国革命的历史和革命先辈们的方式发生了变化。因此，我们在选择山西红色文化时，应聚焦新时代、新问题，育人内容具有真理性、时代性、人民性，使红色文化更好地入脑入心，在学生心中生根发芽。

第二，在学校教育中，注重不同阶段的教学内容和侧重点。应特别注意幼儿园、小学、中学和高校各个阶段侧重点应有所不同。结合幼儿教育特色，以红色故事绘本为载体，唱红色歌曲、诵红色诗词、讲红色故事、玩红色游戏、在国旗下成长等，促进坚强、有爱、团结等性格的养成；根据中小学生的认知特点，激发小学生的崇敬之情。学校可以通过指定红色精神方面的共读书、传唱红歌的方式，不仅能增加阅读量，而且让中小学生了解英雄人物的故事。唯有广大青少年对红色文化拥有了崇敬之心，才能形成心灵契合，最终达到在精神上、思想上受到洗礼的良好教育效果。根据大学生的认知特点，既要以感性材料来启迪大学生的主体意识，提供文字、图片、解说、音乐、影像等信息，来触发感官；又要以理性思维方法分析并增强大学生的思维能力，使其内心深处认同红色文化。

第三，在学校教育中，发挥教学环境的积极作用。学校的教学环境对青年学生性格、气质和能力的形成有着潜移默化的影响。教学环境是完成教学活动所需的综合性客观条件。它包括教学场所、教学设施、教学媒体等物理环境，以及教学氛围、教学过程、教学方法等社会环境。优化红色文化教学环境，使青少年学生在愉快的状态下激发学习欲望和学习潜能，是加强学校教育中红色文化整合的前提。

教学环境所蕴含的精神境界、审美情趣和价值取向可以起到潜移默化的教育功能。如利用校舍、雕塑、壁画等载体，将红色文化资源注入教学场所，将红色文化资源与现代艺术风格的装饰手段整合到教学环境中，让青少年学生在学习中感受中国革命道路的光辉历史和感人事迹；在日常生活休闲空间中，无形地塑造了青少年学生正确的人生观、价值观、审美观和道德规范的行为意志和品格，培养了坚定的爱国主义精神和不屈不挠的进取精神。

优化红色文化教学环境需要丰富的教学活动和方法，努力营造"软"的教学环境。例如，邀请有革命经验的老红军和退伍军人，军队院校的有关专家、学者，或者专注于革命历史教育的业内教授到学校讲学，让红色文化的亲历者成为代言人，让他们作为红色文化的见证者和传播者走进课堂，提高红色文化教学内容的感染力。在五四青年节、国庆节等节日开展丰富多彩的红色文化主题活动，激发学生的爱国情感，让学生积极主动地参与，充分利用学校媒体,建立常态化的红色文化宣传栏,有助于提升与优化红色文化教学环境。

在优化红色文化教学环境的过程中,要注意统一性与多样性的和谐共存,坚持弘扬中国特色社会主义文化价值观的指导思想,在主旋律的背景衬托下,倡导活动方法的多样化,满足大学生多层次、多样化的文化需求,激发创新精神,培养具有坚定理想信念、勇于承担责任、诚实守信、正直有担当的优秀人才。

第四,在学校教育中,应加入同辈群体之间的相互教育和影响。群体社会化理论认为对儿童人格产生重要影响的环境是儿童的同辈群体。同辈群体是由个人选择而结成的非正式群体,具有较强的内聚力;基本上是平等关系;交流、交往的内容十分广泛;有自己的亚文化等特点。我们要充分发挥同辈群体在传播红色文化方面的积极作用,发挥同辈群体对青少年生活目标、世界观、人生观和价值观的积极影响;发挥对青少年培养社会角色、学习行为规范的影响。因此,在每个阶段的学校教育中,都可以进行同辈群体之间或者高年级和低年级同学之间的"手拉手"活动或其他形式的活动,创新红色教育的方式方法,引导全省青少年厚植爱党、爱国、爱社会主义的情感,让红色基因、革命薪火代代传承,引导青少年明白"今天的幸福生活从哪里来",帮助青少年"扣好人生第一粒扣子"。

三、良好家风

习近平总书记指出:"希望大家注重家风。家风是社会风气的重要组成部分。家风好,就能家道兴盛、和顺美满;家风差,难免殃及子孙、贻害社会,正所谓'积善之家,必有余庆;积不善之家,必有余殃'。"[①] 中华民族自古就重视家风建设,在传统文化的长河中始终有优良的家风传世。好家风是一代代传承下来的,如春风化雨、润物无声,影响着人们。

红色教育进家庭,家长是孩子的第一任老师,应发挥家庭"第一所学校"的特殊作用。革命传统教育要从娃娃抓起,家庭扮演着不可或缺的角色。第

---

① 习近平. 在会见第一届全国文明家庭代表时的讲话[N]. 人民日报, 2016-12-16(2).

一,把红色教育融入家庭,通过开展"大手拉小手"等活动,组织家长带领孩子一起了解红色历史,把爱国之情播撒进每个家庭成员心中。通过"家庭党课",从家长的言传身教中,让年轻一代切实感受到初心使命的力量。通过建立家庭教育指导委员会和家庭教育资源库,将红色文化教育纳入家庭教育体系,指导家庭开展继承革命传统的家风活动。

(一)注重家教

家庭是人生的第一个课堂。中国人历来重视"家庭"在个体的发展中的地位,因此,有"家的天下"的说法。习近平总书记在其治国理念和实践中,非常重视家庭的重要性。他认为,不管时代如何变迁,不管经济发展到何种程度,对一个社会而言,家庭是无法取代的,它的社会功能是无法取代的,它的文明作用是无法取代的。无论过去、现在还是将来,中国人在中国人的传统生活方式下,仍然是"住在家里"。可以说,家庭是人生的第一个课堂,父母是孩子的第一任老师。家是一个人生命的开始,也是他的"梦想之港"。因此,习近平总书记特别提出了"注重家庭、注重家教、注重家风"的问题。只有每个家庭都肩负起"为子女扣好人生的第一粒扣子,使他们顺利迈出人生的第一步"的责任,同时承担起"在为家庭谋幸福、为他人送温暖、为社会做贡献的过程中提高精神境界、培育文明风尚"的重任,这样的家庭培养出来的孩子才能够在"自觉承担家庭责任、树立良好家风"以及为社会做出贡献等方面打下良好的思想基础、品德基础和人格基础。

任何一个家庭,或者任何一个家族,只要他们都能按照家训、家规、家礼发号施令,久而久之,就会形成一种独特的"家风"。这种家风是"家庭的灵魂和社会的缩影"。在一个家庭中,不但可以保证其家人的身体和心理健康,还可以让他们的子女在成年以后能够积极健康地融入社会并贡献自己的一份力量。

(二)红色家风

红色家风根植于每个家庭的日常生活,同社会主义核心价值观的精神内核具有内在的一致性追求,有助于青少年学生在培育和践行社会主义核心价值观过程中,将宏大的价值话语转化为易于为青少年学生群体所普遍接受的更加"接地气"的生活化实践养成体系。

家风是一个家庭的精神内核。一个家庭之所以可以传承和延续,最重要的因素就是对自身家风家貌的传承。家训、家规、家礼在家庭自我发展中占有举足轻重的地位,其中家庭教养的重要作用更是不可取代的。习近平总书记说:"孩子们从牙牙学语起就开始接受家教,有什么样的家教,就有什么样的人。"① 所以,父母要承担起对下一代的教育。父母对孩子的影响非常大,常常会对孩子的一生产生巨大的影响。中国古代就有"孟母三迁""岳母刺字""画荻教子"的故事。习近平总书记也用自己的例子来解释家庭教育对自身成长的作用。

家庭是一个重要的社会风气的呈现。近几年,虽然中国人民的物质条件得到了很大的提高,但是在一定程度上却忽略了传统的家风,甚至在某些方面还存在着缺失。这种"家风遗失"的严重后果是:某些执掌政权的人,丧失了"勤政为民"的情怀和旨趣;在普通百姓的眼中,他们已经失去了"为人处世"的最起码的准则和道德。习近平总书记强调,"家风是社会风气的重要组成部分。家庭不只是人们身体的住处,更是人们心灵的归宿"②,它能唤起人们对家的回忆和温馨。因为,古今的历史都表明,好的家风,才能兴旺、和顺,不良的家风,必然祸及子孙,祸害社会。积德之人,必有祸患。习近平总书记认为,正是因为缺乏家风,今天的社会才会有如此多的离奇现象。因为不管是政府官员,还是一般民众,"腐朽"总是从生活方式不检点、生活情趣不卫生,从吃喝玩乐这种看起来很小的事情上逐渐积累恶化的。"如果领导干部生活作风上不检点、不正派,在道德情操上打开了缺口,出现了滑坡,那就很难做到清正廉洁,很难对社会风气起到正面引导和促进作用。"③。

在传承红色家风方面下功夫,以红色家风涵育时代新人的道德品质。习近平总书记在很多次的讲话中说:"不论时代发生多大变化,不论生活格局发生多大变化,我们都要重视家庭建设,注重家庭、注重家教、注重家风。"④

---

① 习近平. 在会见第一届全国文明家庭代表时的讲话 [N]. 人民日报, 2016-12-16 (2).
② 习近平. 在会见第一届全国文明家庭代表时的讲话 [N]. 人民日报, 2016-12-16 (2).
③ 习近平. 之江新语 [M]. 浙江: 浙江人民出版社, 2007: 261.
④ 习近平. 在2015年春节团拜会上的讲话 [EB/OL]. 新华网, 2015-02-17.

红色家风是中国共产党人在革命、建设、改革的伟大实践中对"家的概念"建设的理性思考,将"家"的根本内涵和"革命"的文化内涵结合在一起,是"以马克思主义为指导,以中华优良传统家风文化为根基,以革命家庭为场域"而铸就的"共产党人"的"齐家"实践。

以红色家风锤炼时代新人的理想信念,用红色家风锻造新时代大学生的理想信念。让红色基因在新时期焕发出勃勃生机,让大学生赓续传承一代又一代的红色基因,以一种强烈的家国情怀,引导广大中国人民开启新时代强国的新征程。

红色家风是"传家宝",是我们党在坚持理想信念的基础上树立起来的。1921年,任弼时写了一封信给他的父母:"现今社会生死亦赖我辈青年将来造成大家世界,同天共乐,此亦我辈青年人的希望和责任,达此便算成功。"[①]红色家风把实现社会主义作为最高理想、终极目标,而红色家风则是对马克思主义的深刻理解和对马克思主义真理的不懈追求。1927年,华侨企业家李临光,在长期被捕并释放后,他的家人又一次劝说他放弃革命,到南洋做生意,但是李临光的革命意志丝毫不减,他把革命当成了自己的责任,和妻子一起离开了家乡,投身革命事业。临行前,他写了一封信给妈妈,说:"人类解放不成,何以为家?""红色家风"把"小爱"变成了一种伟大的"革命之爱",体现了中国共产党人舍"小家"为"大家"的家国情怀。红色家风是一块砥砺前行的"磨刀石",用来塑造青少年学生的品德。红色家风以"家规"来规范"家风",注重不让孩子脱离群众、不让家庭成员有特权的良好风气。同时,通过对子女的劳动教育,使他们在成长过程中养成坚强乐观、廉洁自律、艰苦奋斗的精神品格。许多上了年纪的共产党人的孩子,都是在寄宿制学校里长大的,他们都过集体生活,走路或者坐公交车回家。

习近平总书记在首届全国文明家庭表彰大会上强调,要"继承和弘扬革命前辈的红色家风",红色家风中的红色基因是革命传统的重要组成部分,以此涵育时代新人,能够"把理想信念的火种、红色传统的基因一代代传下去,

---

① 中共中央文献研究室编. 老一代革命家家书选 [M]. 北京:中央文献出版社,1990:55-56.

让革命事业薪火相传、血脉永续"。这既有利于青少年学生树立正确的人生观、世界观和价值观，也有利于青少年学生正确认识个人、家庭和社会之间的关系，把个人的生命价值和价值追求融入国家富强、民族振兴、人民幸福的奋斗过程中去，对青少年学生坚持马克思主义、牢固树立中国特色社会主义共同理想、实现共产主义理想有着巨大的推动作用。

红色家风是继承和弘扬优良革命传统的重要文化载体，也是中国共产党人在培养和发展社会主义事业过程中的重要实践。"涵育"具有涵养、教化之意，以友善的方式把优秀品德传达给对象，对新时代的新生力量有积极的"养护"作用，具有有机性、间接性、渗透性等特征，与培养新时期青年品德的"人文主义"价值观相契合。"红色家风"是中华民族五千年优良传统文化的温润，是在革命过程中凝结和锤炼的一种"正义感"，它体现了中国共产党人伟大崇高的精神境界、奋发图强的精神力量、严于律己的精神面貌、无私奉献的精神品格。红色家风与宽广的叙述风格不同，它具有丰富的生命活力和伦理智慧，具有独特而贴近日常生活的德育优势，符合当代新人个性化发展的需求。"红色家风"的精神意蕴对新时期青少年的德育目标具有文化同源性，其具有的鲜明时代感和生动活泼性，使青少年受到了革命文化的滋养，受到了革命精神的熏陶。

以红色家风提升时代新人的实践能力。红色家风是一本自然的"教科书"，也是家庭生活中的一种教育实践。邓小平于1993年1月到杭州，写信给他的孙辈后人，以他少年时期出国实习的经验教导他的后代。他说："我十六岁时还没有你们的文化水平，没有你们那么多的现代知识，是靠自己学，在实际工作中学，自己锻炼出来的，十六七岁就上台演讲。在法国一待就是五年，那时话都不懂，还不是靠锻炼。你们要学点本事为国家做贡献。大本事没有，小本事、中本事总要靠自己去锻炼。"[①] 这就是"红色家风"所强调的要培养青年人的社会实践能力。

习近平总书记在全国教育会议上提出，"家庭是人生的第一所学校，家长

---

① 中共中央党史和文献研究院. 老一辈革命家和先进模范人物好家风故事集 [M]. 北京：中央文献出版社，2020：71.

是孩子的第一任老师",要求"把思想政治工作做在日常、做到个人",① 强调思想政治工作要回归日常生活实践。"红色家风"体现了中国共产党的历史、动态和不断发展的家庭教育文化。在教育方式上,注重亲情教育和严守家规,注重说理教育和生活体验,注重理论教育和实践训练。新时代涵育新生力量的关键在于引导青少年把社会主义核心价值观融入思想和行动之中。红色家风是扎根于革命家庭生活的一部分,它与社会主义核心价值观的精神与思想实质有着内在的一致性,它有利于青少年在培育和践行社会主义核心价值观的过程中,把宏伟的价值话语转变为学生群里更易接受的"接地气"、易于被广大青少年所认同、易于被年轻人接受的生活实践培育体系。今天,传承、弘扬和发展红色文化,我们要学习习近平总书记关于家庭、家教、家风等方面的论述,以其为根本遵循和指导,有着重要的引领作用和时代价值。这就是"千千万万个家庭的家风好,子女教育得好",才能共同铸造一个良好的社会风气;也只有家风优良,千家万户才能"成为国家发展、民族进步、社会和谐的重要基点"。

---

① 习近平. 坚持中国特色社会主义教育发展道路 培养德智体美劳全面发展的社会主义建设者和接班人 [N]. 人民日报, 2018-09-11 (1).

第四章

传播山西红色文化　传承红色精神

红色文化的精神内核是红色精神。红色精神包含了体现社会主义、共产主义价值目标的各类精神形态，体现了民族精神的一般性质，同时也反映了时代精神的精华，是当代中国的民族精神和时代精神。

新时代，传播山西红色文化、传承红色精神，需要充分利用互联网信息技术和融媒体传播技术，加强红色文化传播，实现红色基因传承和红色精神的弘扬。

第一节　网络传播

网络空间是传播红色文化的重要途径。互联网已成为人民大众重要的精神家园，革命传统教育在网络空间不能缺位。为了将互联网打造成青少年涵养革命情怀、承继革命传统的高地，新时代革命传统教育必须占领互联网这个意识形态斗争的主阵地、主战场，通过优化内容供给，不断提升对青少年的吸引力和影响力。值得注意的是，优化内容、内容的选择非常重要。当前，互联网发展的新形势，尤其是融媒体传播兼具现实性与虚拟性，互联网强大的搜索功能和超链接功能使红色文化信息在二次传播、多次传播的过程中能够被更快捷地检索、浏览和使用，真正实现了对红色文化资源的保护、利用和有效传播。

一是学习宣讲的网络化传播。创办各类学习宣讲研习中心，通过情景、体验、互动式的宣讲，通过邀请专家进行现场授课，精心组织选修课程，组织文艺演出，以精品课程、文艺演出等形式，形成一种新的学习宣讲方式。使得学习宣讲通过网络传播，真正做到线下教育与线上展播的有机结合，使网络学习宣讲成为一种新常态。今后，山西应进一步加强和发挥各类学习宣讲研习中心的社会教育职能，将各类学习宣传中心建成习近平新时代中国特色社会主义思想的讲坛，建成红色文化传播的讲堂，弘扬革命精神，传承红色基因。

二是加强山西红色文化互联网站的建设。互联网由于其信息量大、时效性高、覆盖面广等特点，已成为一种重要的媒体传播工具。党的十九大提出，要"坚持正确舆论导向，高度重视传播手段建设和创新，加强互联网内容建设"。当前，山西省已建立了专门的红色文化网站，人们的参与度还不是特别高，影响了其传播的成效。

为此，全省要进一步加强红色文化的网络建设，充实网站内容，灵活运用文字、图像、音频等多种形式，抛弃简单的理论说教，以内容为主，同时也增加形式的吸引力。通过开设论坛、留言板，让人民群众发表自己的意见和想法，从而提高网站的点击率和互动性，使人民群众积极地参加交流，提高交流效果。因此，对于我省来讲，急需培养一支高质量的专业网络管理与维护队伍。除了专业技能外，还必须具有良好的思想政治教育和对学生心理活动的掌握能力。在网络管理中，要有丰富的网络管理经验，我省吸纳高校等各方的骨干力量，以最大限度地激发人民的主动性。

三是充分运用自媒体。除了网站的建设，手机、微信、微博等社交媒体也是开展红色文化的重要途径。与传统的网络媒体相比，自媒体具有更快的传播速度、更广的传播内容、更强大的影响范围，能更好地服务人民，具有提升传统网络媒体与人民的互动等方面的优势。各单位可以建立自己的官方微博、微信公众号等自媒体，把重点放在服务管理上，及时向人民群众提供与其生活学习相关的资讯，帮助他们解决工作生活中遇到的各种问题，打破自上而下的传统信息传播方式，实现红色文化共享，增强红色文化传播力。

利用网络平台进行红色文化教育，一方面要充分利用网络平台的系统性，提高其实效性；另一方面要促进其创新发展，这不仅需要遵循一定的运用原则和开辟有效的运用路径，还需制定相关的运用保障机制来保证网络平台对于红色文化教育持续有效地发挥作用。

四是加强媒体融合传播。习近平总书记在全国宣传思想工作会议上指出，"宣传思想战线进入了守正创新的重要阶段"，强调"推动宣传思想工作不断强起来"。在新形势下，推进传媒融合已成为当务之急，广播电视等主流媒体要与时俱进，积极运用新技术、新机制、新模式，加快传播速度，以达到传播效果的最大化和最优化。要紧扣正确舆论导向，聚焦省委、省政府重大决策部署，坚持守正和创新相统一，持续推动传统媒体和新兴媒体深度融合，建好用好"黄河+"客户端，通过广播电视节目、网络视听作品、公益广告等，不断满足人民群众的新期待、新需求，增强新闻舆论的传播力、引导力、影响力、公信力，巩固宣传思想文化阵地、壮大山西红色主流思想舆论，使党的声音传得更开、传得更广、传得更深入，为全方位推进高质量发展提供更有力的思想保证、更强大的精神力量。

五是结合时代特征的网络化传播。以互联网为依托，结合当前经济和社会发展的需求，使其具有鲜明的时代特征。要充分运用现代网络信息技术，建立"红色文化资源库""网上纪念馆""多媒体视频""微课程""微电影"等多元形式，对"红色文化"进行学习、推广。要打造互联网红色资源精品展陈，坚持政治性、文化性、思想性、艺术性相统一，用历史的实践发声，增强表达力、传播力、感染力、影响力，生动传播红色文化。要进一步强化教育功能，紧紧围绕革命、建设、改革不同历史时期的重大历史事件、重大事件节点，深入研究并确定一批重要历史典型性标志地。在弘扬主旋律、传播正能量的同时，要注重其多元化、大众化的特点，将红色文化资源蕴含的精神力量转化为建设现代化、实现中华民族从站起来到富起来再到强起来的伟大历史飞跃的强大动力。

第二节 "四史"教育常态化

通过"四史"教育常态化，传播山西红色文化、传承红色精神。在全社会将宣讲交流、考察研讨、形势报告等结合起来，推动"四史"学习向深度、广度拓展，特别是要用好学习强国的山西平台等线上平台，把学习贯穿在日常生活中。同时，利用好平型关大捷纪念馆、红军东征纪念馆、八路军太行纪念馆等爱国主义教育基地，将其充分转化为学习的生动教材，打造山西红色文化，在社会形成学习"四史"的良好氛围。

要拓宽"四史"学习教育的资源，充分发挥红色资源的功能，以各种形式的红色资源为教材，树立生动、有效的教育品牌。

一、推进构建"四史"学习教育常态长效机制

"四史"学习教育是以习近平同志为核心的党中央在新时代历史起点上，统筹国内国际"两个大局"，动员全党和全国人民投身社会主义现代化建设事业颁布的重要决策，是以百年奋斗历史经验推动新时代党的建设新的伟大工程的成功实践。

习近平总书记在党史学习教育工作总结会议上做出的重要批示指出："要认真总结这次党史学习教育的成功经验，建立常态化、长效化制度机制，不断巩固拓展党史学习教育成果。"① 党史学习教育具有宏大的主题、丰富的内涵和清晰的路线，必须在实践中总结经验、探索路径、创新方法、形成机制，把党史学习教育成效进一步固化、深化、升华，形成规律性认识，推动常态长效机制建立。

二、在重大历史时间节点开展党史学习教育

面对百年未有之大变局，国内国外形势错综复杂，广大人民群众迫切需要在思想上更加统一，在精神上更加团结，在意志上更加坚强，在能力上更加强大。习近平总书记指出："历史发展有其规律，但人在其中不是完全消极被动的。只要把握住历史发展规律和大势，抓住历史变革时机，顺势而为，奋发有为，我们就能够更好前进。"② 党史学习教育是一个循序渐进、由浅入

---

① 习近平. 继续把党史总结学习教育宣传引向深入　更好把握和运用党的百年奋斗历史经验 [EB/OL]. 新华网, 2022-01-11.
② 习近平. 在庆祝改革开放 40 周年大会上的讲话 [N]. 人民日报, 2018-12-19 (02).

深、不断提高的过程。在新的历史时期,各地要制定和完善党史学习教育的规划,根据各地实际,制订符合自身特色、文化传统和经济发展水平的党史学习教育的顶层设计方案,进一步细化、深化、巩固党史学习教育的成果。

三、推动党史和文献基本著作进教材、进课堂

要把党史学习教育与教材建设相结合,把"四史"与思政课教材有机地结合在一起,组织编写大学生党史学习教育读本,把习近平新时代中国特色社会主义思想学生读本、"四个自信"系列读本、"四史"教育读本等内容,作为今后长期常态化开展党史学习教育的材料。走进教学课堂,即把党史学习教育作为切入点,把思政课作为主要途径,把特定的课程与党史学习教育有机结合,按照每门课程的教学目标,思政课教师集体备课,线上线下有机融合,实现党史学习教育的全过程、全覆盖、长效化,有基础的学校增设中国共产党历史专业设置和相关课程,为高校党史学习长效常态提供抓手。

四、将"四史"学习教育与学生的本领建设相结合

在党史学习中,大学生要不断增强自己的理想信念,不断提高自己的专业能力,在进入社会实践后不断长知识、长才干、强信念,继承红色基因,勇于担当,自觉成长为担当民族复兴大任的时代新人。学习、领会、感悟、落实党的科学理论,特别是要深刻领会和把握习近平新时代中国特色社会主义思想的科学内涵和真谛,系统地掌握马克思主义的鲜明立场、观点和方法,提高思考、分析和解决问题的能力。只有立足历史的深刻根基,更加坚定地面向未来,用好党史学习教育的成果,引导学生自觉学习,认识党在各个历史时期创造的丰富经验、总结的历史规律,才能把党的历史学习好、总结好,自觉在历史学习中提升自身素质。同时,要走出书本,走进社会,成立"大学生党员讲师团",与党史学习教育实践基地相结合,建立健全高校青年学生定点宣讲机制,构建覆盖广大农村、城镇的网络阵地,向基层群众宣讲党史,结合大学生志愿者行动构建"学史力行"志愿服务体系。要把党史学习教育纳入大学生志愿服务体系、评价体系和保障体系,组织师生在业余时间面向

社区和广大群众开展党史宣讲、乡村振兴、生态环保、社区治理等方面的志愿公益活动，有效推动"学史力行"志愿服务的制度化。

要通过强有力的体制机制引导大学生统一思想和行动践行党的方针政策，以强烈的历史主动性奋进新征程、建功新时代。

第三节　讲好山西红色故事

习近平总书记强调："讲故事就是讲事实、讲形象、讲情感、讲道理，讲事实才能说服人，讲形象才能打动人，讲情感才能感染人，讲道理才能影响人。"[①] 讲好红色故事，要坚持以内容为主，讲好事实，真实是红色故事的生命力。我们要坚持实事求是、结合实际的原则，讲史实、讲事实，让听众在听的过程中，深刻地认识中国共产党对国家和民族的伟大贡献，深刻地理解中国共产党为民族谋复兴、为人民谋幸福的根本宗旨。

红色故事包含着真、善、美，传递着积极的力量。讲好红色故事，不只是要铭刻在心，更重要的是创造未来。讲好"红色故事"，要注重讲"红色故事"的精神高度和理论深度。要有广阔的视野，要有历史的高度和国际的格局，结合生动、深刻、具体的纵横对比，使故事中的道理讲得更清楚、更明白；站在更高的位置上，对红色故事进行深刻的提炼和挖掘，用精神品位来提升故事的内涵，用理论去深化故事的主题，用时代的眼光来突出它的价值；要有新意，要突出红色故事的时代性，要有创新的叙述方式和方法，让历史中的故事焕发出时代的光彩。讲好红色故事，要突出特色和差异化，突出红色故事的教育作用，发掘其革命精神、思想境界、凛然正气、人格魅力，充分发挥榜样的作用，增强广大读者，特别是青少年的马克思主义信念。拓宽讲红色故事的途径和方法，使革命文化资源成为党性锻炼、理想信念教育的生动教材，培育良好的道德规范、思想品格、奉献意识、家国情怀等，引领广大青少年树立远大理想，勇做社会主义事业的建设者和接班人。

---

① 王岩. 讲好红色故事　赓续红色血脉 [N]. 人民日报，2021-7-23（09）.

一、红色故事承载着共产党人的理想信念

红色文化是体现中国共产党人的时代意识和历史意识的一种革命文化，它承载着中国共产党人的理想和使命，它是中国共产党人保持先进性和纯洁性的珍贵精神财富。红色故事蕴含和承载着共产党人的理想信念，红色故事承载着中国共产党人的初心和使命，要深刻把握红色文化的丰富内涵。党的十八大以来，习近平总书记先后到西柏坡、延安、井冈山、遵义、嘉兴、汝城沙洲村、岳麓书院、湘江战役纪念园等红色文化地点进行了考察，并对党的初心使命、红色基因、红色文化等做出深刻阐述。习近平总书记指出："共和国是红色的，不能淡化这个颜色。"[1]

二、讲好山西红色故事

山西的红色文化遗址超过 3400 处，要深入推进山西"红色文化"进机关、进社区、进农村、进教材、进头脑，让后人了解山西红色历史、铭记英雄事迹、讲"红色山西""英雄山西""革命山西"，呈现山西在中国革命中的重要地位，充分展示中国革命时期山西的历史风貌，发掘红色文化的丰富内涵，将红色文化活灵活现，让党员干部从红色故事中吸取力量，让初心薪火相传，把使命勇担在肩。习近平总书记强调"党员、干部要多学党史、新中国史，自觉接受红色传统教育，常学常新，不断感悟，巩固和升华理想信念"[2]。太行、吕梁等地区在革命战争时期，通过传播马克思主义、宣传英雄模范，激发了广大人民群众的革命斗志，使革命斗争节节胜利；新时代，我们将继续巩固和升华共产党人的理想信念，讲好山西红色故事，传承红色基因，使人民坚定地追随党，为更好的生活而努力。

第一，历史唯物主义是我们党对历史的理解和把握，是我们讲好红色故事的基本原则。只有树立正确的历史唯物主义观，我们才能把红色故事讲得

---

[1] 习近平. 论党的宣传思想工作 [M]. 北京：中央文献出版社，2020：28.
[2] 习近平. 用好红色资源，传承好红色基因把红色江山世世代代传下去 [J]. 求是，2021（10）：4-18.

更生动、更透彻，才能从历史的角度更好地去探索它背后的客观规律。讲好历史故事要避免孤立、静止、片面的思维方式，要坚持历史思维和辩证思维相结合，以点带面——通过鲜活案例反映历史面貌、透过典型故事展现历史发展规律、运用科学思维把握历史大势。要用生动具体的红色故事，使广大党员干部加深对共产党执政规律、社会主义建设规律、新中国发展规律的理解。这些是对改革开放取得的成绩、社会主义发展的趋势等具体实践的充分证明。

第二，深挖山西本土资源，讲好红色故事。讲好山西红色故事，研究是基础。革命先烈、英雄模范人物是红色基因的人格化身，是理想信念的生动体现，他们的一生处处彰显着共产党人信仰的力量。习近平总书记说："革命博物馆、纪念馆、党史馆、烈士陵园等是党和国家红色基因库。要讲好党的故事、革命的故事、根据地的故事、英雄和烈士的故事，加强革命传统教育、爱国主义教育、青少年思想道德教育，把红色基因传承好，确保红色江山永不变色。"[①] 山西这片红色土地，培育出了高君宇、彭真、徐向前等革命先辈，彰显了共产党人忠诚、为民、牺牲、奉献、清廉的无私情怀。讲好红色故事，就要了解深挖山西红色革命历史，挖掘著名历史事件、历史人物背后的细节，广泛搜集真正有意义、有情感、有温度的故事。通过讲事实、摆史实、重逻辑，对故事的过程、情节、细节展开系统的调查研究，准确把握历史事件的真实内容，确保故事的权威性、生动性、真实性。通过讲道理、讲故事进而讲信念、讲精神，全面解读英雄人物的感人事迹、高尚情操，以理论的逻辑深化好红色故事，避免杜撰虚构，防止故事低俗化、庸俗化。

深挖山西本土有温度的红色故事资源。"敌人又要发动围剿，但我们已经做好了准备，一定可以粉碎敌人的进攻……"这是抗战时期女英雄李林留给家人的一封诀别信，内容还未及写完，便于次日血洒疆场，英勇殉国，这段珍贵历史如今被珍藏在大同红色记忆馆。八路军英雄团长叶成焕英勇牺牲时，脚穿草鞋呈现的就义悲凉场面，均在武乡县革命纪念馆、八路军太行纪念馆为世人展陈，现布展于八路军抗战史陈列馆。石楼县红军东征纪念馆展示着

---

① 习近平.论中国共产党历史[M].北京：中央文献出版社，2021：111.

一只发黄的战争年代羊皮浮筒,这只浮筒是1936年红军东征险渡黄河时使用过的……每一件展列的红色文物都承载着撼人心魄的革命历史,值得深刻挖掘。

触景生情,以史为鉴。每当看到革命遗迹,我们被革命力量触动的内心就会走进历史、走近英雄,深刻感知到革命先辈"勇往奋进以赴之,断头流血以从之,瘅精瘁力以成之"的大无畏精神。知史爱党,知史爱国。用红色历史讲好红色故事、开启红色教育,不仅要让广大党员坚定理想信念、筑牢不忘初心、牢记使命的矢志践行,同时也是巩固、拓展党史教育,特别是坚定青少年树立为中华之崛起的殷殷嘱托,听党话、感党恩、跟党走的持续走好新时代党的生命线。

追根溯源,深入发掘英烈的革命事迹,缅怀他们的英雄故事。习近平总书记指出,中国的革命历史是最好的补品,要"加强史料收集和整理、加强舆论宣传工作,让历史说话,用史实发言"①,"让收藏在博物馆里的文物、陈列在广阔大地上的遗产、书写在古籍里的文字都活起来,丰富全社会历史文化滋养"。② 历史事件和革命事迹是人们认识英烈形象的重要媒介。一方面要恢复烈士的形象,利用革命旧址、战场遗址等红色资源,利用各类媒介,尤其是网络、手机等新媒体,尽可能地还原英雄烈士的真实、完整面貌,避免造成过分加工、单薄片面等问题。同时,要注重重大事件,注重在重大历史时期起到关键性作用的转化因子和成长节点,坚持实事求是,使英雄烈士形象更加丰满、更具说服力,从根本上消除抹黑或解构英雄烈士的行为。

第三,要注重分众化、差异化。凸显山西红色故事的教育功能,挖掘其中蕴含的革命精神、思想境界、浩然正气和人格魅力,充分发挥榜样的力量,坚定广大受众,尤其是青少年的马克思主义信仰,培养他们的良好道德规范、思想品格、奉献意识、家国情怀等,引领广大青少年树立远大理想,勇做社

---

① 习近平. 让历史说话 用史实发言 深入开展中国人民抗日战争研究 [N]. 人民日报,2015-08-01 (01).
② 习近平. 习近平在中央政治局第二十三次集体学习时强调 建设中国特色中国风格中国气派的考古学 更好认识源远流长博大精深的中华文明 [EB/OL]. 新华网,2020-09-29.

会主义事业的建设者和接班人。讲好党的发展故事、革命历史故事、英雄战斗故事，开展整体设计贴合青少年思想知识认知结构特点的教育活动，建设富有红色文化特色的革命历史传统教育、爱国爱党主义教育；建设好青少年思想道德教育基地，引导少年、青年在成长的过程中树立红色信仰，在这个过程中坚决反对和抵制历史发展中的虚无主义。要建设革命博物馆、纪念馆、党史馆、烈士陵园等红色基因库，通过讲红色故事使广大党员、干部和人民群众推动学习党史、新中国史，自觉接受红色传统教育，做到常学常新、铭记历史、锤炼党性、坚守初心、担当使命。

第四，加强专业队伍建设。加大原创研究力度，深入挖掘红色旅游背后隐含的红色故事的精神内涵，积极探索、创新红色故事的讲述和呈现形式。大力培养、引进一批专业能力强、适应时代发展需要的优秀讲解员。

第五，用艺术打造山西红色故事。积极引进或与已成熟的红色故事原创产品开展合作，包括展播影片或邀请剧组定期巡演。把握时代特点，致力打造本土文创品牌，努力推出一批有本土特色、有原创价值的红色纪念品。通过做好结合文章，让红色旅游自身涉及的历史故事以及革命先烈的事迹深入人心，在山西地区营造出浓厚的红色文化底蕴和良好的社会风尚，真正发挥良好的红色教育意义和效果。

三、结合时代特征讲好山西红色故事

以社会热点和时代特征为"切口"讲好山西故事。时代是思想之母，实践是理论之源，面向时代、直面问题、聚焦热点是山西红色文化大众化的基本前提。

立足山西、扎根山西、服务山西，把山西故事讲好、讲深、讲实。当前，三晋大地正上演着跨越转型、高质量发展的故事，自强不息的开放故事，自立自强的创新故事，绿色低碳的能源故事，走向富裕的民生故事，和谐共生的生态故事，亲商安商的营商故事，同步全国的小康故事，争当先进的崛起故事。这些精彩的山西故事凝结着理想奋斗、象征着希望期盼、代表着光辉未来，是当今时代我们大力宣讲传播的山西故事。这些都是我们当下经历的现实进程，因此也更容易产生思想共鸣。

结合时代特征讲好山西故事,根本在于把山西的红色精神传承下去。山西的"红",体现在"播撒红色种子,传承红色精神"上;山西的"红",体现在"传承三晋红色基因,激发山西奋进伟力"上;山西的"红",体现在"寸土千滴红军血,一步一尊英雄躯"上。要用红色文化进一步坚定信念,坚定前进的道路;用红色文化强化宗旨意识,砥砺初心;进一步以红色文化培育当代新人,做好思想政治工作;要用红色文化来培育奋斗精神,增强斗争能力。

把山西红色革命的精神传下去。习近平总书记指出,"我们要继续弘扬光荣传统、赓续红色血脉,永远把伟大建党精神继承下去、发扬光大"[1]。在抗日战争时期,山西人民创造了"不怕牺牲、不畏艰难险阻、百折不挠、艰苦奋斗、团结一致、敢于胜利的太行精神";创造了"艰苦奋斗,顾全大局,自强不息,勇于创新"的吕梁精神;山西在新中国建立后,还孕育形成了右玉精神。习近平总书记强调,"右玉精神"是值得我们学习和发扬的珍贵遗产。太行精神、吕梁精神、刘胡兰精神、右玉精神,在新时代和新征程中,要充分发挥行业特色,紧紧围绕转型发展、蹚新路的生动实践,唱响主旋律,传递正能量,讲好山西故事。

将新时代续写山西更辉煌的历史乐章谱写成自觉的工作实践。新时代,让山西更加精彩,是使命,是责任,是号角,我们急需广大党员干部用坚定的信念和勇气,把山西建设推向一个新的高度。一方面,要以"不忘初心、牢记使命"主题教育为契机,学红色故事、传红色基因、扬红色精神,持续激发精气神,推动山西建设更加辉煌。同时,要根据习近平总书记提出的加快发展经济、扎实实施乡村振兴战略、重视生态保护、切实保障和改善民生、促进文化繁荣、促进黄河生态保护和高质量发展等方面,认清自己的职责,把握好工作方向,在各自的工作岗位上,做出不平凡的工作业绩,讲好"红色故事"是为了更好地继承和发扬"红色"文化的现代价值。

---

[1] 习近平. 在庆祝中国共产党成立 100 周年大会上的讲话[N]. 人民日报,2021-07-02(2).

四、从故事中阐述好思政课的道理

讲好红色故事是强化思想政治教育的一种特殊方式。新中国成立后，山西各级党组织一直将弘扬革命传统和红色基因传承作为重要的政治使命。青年学生作为共产主义的接班人，直接影响着社会主义现代化建设。为此，新时代，高校要不断地讲述山西红色故事，弘扬太行精神、吕梁精神、刘胡兰精神和右玉精神等，培养青年学生不断坚定马克思主义信仰，深刻理解马克思主义为什么行、中国共产党为什么能、社会主义为什么好，进而阐释好思政课的道理。

习近平总书记指出："思政课的本质是讲道理，要注重方式方法，把道理讲深、讲透、讲活。"① 作为落实立德树人根本任务的关键课程，思政课就是要把道理讲深、讲透、讲活，才能做到以"理"服人、以"理"育人。

一部山西红色文化成为思政课"活教材"，一部山西红色历史是山西近现代以来可歌可泣的历史篇章。山西红色故事中蕴含着深刻的道理，思政课教师要把理论阐释好，应该遵循"小切口大道理"的原则。红色故事有自己的特色和优势，红色故事最大的优势是开始时可以吸引人；由小见大是红色故事最大的特点，通过故事来聚焦理论热点难点、回应青年学生的关切。同时，"要从坚持问题导向，引导大学生层层剖析问题、得出结论。高校思政课的理论魅力在于引导大学生发现问题、分析问题、思考问题，让大学生从历史事实的分析中水到渠成地得出结论，以增强理论讲授的吸引力和学理性，彰显理论、规律本身的魅力。要把道理讲深，必须坚持以习近平新时代中国特色社会主义思想为指导，把纷繁复杂的表面现象隐藏的本质和原理揭示出来，注重理论逻辑，强化学理支撑，让青年学生知之深切、行之自觉"②。从红色故事中立足党和国家发展历程，引导青年学生深刻理解中国共产党为什么能、马克思主义为什么行、中国特色社会主义为什么好，让青年学生知其然，更

---

① 习近平. 在中国人民大学考察时强调坚持党的领导传承红色基因扎根中国大地 走出一条建设中国特色世界一流大学新路［EB/OL］. 新华网，2022-04-25.
② 杜海燕. "四史"教育融入思政课的路径研究［N］. 山西日报，2022-4-22（9）.

知其所以然；讲好共产党执政规律、社会主义建设规律、人类社会发展规律，引导青年学生深刻领悟中国特色社会主义道路的信心和前途。不断深刻领会"两个确立"的决定性意义，不断增强"四个意识"、坚定"四个自信"、做到"两个维护"。

五、运用多种形式讲好山西红色故事

运用多种途径，发挥学校"思政课堂""校园文化""社会实践""三位一体"的教育平台功能。要把红色文化的资源整合到思想政治理论课的教学内容中，或者通过专题讲座的形式，把它变成高质量的课程资源，从而提高思想政治"第一课堂"的感染力、说服力和实效；同时，积极扩大"第二课堂"，把"红色"文化融入校园文化；拓展"第三课堂"，将红色文化与大学生的社会实践结合起来，如参观革命遗址、纪念场馆等。另外，要在校地共建、协同创新的基础上，大力发展和建设地方红色文化教育基地。我国的红色文化资源分布于全国，但是它的形成背景、表现形式、人物代表、时代内涵都不尽相同，因此，要根据不同的地域特点和时代特点，因地制宜，合理利用，形成既有地方特点又有现实意义的红色文化产品。大学教师要充分发挥自身专业优势，深入挖掘、解读，与当地宣传部门、文化部门进行资源共享。

在太行山有这样一群母亲，她们在抗战期间不顾危险，用乳汁哺育了八路军将士的后代，她们被称作"太行奶娘"。这些淳朴善良的"太行奶娘"，不惜一切代价，不顾个人安危，全身心地保护着八路军将士的后代，关于"太行奶娘"的事迹在太行山区几乎村村都有，这些母亲用柔软的双肩扛起责任，用坚强的身躯消灭战争，以赢得抗战的胜利。1937年，八路军副参谋长左权随八路军总部来到山西洪洞县，在匆忙转战之余，左权给母亲写去了一封信，他写道，日寇不仅要亡我之国，并要灭我之种，亡国灭种惨祸已临到每一个中国人民的头上，整个华北的民众对我军极表好感，他们都唤着"八路军是我们的救星"，我们也决心与华北人民共甘苦、共生死。1942年5月25日，左权在山西省辽县麻田十字岭指挥八路军总部突围转移时，不幸被日军炮弹击中，壮烈牺牲，年仅37岁。在解放战争中，徐向前一直受到新疾旧病的困扰；在太原战役中，他带病坚持工作，不肯回后方修养治疗，直至战役胜利结束，太原解放，他才卸下相关职务去治病。山西这些共产党故事、革命故事、根据地故事、英雄故事、烈士故事等红色故事至今被世人广为称颂。这一系列的红色故事，孕育和承载了共产党人的理想信念，也凝结了他们坚守信仰、不屈不挠、胸怀大局、敢于担当、无私奉献、依靠群众、永远追随党的革命精神，带领着山西人民不屈不挠、英勇奋战。

第四节 文旅融合发展

2022年6月28日，山西省文化和旅游厅发布了山西省20条红色旅游线路。读万卷书，行万里路，通过发布红色旅游线路，积极发挥红色资源优势，助力党史学习教育，使广大党员、干部和人民群众更好地传承红色基因、践行初心使命，推进红色旅游产业发展。

这些线路包括：一、烽火太行红色旅游线路。地点：太原→阳泉→晋中→长治；主要红色景点：山西国民师范旧址革命活动纪念馆（太原）→彭真生平暨中共中央太原支部旧址纪念馆（太原）→狮脑山"百团大战"纪念馆（阳泉）→左权麻田八路军前方总部旧址纪念馆（晋中）→黎城黄崖洞景区（长治）→武乡"百团大战"砖壁指挥部旧址（长治）→武乡王家峪八路军总部旧址（长治）→八路军太行纪念馆（长治）→沁源太岳军区司令部旧址（长治）。巍巍太行，雄踞华北。抗日战争爆发后，中国共产党领导八路军和太行儿女，在这里前仆后继、浴血奋战，谱写了无数英雄篇章，培育和造就了光耀千秋的太行精神。烽火太行之旅，将带您走进华北抗战中枢"太行根据地"的腹地，深入了解太行山红色文化，缅怀革命先烈的丰功伟绩。

二、英雄吕梁红色旅游线路。地点：太原→吕梁；主要红色景点：山西国民师范旧址革命活动纪念馆（太原）→彭真生平暨中共中央太原支部旧址纪念馆（太原）→文水刘胡兰纪念馆（吕梁）→石楼红军东征纪念馆（吕梁）→刘志丹将军殉难处（吕梁）→兴县蔡家崖晋绥边区革命纪念馆（吕梁）→兴县"四八"烈士纪念馆（吕梁）。从石楼县传出的千古绝唱《沁园春·雪》,久久回荡在表里山河的上空;身处红军东征总指挥部所在地,仿佛听到了冲锋号声;站在刘胡兰雕像下,忽感革命英雄的大义凛然。革命老区吕梁,是延安的东部屏障、红军东征的主战场。正是这片黄土遍布、山峰耸立、沟壑纵横的土地,在烽火岁月和艰苦建设年代,锻造出宝贵的"吕梁精神"。

三、长城抗战红色旅游线路。地点:太原→忻州→大同→朔州;主要红色景点:太原双塔革命烈士陵园(太原)→高君宇故居(太原)→代县雁门关伏击战遗址(忻州)→代县夜袭阳明堡机场遗址(忻州)→五台县徐向前故居和纪念馆(忻州)→五台山晋察冀军区司令部旧址纪念馆(忻州)→平型关大捷纪念馆(大同)→塞北革命纪念馆(朔州)→右玉精神展览馆(朔州)。长城抗战是抗日战争的重要组成部分,平型关大捷是八路军出师以来打的第一个大胜仗,也是全国抗战以来的第一个大胜仗。在馆前广场塑有参与此战的10位将领铜像,将英雄的形象永远留存。雁门关伏击战、夜袭阳明堡机场等战斗,谱写了震撼人心的英雄史诗。

四、"走向胜利"红色旅游线路。地点:吕梁→忻州;主要红色景点:临县碛口高家塔毛泽东东渡黄河纪念碑广场(吕梁)→临县碛口寨子山毛泽东东渡黄河路居处(吕梁)→兴县蔡家崖晋绥边区革命纪念馆(吕梁)→岢岚县毛主席路居纪念馆(忻州)→代县毛主席路居纪念馆(忻州)→五台山毛主席路居纪念馆(忻州)→繁峙伯强毛主席路居纪念馆(忻州)。1948年,毛泽东、周恩来等中央领导从延安到西柏坡途经山西,并进行了重要的革命活动。此条线路多为毛泽东等老一辈领导人在不同地区居住的旧址,再现了老一辈领导人领导中国革命的足迹。

五、铁血东征红色旅游线路。地点:临汾→吕梁;主要红色景点:永和红军东征纪念馆(临汾)→乾坤湾西渡黄河旧址(临汾)→石楼红军东征纪念馆(吕梁)→柳林刘志丹将军殉难处(吕梁)→交口大麦郊东征指挥部旧址(吕梁)→孝义兑九峪战役遗址(吕梁)。红军东征在山西境内历时75天,作为一次影响中国革命进程的战略行动,奏响了在中国共产党领导下的人民军队奋起抵抗日本侵略军的战斗序曲,为在抗日战争初期中共中央、中央军委把山西作为坚持敌后抗战的战略支点奠定了历史性基础,是中国革命走向

223

胜利的一个极其重要的里程碑。此条线路包含红军东征时期的石楼红军东征纪念馆、指挥部旧址以及殉难烈士纪念馆等。

六、追寻八路军总部红色旅游线路。地点：太原→晋中→长治；主要红色景点：太原成成中学（太原）→和顺八路军石拐会议纪念馆（晋中）→左权麻田八路军前方总部旧址纪念馆（晋中）→黎城县黄崖洞兵工厂旧址（长治）→武乡县王家峪八路军总部旧址（长治）→八路军太行纪念馆（长治）。抗战时期，八路军总部曾在山西70多个村庄驻扎，一大批老一辈革命家在此运筹帷幄，指挥华北军民进行了"百团大战"等著名战役，有力地推动了整个华北根据地的巩固和发展。此条线路包含八路军在山西多处总部旧址，在此可以领略八路军的抗战精神。

七、晋察冀根据地红色旅游线路。地点：晋中→阳泉→忻州→大同；主要红色景点：和顺八路军石拐会议纪念馆（晋中）→狮脑山"百团大战"遗址（阳泉）→夜袭阳明堡机场遗址（忻州）→代县雁门关伏击战遗址→五台县徐向前元帅故居和纪念馆（忻州）→五台山晋察冀军区司令部旧址纪念馆（忻州）→平型关大捷纪念馆（大同）。晋察冀根据地是中国共产党在敌占区心脏地带建立的第一个敌后抗日根据地，此处根据地共作战32000多次，歼灭日伪军35万余人，被誉为"敌后模范的抗日根据地及统一战线的模范区"。它的创立、巩固和发展，对坚持华北敌后抗战和全国持久抗战起到了"坚强堡垒"的作用。

八、红色军工之旅红色旅游线路。地点：太原→晋中→长治；主要红色景点：太原北方机械厂（太原）→榆社韩庄八路军军工部兵工厂（晋中）→左权芹泉镇高峪村八路军军工三所、杨家庄炸弹厂旧址（晋中）→麻田镇南井八路军兵工厂旧址（晋中）→麻田河北沟八路军总部测绘室旧址、军工部炮弹一厂旧址（晋中）→黎城黄崖洞兵工厂旧址（长治）→武乡温庄军工部太行工业学校旧址（长治）→长治淮海工业集团刘伯承兵工厂旧址（长治）。山西红色军工创建于民族危亡时刻，为夺取革命战争的胜利、保卫祖国的安宁、支援社会主义建设做出了重大贡献。其中，最著名的当数1941年发生在长治黎城县的"黄崖洞保卫战"。红色军工之旅将引领我们回望山西红色军工的光辉发展历程，追寻红色记忆，凝聚奋进力量。

九、"红色芳华 清廉山西"红色旅游经典线路。地点：大同→朔州→忻州→太原→晋中→吕梁→阳泉→长治→临汾→晋城→运城；主要红色景点：平型关大捷纪念馆（大同）→平鲁区李林烈士陵园（朔州）→五台县徐向前元帅故居和纪念馆（忻州）→高君宇故居纪念馆（太原）→平遥察院博物馆（晋中）→方山于成龙故居（吕梁）→七亘大捷景区（阳泉）→八路军太行纪念馆（长治）→荷花小镇文化传习馆（临汾）→皇城相府陈廷敬纪念馆（晋城）→闻喜县家风家教文化基地（运城）。全面建设清廉山西，事关全方位推动高质量发展全局，事关3500万名山西人民的根本利益。"红色芳华 清廉山西"红色旅游经典线路是清廉思想、清廉制度、清廉干部、清廉作风、清廉文化等各种清廉要素相互作用、叠加集成的综合反映，以文化人、以廉润心，让清廉成为党员干部的自觉追求，成为广大群众的价值观念。

十、"红色芳华 清廉山西"红色旅游线路之一。地点：太原；主要红色景点：太原解放纪念馆→山西国民师范旧址革命活动纪念馆→彭真生平暨中共中央太原支部旧址纪念馆→太原双塔革命烈士陵园→阳曲店子底支前纪念馆→牛驼寨战斗遗址→娄烦高君宇故居。这条线路所经之地均是广大党员、干部、群众和青少年进行党史学习教育、革命传统教育和爱国主义教育的重要基地。走进这里缅怀革命先烈、传承红色基因的同时，可进一步树牢知党史、感党恩、立远志的思想，进一步激发守初心、担使命、践行忠诚卫士的决心与责任。

十一、"红色芳华 清廉山西"红色旅游线路之二。地点：大同；主要红色景点：大同煤矿"万人坑"遗址纪念馆→平型关大捷纪念馆→平型关烈士陵园→天镇县李二口长城景区。充分运用平型关大捷纪念馆等红色资源，积极打造有影响、有实效的清廉载体，激励全市各级党组织凝心聚力、齐抓共建，统筹推进新时代大同廉洁文化建设，让清廉成为新时代大同的风尚和名片，让"清廉大同"品牌走进群众、走出大同、走向全国。

十二、"红色芳华 清廉山西"红色旅游线路之三。地点：朔州；主要红色景点：右玉精神展览馆→金沙滩生态旅游区→塞北革命烈士纪念馆→李林烈士陵园。以"全国爱国主义教育示范基地"——右玉精神展览馆为代表的红色文化、地域文化、廉政文化资源打造宣传阵地，通过一系列靶向施策的廉政"套餐",让廉政教育真正入脑入心、触及灵魂,助推清廉建设走深、走实。

十三、"红色芳华 清廉山西"红色旅游线路之四。地点:忻州;主要红色景点:代县毛主席路居馆红色教育基地→繁峙平型关大捷遗址以及纪念馆→伯强毛主席路居馆→五台山毛主席路居馆、晋察冀军区司令部旧址→五台县白求恩纪念馆、南茹村八路军总部旧址→五台县徐向前元帅故居和纪念馆→忻口战役遗址。从毛主席路居馆、徐向前元帅故居到白求恩纪念馆,在这条线路上,游客可以从中领略革命前辈的风采。

十四、"红色芳华 清廉山西"红色旅游线路之五。地点:吕梁;主要红色景点:刘胡兰烈士纪念馆→于成龙故居→石楼红军东征纪念馆→柳林刘志丹将军殉难处→临县碛口高家塔毛泽东东渡黄河纪念碑广场→临县双塔村后委旧址→兴县蔡家崖晋绥边区革命纪念馆→兴县"四八"烈士纪念馆。吕梁是革命老区,在不同的革命历史时期,这片红色热土上都留下了丰富的红色革命遗迹。沿着这条线路,走遍红色热土,聆听英雄故事,寻访"小延安",传承红色基因,体味峥嵘岁月,弘扬吕梁精神,弘扬廉政文化,弘扬榜样精神。

十五、"红色芳华 清廉山西"红色旅游线路之六。地点:晋中;主要红色景点:麻田八路军总部纪念馆→平遥察院博物馆→张壁古堡抗日秘密交通线纪念地→左权将军纪念馆→晋冀鲁豫边区临时参议会旧址。这条线路以廉政文化教育基地、革命纪念地为核心,结合晋中丰富多彩的历史和文化资源,以此涵养风清气正、共谋发展的政治生态,营造以廉为本、言行有范的社会氛围。

十六、"红色芳华 清廉山西"红色旅游线路之七。地点:阳泉;主要红色景点:狮脑山"百团大战"遗址公园→小河古村·评梅景区→南庄抗战地道景区→红育口村→七亘大捷景区→阳泉市博物馆。将廉洁文化与景区旅游融合,以润物细无声的方式,让游客在享受旅行的同时,感受当地人文风采,得到内心的触动,进一步提升勤政、廉政意识。

十七、"红色芳华 清廉山西"红色旅游线路之八。地点:长治;主要红色景点:八路军太行纪念馆→前方鲁艺学校下北漳旧址→八路军总部王家峪旧址→八路军游击战体验园→八路军文化园→大型实景演艺《太行山上》旧址→黎城县黄崖洞兵工厂遗址→平顺县西沟村。长治市是八路军的故乡，子弟兵的摇篮，是伟大太行精神的孕育地，革命传统教育资源丰富。这条线路依托丰富的红色文化资源，着力打造独具特色的"红色军事"品牌，引导游客树立正确的人生观、价值观与世界观，让红色基因薪火相传，让革命精神生生不息。

十八、"红色芳华 清廉山西"红色旅游线路之九。地点：晋城；主要红色景点：孙文龙纪念馆→晋城市烈士陵园→阳城太岳烈士陵园→晋豫边抗日纪念馆→中国抗日军政大学太岳分校旧址→晋冀鲁豫野战军十二纵队整军地旧址。晋城既有厚重的历史文化底蕴，又有光荣的革命传统。在这块血与火的土地上，留下了灿烂辉煌的红色文化。沿着这条线路，可感受光耀千秋、彪炳史册的太行太岳精神。

十九、"红色芳华 清廉山西"红色旅游线路之十。地点：临汾；主要红色景点：临汾烈士陵园（临汾战役纪念馆）→曲沃石桥堡红色教育基地→彭真故居→隰县晋西革命纪念馆→永和红军东征纪念馆。临汾作为革命老区，曾为中国革命和建设做出过不可磨灭的贡献，因而留下了大量的红色遗迹。走进这方浸染着鲜血和汗水的红色土地，回顾历史、缅怀先烈，也是新形势下人文精神、榜样精神的回归。

二十、"红色芳华 清廉山西"红色旅游线路之十一。地点：运城；主要红色景点：盐湖区烈士陵园→夏县堆云洞→闻喜陈家庄→新绛革命纪念馆→中条山抗战纪念馆（垣曲皋落）→平陆六十一个阶级弟兄纪念馆→傅作义故居（临猗孙吉）。革命的印迹不应该被忘记，红色旅游的意义显而易见。沿着这条线路，参观红色旅游景点，缅怀河东儿女的英勇事迹，是十分具有教育意义和历史意义的。[1]

应该说，山西发布的 20 条红色旅游线路，为当前山西文旅的结合和发展提供了基本的遵循和指导。

---

[1] 太原广播电视台. 山西省文化和旅游厅发布 20 条红色旅游线路［EB/OL］. 新浪网，2022-6-29.

深入挖掘、有机整合我省各种红色资源，形成山西红色资源的整体效应，必须拓展思路，创新开发利用，同时和周边省份形成联动效应。

一、建强红色文化相关产业

第一，做大做强山西红色文化产业。一是提升红色文艺精品创作力度。通过同高等院校合作、社会参与、服务外包、资本支持等多种途径，提升山西红色影视创作、编剧和制作的能力，推出一批具有影响力的红色文化影视、戏剧、音乐剧等作品。二是不断强化山西红色文化对外传播方面的影响和效能。利用数字化体验馆、网上虚拟展览馆、红色文化旅游、红色影视、红色歌曲等形式与手段，综合运用多种方式——"声、光、电"等科技手段，提升红色文化的传播力和影响力，并研究山西和其他类似省份以及中西方文化的差异与特点，提升我省红色文化的国际吸引力和影响力。三是延长山西红色文化产业链。推动红色文化制造产业的升级，推进山西红色文化中有代表性的红色文化产品的制造，聚焦非物质文化遗产，最终实现在保护中利用，在开发中传承。打造集开发、设计、制造、体验、旅游为一体的现代化山西红色文化产业链，全方位推动山西红色文化制造业的升级和产业链的延长。

第二，做强山西红色文化品牌。太行山是我国著名的革命老区，有着丰富的红色文化遗产。抗战时期，中共中央以恒山、吕梁山和太行山等为战略基地开展游击战争，在太行山脉开辟了晋察冀、晋冀鲁豫等根据地。邓小平、朱德等曾在这里从事过重大革命实践活动，留下了"八路军文化纪念馆""'百团大战'总指挥部砖壁旧址""黎城黄崖洞革命纪念地""刘胡兰纪念馆"等一大批红色旧址。

太行山作为红色旅游胜地，其红色资源丰富。近几年来，山西充分利用红色资源优势，发展红色旅游、红色研学，努力打造"太行山红色旅游"品牌。山西省政府通过建立多维的政策制度，制定了《关于新时代支持山西太行革命老区振兴发展的实施意见》（晋政发〔2021〕36号），以及《山西省"十四五"特殊类型地区振兴发展规划》，全面推进革命老区的高质量发展，为太行、吕梁等革命老区和其他革命老区制定了相应的扶持政策。

山西以太行、吕梁、右玉精神为代表的红色文化品牌，以"红色太行"

为品牌，充分挖掘红色资源，从保护开发利用角度加大投入力量，加快基础配套设施建设和红色产业链的打造，辐射延伸太行红色文化旅游和红色教育培训资源。山西以红色文化为重要聚集地，将红色旅游特色文化产业与生态文化相结合，发展红色旅游，突出"红色+乡村振兴""红色+康养""红色+文化遗产""红色+研学教育"等"红色+"产业发展模式，发挥红色品牌优势，整合资源优势，推动红色文化产业发展，逐步构建山西全域红色旅游体系。

二、建设山西红色文化传承弘扬示范区

党的十九大报告指出："文化是一个国家、一个民族的灵魂。文化兴国运兴，文化强民族强。没有高度的文化自信，没有文化的繁荣兴盛，就没有中华民族伟大复兴。要坚持中国特色社会主义文化发展道路，激发全民族文化创新创造活力，建设社会主义文化强国。"习近平总书记在纪念孔子诞辰2565周年国际学术讨论会和国际儒家学会第五次动员大会开幕式的讲话中指出："我们要善于把弘扬优秀传统文化和发展现实文化有机统一起来，紧密结合起来，在继承中发展，在发展中继承。"我们要善于把山西优秀传统文化、红色文化同社会主义先进文化协同发展，必须在继承和发扬的过程中实现创造性转化和创新性发展，打破传承和弘扬的障碍，实现与现实的融合。

山西拥有大量的红色资源，但在空间、使用上较为零散，如果仅关注历史遗迹的发掘与利用，忽视统筹发展，对红色历史遗迹的活化利用不够充分，从而缺乏能代表山西在全国范围内有重要影响的红色文化品牌，就会削弱山西红色文化的影响力。深入挖掘和有机整合我省各类红色资源，使之成为山西红色文化的一大特色，需要拓宽思路，进行创造性的开发和利用，创建山西红色文化传承弘扬示范区。新时代必须大力传承与弘扬山西红色文化，要实现山西红色文化传承弘扬示范区的建设，必须从以下几方面统筹推进。

第一，要加强规划引导，建立工作领导小组，通过统筹规划、统筹协调，制订工作计划、发展规划和相关保护条例，有效统筹资源利用、整体策划宣传。一是坚持保护、继承和开发相结合，整体开发和综合利用相结合的方针。要全面提升保护红色资源的力度，强化整体规划保护、整体资源利用和整体

策划宣传，以更好地挖掘红色文化内涵，加强红色基因传承，实现传承与弘扬同步推进，形成资源活化与开发利用的良性循环。二是确立可持续发展模式，明确各级职能的定位。同时，建设以太原为中心，形成"一主三副六市域"的整体发展模式，形成"一主三副多极"的综合区域发展模式。在城市规划建设中，突出红色场馆改造、修缮维护、陈列提升、周边环境整治工程、红色文化研究、红色文艺精品创作、红色文化教育、红色文化宣传、红色旅游、红色特色活动等品牌建设工作，为创建红色文化传承弘扬示范区提供有力支撑。三是进一步加大红色革命遗址连片的开发力度，推进红色革命遗址提升工程，建成国家级的红色文化保护示范区。红色文化传承与弘扬示范区的建立，有利于实现红色资源的全面统筹、统一，打破各地区行政隶属、条块界限，树立红色资源全省一盘棋思想，既可避免对相关相邻区域对红色文化资源的争夺，又可避免管理职责的相互推诿及资源开发的漏洞。

第二，加强红色文化专业人才队伍建设。山西红色文化传承弘扬示范区的建设，关键在于建设一支红色文化专业人才队伍。切实加强山西红色文化队伍的培养、管理和使用，形成一支本领过硬、勤于奉献、素质优良的红色文化工作队伍。一是组织实施"基层红色文化人才培养工程"，选拔人才进行重点培养；二是实施素质提升计划，建立机制，鼓励支持红色文化专业人才自主学习、到高校和党校深造。

第三，促进各要素的融合发展，开展红色文化遗产固本强基、保护修缮、展示利用、宣传教育等工作。对于区域内比较密集的历史遗迹，要进行区域内的基础设施、硬件设施和历史资料陈列等方面的建设，以利于统一、提升和保护。构建特色红色文化主题，加强各个分散的红色遗址之间的联系。同时，要将红色文化资源的保护与利用、展示、宣传教育同乡村振兴等工作有机结合起来。

第四，在示范区中打通传承通道和传播载体的障碍。打通传承渠道与弘扬载体之间的壁垒，推动文化强市建设。将红色旅游与研究、创意等积极元素结合起来，促进文化、商业、旅游的融合发展，提高示范区的整体活力和创新能力。红色文化传承示范区建设的主要目标是保护、充分运用山西红色文化资源，让红色文化的精神深入人心，使红色文化产业蓬勃发展，形成强大的红色文化支撑。

第五，在城市肌理中注入红色文化。将红色文化融入城市生产、生活、生态的各方面，充分发挥山西红色精神启迪思想、温润心灵、陶冶情操、提升品质的作用，是红色文化传承弘扬示范区建设的重要目标，是让红色文化更好地融入山西优秀传统文化，让红色精神更好地融入社会主义核心价值观，不断扩大山西红色文化的传播度及社会影响力的迫切需要。要用历史发展的眼光来挖掘山西革命发展史，对山西革命精神、光荣传统进行提炼总结，不断赓续红色基因，弘扬红色精神。

要实现综上目标，必须在传承与弘扬文化载体的边界上，引入红色旅游、文艺创作等元素，建设红色旅游经典景点和旅游精品线路，推动红色文化和山西优秀传统文化的深度融合，强化山西红色资源与周边省的红色资源的连接以及自然资源、山西优秀传统文化和新时代元素的整合，把全省建设成红色文化发展新高地的空间布局，增强红色山西的影响力，充分发挥山西红色文化底蕴和红色资源优势，把山西建成全国红色文化资源保护利用示范区、红色文化传承教育重要基地、红色研学旅游重要目的地、红色文艺精品创作高地的重要窗口，彰显示范区的强大影响力，为山西成为中部地区的文化枢纽发挥重要作用。

结语　新时代　新作为

在党的十九大上，习近平总书记郑重宣布："经过长期努力，中国特色社会主义进入了新时代。"中国特色社会主义进入新时代，这是从党和国家事业发展的全局、改革开放以来40多年的历史进程、党的十八大以来实践创新与理论创新的良性互动中，所取得的历史性成就做出的重大科学判断。

党的二十大报告指出，弘扬以伟大建党精神为源头的中国共产党人精神谱系，用好红色资源，深入开展社会主义核心价值观宣传教育，深化爱国主义、集体主义、社会主义教育，着力培养担当民族复兴大任的时代新人。中国共产党开创的红色文化是我们在以史为鉴的过程中通过回顾历史、总结经验，从历史中摄取红色革命力量而形成的。新时代，红色文化被赋予了时代价值和民族精神的意义，让生生不息的红色文化在人民需求中薪火相传，发挥具有强大生命力的红色文化的铸魂育人、铸魂固本的功能；让我们付出的所有努力成为国家进步、民族复兴的力量，在传承和发扬红色文化根脉的同时，成为建设社会主义现代化强国的不竭动力和实现中华民族伟大复兴使命的强大精神力量。

山西红色文化是山西文化的重要组成部分，山西红色文化是全国红色文化的重要篇章，是中华优秀传统文化与社会主义核心价值观的重要内容。山西红色文化长期以来激励着山西人民艰苦奋斗、锐意进取，是进行理想信念教育的宝贵财富。新时代，传承弘扬山西红色文化刻不容缓，要让红色基因融入血脉，代代相传，充分发挥我省红色文化对建设社会主义现代化强国的积极作用，在传承发展红色文化的同时，助力我省经济社会全面健康高质量发展。

参考文献

一、经典著作与汇编文献类

[1] 马克思恩格斯选集：第1—4卷[M]. 北京：人民出版社，2012.

[2] 马克思恩格斯文集：第1卷[M]. 北京：人民出版社，2009.

[3] 马克思恩格斯文集：第9卷[M]. 北京：人民出版社，2009.

[4] 列宁选集：1—4卷[M]. 北京：人民出版社，2012.

[5] 列宁全集：第5卷[M]. 北京：人民出版社，2013.

[6] 列宁全集：第8卷[M]. 北京：人民出版社，2017.

[7] 列宁全集：第26卷[M]. 北京：人民出版社，2017.

[8] 毛泽东. 毛泽东文集：第1—2卷[M]. 北京：人民出版社，1993.

[9] 毛泽东. 毛泽东文集：第5卷[M]. 北京：人民出版社，1993.

[10] 毛泽东. 毛泽东文集：第7卷[M]. 北京：人民出版社，1993.

[11] 毛泽东. 毛泽东选集：第1-4卷[M]. 北京：人民出版社，1991.

[12] 邓小平. 邓小平文选：第2卷[M]. 北京：人民出版社，1994.

[13] 邓小平. 邓小平文选：第3卷[M]. 北京：人民出版社，1993.

[14] 习近平. 习近平谈治国理政：第一卷[M]. 北京：外文出版社，2014.

[15] 中共中央宣传部. 习近平总书记系列重要讲话读本[M]. 北京：学习出版社，2016.

[16] 习近平. 习近平谈治国理政：第二卷[M]. 北京：外文出版社，2017.

二、论著类

[1] 武乡县县志编纂委员会办公室. 武乡县志 [M]. 太原：山西人民出版社, 1986.

[2] 叶永烈. 红色的起点 [M]. 上海：上海人民出版社, 1991.

[3] 庄晓东. 文化传播：历史、理论与现实 [M]. 北京：人民出版社, 2003.

[4] 中共山西省委宣传部. 太行精神光耀千秋：第1版 [M]. 北京：人民出版社, 2005.

[5] 李大钊. 李大钊全集：第2卷 [M]. 北京：人民出版社, 2006.

[6] 朱桂莲. 爱国主义教育研究 [M]. 北京：中国社会科学出版社, 2008.

[7] 张爱芹, 王以第. 红色文化与道德建设研究 [M]. 青岛：中国海洋大学出版社, 2008.

[8] 周振国, 高海生. 红色旅游基本理论研究 [M]. 北京：社会科学文献出版社, 2008.

[9] 中共山西省委党史办公室. 中国共产党山西历史：第一卷（1924—1949）（上册）[M]. 北京：中共党史出版社, 2012.

[10] 中共山西省委党史办公室. 中国共产党山西历史：第一卷（1924—1949）（下册）[M]. 北京：中共党史出版社, 2012.

[11] 中共山西省委党史办公室. 中国共产党山西历史：第二卷（1949—1978）（上册）[M]. 北京：中共党史出版社, 2012.

[12] 中共山西省委党史办公室. 中国共产党山西历史：第二卷（1949—1978）（下册）[M]. 北京：中共党史出版社, 2012.

[13] 中共山西省委党史办公室. 中国共产党山西历史：第三卷（1978—2011）（上册）[M]. 北京：中共党史出版社, 2012.

[14] 中共山西省委党史办公室. 中国共产党山西历史：第三卷（1978—2011）（下册）[M]. 北京：中共党史出版社, 2012.

[15] 韩延明. 红色文化与社会主义核心价值体系建设研究 [M]. 北京：人民出版社, 2013.

[16] 冯天瑜. 中国文化生成史 [M]. 武汉：武汉大学出版社, 2013.

[17] 韩延明. 红色文化与社会主义核心价值体系建设研究 [M]. 北京：人民出版社，2013.

[18] 陈万柏，张耀灿. 思想政治教育学原理：第3版 [M]. 北京：高等教育出版社，2015.

[19] 马静. 红色文化教育理论与实践研究 [M]. 天津：南开大学出版社，2015.

[20] 渠长根. 红色文化概论 [M]. 北京：红旗出版社，2017.

[21] 马志超，庞丽峰. 积淀与升华：马克思主义中国化在中国 [M]. 太原：山西人民出版社，2018.

[22] 关冠军，刘慧，王旭东. 红色文化品牌塑造：理论与实践 [M]. 北京：中国商务出版社，2019.

[23] 裴植，程美东. 先锋引领的红色文化 [M]. 北京：中国社会科学出版社，2019.

三、学位论文类

[1] 刘红梅. 红色旅游与红色文化传承研究 [D]. 湘潭：湘潭大学，2012.

[2] 李霞. 论红色资源在思想政治教育中的应用 [D]. 长沙：中南大学，2013.

[3] 周宿峰. 红色文化基本问题研究 [D]. 长春：吉林大学，2014.

[4] 刘琨. 红色文化研究 [D]. 沈阳：辽宁大学，2015.

[5] 周晶. 制度文化视域下大学治理能力现代化研究 [D]. 长沙：湖南大学，2018.

[6] 王盈琪. 东北解放区文化研究 [D]. 长春：吉林大学，2020.

[7] 吴娜. 社会主义核心价值观引领红色文化创新发展研究 [D]. 南昌：南昌大学，2020.

四、期刊论文

[1] 杜海燕，武步成. 山西高校校园制度文化建设 [J]. 山西大同大学

学报（社会科学版），2009，23（03）．

［2］杜海燕，张官禄．当代大学生文化行为特点探析［J］．经济与社会发展，2009，7（09）．

［3］何兴杰，郭沁，方圆．高校构建红色文化实践教育体系的探索和实践——以成都理工大学为例［J］．学校党建与思想教育，2012（24）．

［4］张莉，李月玲，杜海燕．科学发展观视野中党在文化建设方面的新思想［J］．理论界，2013（02）．

［5］张莉，李月玲，杜海燕．科学发展观的人学解读——兼论人的需要［J］．理论界，2013（03）．

［6］杜海燕，张莉．从文化思潮看马克思主义在中国确立的历史必然性［J］．山西高等学校社会科学学报，2013，25（05）．

［7］行连平．山西红色文化价值探析［J］．山西经济管理干部学院学报，2016（01）．

［8］茹丽燕．论红色文化资源与高校思想政治理论教学的融合［J］．山西高等学校社会科学学报，2016（08）．

［9］张莉，杜海燕．高校加强哲学社会科学教育的思考［J］．山西高等学校社会科学学报，2017，29（06）．

［10］杜海燕．自媒体语境下道德宣传方式的创新［J］．人民论坛，2018（02）．

［11］张玮．山西红色文化在高校思政课教学中的运用研究［J］．山西高等学校社会科学学报，2018（02）．

［12］赵中梁．山西省红色文化的当代价值及其实现探究［J］．科协论坛，2018（07）．

［13］杜海燕，张莉．红色文化对大学生文化认同的价值及实现路径［J］．山西大同大学学报（社会科学版），2018，32（02）．

［14］杜海燕，张莉．习近平思想政治教育方法探析［J］．中北大学学报（社会科学版），2018（4）．

［15］杜海燕．试析文化自信的底气［J］．信阳农林学院学报，2018（3）．

［16］王晶．山西红色文化资源的特点和发展研究［J］．山西社会主义学

院学报，2019（02）.

［17］王立柱，原广华，李平则，谢艳丽. 试论山西本土革命文化融入大学生思想政治教育［J］. 山西高等学校社会科学学报，2019（12）.

五、其他类

［1］习近平. 在庆祝中国共产党成立95周年大会上的讲话［N］. 人民日报，2016-07-02（02）.

［2］习近平谈文化自信［N］. 人民日报海外版，2016-07-13（12）.

［3］习近平. 习近平对革命文物工作作出重要指示强调 切实把革命文物保护好管理好运用好 激发广大干部群众的精神力量［EB/OL］. 新华网，2021-3-30.

［4］习近平. 在庆祝中国共产党成立100周年大会上的讲话［N］. 人民日报，2021-07-02（02）.

［5］中共中央办公厅，国务院办公厅. 2004—2010年全国红色旅游发展规划纲要［R］. 2004.

［6］刘伟，刘思扬. 太行精神永存［N］. 人民日报，2005-08-01（004）.

［7］中共中央办公厅，国务院办公厅. 2011—2015年全国红色旅游发展规划纲要［R］. 2011.

［8］李金早. 为红色旅游发展点赞［N］. 中国旅游报，2015-11-11（001）.

［9］吴四伍. 革命文化何以铸就文化自信［N］. 人民日报海外版，2016-8-25（6）.

［10］中共中央办公厅，国务院办公厅. 2016—2020年全国红色旅游发展规划纲要［R］. 2016.

［11］李正印. 弘扬吕梁精神 攻坚深度贫困［N］. 山西日报，2017-8-8（10）.

［12］习近平. 铭记党的奋斗历程时刻不忘初心 担当党的崇高使命矢志永远奋斗［N］. 人民日报，2017-11-01（01）.

［13］万银锋. 讲好红色故事 坚定理想信念［N］. 河南日报，2019-

09-30（032）.

[14] 马吉芬. 保护好管理好运用好红色资源 [N]. 人民日报, 2022-03-30.（09）.

[15] 张国华. 守护山西"国保"传承文明之光 [N]. 山西日报, 2022-04-12（7）.

[16] 杜海燕. "四史"教育融入高校思政课的路径 [N]. 山西日报, 2022-4-22（6）.